微课版

21世纪实用礼仪系列教材

禮

第7版

政务礼仪教程

金正昆 / 著

中国人民大学出版社
·北京·

政·务·礼·仪·教·程

目录

导论

第一章 修饰礼仪

第二章 行政礼仪

第三章　外事礼仪

第四章　接待礼仪

导论

目前，我国人民正在以习近平同志为核心的党中央领导下，齐心协力，以中国式现代化全面推进中华民族伟大复兴，为建设富强民主文明和谐美丽的社会主义现代化强国而奋斗。在此伟大进程中，随着我国社会主义物质文明建设的迅速发展，社会主义精神文明的建设也有了长足的进步。两个文明建设并重，必将极大地推进我国的社会主义现代化事业。

在社会主义精神文明的建设之中，讲文明、树新风是群众性社会主义精神文明建设的一项重要内容，目前已普遍赢得社会各界的重视、支持和参与。而在上述内容之中，规范礼仪、学习礼仪、应用礼仪，便是顺应民心、合乎民意的一大重点。在当前形势下，正如习近平同志所言："礼仪是宣示价值观、教化人民的有效方式"。

与此同时，社会主义市场经济的建设，极大地促进了人际交往。用现代人的眼光来看，人与人之间的交际应酬，不仅是一种出自本能的需要，而且是适应社会发展、个人进步的一种必不可少的途径。因为从某种意义上来说，交际实质上就是一种信息交流，而信息乃是现代社会上最为宝贵的资源。由此可见，具有较强的交际能力，是现代人立足于社会，并求得可持续发展的重要条件。其重要意义，绝对不在掌握外语、互联网、汽车驾驶等热门的专业技术之下。在此背景之下，作为交际之规的礼仪自然迅速升温，备受人们的青睐。规范礼仪、学习礼仪、应用礼仪，已经成为大势所趋、人心所向。

规范礼仪、学习礼仪、应用礼仪，必须首先从思想上、理论上解决下述九个方面的重要问题，唯有如此，才能更自觉、更准确、更全面地掌握礼仪，遵守礼仪。

一、礼仪的界定

要真正了解礼仪，有必要首先明确礼仪的基本含义。

在一般性的表述之中，与“礼”相关的词最常见的有三个，即礼仪、礼节、礼貌。在大多数情况下，它们是被视为一体并混合使用的。其实，从内涵上来看，三者不可简单地混为一谈。它们之间既有区别，又有联系。

礼貌，一般是指在人际交往中通过特定的言语、动作向交往对象所表示的谦虚和恭敬。它侧重于表现人的品质与素养，实际上是做人的一种基本要求。

礼节，通常是指人们在交际场合相互表示尊重、友好的惯用形式。它实际上是礼貌的具体表现方式。《礼记》曾明确指出：“礼节者，仁之貌也。”它与礼貌之间的相互关系是：没有礼节，就无所谓礼貌；有了礼貌，就必然需要具体的礼节。

礼仪，则是对礼节、仪式的统称。它是指在人际交往中，自始至终地以一定的、约定俗成的程序和方式来表现的律己、敬人的具体行为。显而易见，礼貌是礼仪的基础，礼节则是礼仪的基本组成部分。换言之，礼仪在层次上要高于礼貌、礼节，其内涵更深、更广。礼仪，实际上是由一系列具体的、表现礼貌的礼节所构成的。它不像礼节一样只是某一种具体做法，而是一个表示礼貌的系统而完整的过程。从本质上讲，三者所表现的都是对人的尊敬、友善。

有鉴于此，为了更完整、更准确地理解“礼”，采用礼仪这一概念来对其加以表述，是最为可行的。

站在不同的角度上，往往还可以对礼仪的概念做出种种殊途同归的界定。

从个人修养的角度来看，礼仪可以说是一个人的内在修养与素质的外在表现。也就是说，礼仪即教养、素质在一个人行为举止中的具体体现。

从道德的角度来看，“道德仁义，非礼不成”。礼仪可以被界定为为人处世的行为规范，或曰标准做法、行为准则。因此，2019 年 10 月 27 日中共中央、国务院印发的《新时代公民道德建设实施纲要》中明确地指出：“礼仪礼节是道德素养的体现，也是道德实践的载体。”

从交际的角度来看，礼仪可以说是人际交往中的一种通行的规则，也可以说是一种用以处理人际关系的交际方式或交际艺术。正是在此意义上，孟子明言：“礼，门也。”《礼记》上则说：“礼者，履此者也。”

从民俗的角度来看，礼仪既可以说是在人际交往中必须遵行的律己敬人的习惯形式，也可以说是在人际交往中约定俗成的示人以尊重、友好的习惯做法。此即所谓“礼出于俗，俗化为礼”。简言之，礼仪是待人接物的一种惯例；礼仪即“习惯法”。

从传播的角度来看，礼仪可以说是一种在人际交往中进行有效沟通的技巧。

从审美的角度来看，礼仪可以说是一种形式美。有道是“礼由心生”，它是人的心灵美的必然的外化。

了解上述各种对礼仪的诠释，可以进一步加深对礼仪的理解，并且更为准确地对礼仪进行把握。

礼仪的界定

二、礼仪的内容

从内容上讲，礼仪是由礼仪的主体、礼仪的客体、礼仪的媒体、礼仪的环境四项基本要素构成的。

礼仪的主体，指的是礼仪活动的操作者和实施者。它既可以是个人，也可以是组织。当礼仪活动规模较小、较为简单时，其主体通常是个人；当礼仪活动规模较大、较为复杂时，其主体通常则是组织。没有礼仪主体，礼仪活动就不可能进行，礼仪也就根本无从谈起。

礼仪的客体，又称礼仪的对象。从内涵上讲，它指的是礼仪活动的具体指向者和承受者。从外延上讲，它可以是人，也可以是物；可以是物质的，也可以是精神的；可以是具象的，也可以是抽象的；可以是有形的，也可以是无形的。没有礼仪客体，礼仪就失去了对象，就不成其为礼仪。礼仪的客体与礼仪的主体二者之间既对立，又相互依存，并且在一定条件下相互转化。

礼仪的媒体，指的是礼仪活动所依托的一定的媒介。进而言之，它实际上是礼仪内容与礼仪形式的统一性载体。任何礼仪都必须使用礼仪媒体，不使用礼仪媒体的礼仪不可能存在。礼仪的媒体，具体是由人体礼仪媒体、物体礼仪媒体、事体礼仪媒体等构成的。在具体操作礼仪时，这些不同的礼仪媒体往往是交叉、配合使用的。

礼仪的环境，指的是礼仪活动得以进行的特定的时空条件。大体说来，它可以分为礼仪的自然环境与礼仪的社会环境。礼仪的环境，通常制约着礼仪的实施。不仅实施何种礼仪由其决定，而且礼仪具体的实施方法也由其决定。

进而言之，由上述四项基本要素所构成的礼仪，依据其适用范围的不同，大致上可以分为政务礼仪、商务礼仪、服务礼仪、社交礼仪、国际礼仪等几个基本分支。

政务礼仪，亦称公务员礼仪，指公务员在执行国家公务时应当遵守的礼仪。

商务礼仪，主要是指公司、企业的从业人员以及其他一切从事经济活动的人士在经济往来中应当遵守的礼仪。

服务礼仪，指各类服务行业的从业人员在自己的工作岗位上应当遵守的礼仪。

社交礼仪，亦称交际礼仪，指社会各界人士在一般性的、日常性的交际应酬之中应当遵守的礼仪。

国际礼仪，亦称涉外礼仪，指人们在国际交往中同外国人打交道时应当遵守的礼仪。

在上述五个基本分支礼仪中，政务礼仪、商务礼仪、服务礼仪等，主要是按照行业划分的，并且是人们在其工作岗位上所应遵守的礼仪，故可称之为行业礼仪或职场礼仪。而社交礼仪、国际礼仪的划分，则主要以其交往范围为依据，所以二者均可以交往礼仪相称。

在实践中，礼仪因其具体适用对象有别，又有教师礼仪、幼儿礼仪、学生礼仪、青年礼仪、妇女礼仪、军人礼仪、警官礼仪、护士礼仪、公务员礼仪、外交官礼仪、乘务员礼仪、售货员礼仪、快递员礼仪等等之分。

上述几个基本分支，涉及人类交际活动的各个主要方面。因此，礼仪主要以这些方面构成自己的基本内容。

三、礼仪的归属

一般而言，礼仪主要以礼仪活动、礼仪规范、礼仪规律作为自己的研究对象。

总的说来，礼仪是一门人文应用科学。具体而言，礼仪的学科特点是：

首先，它是一门应用性学科。礼仪具有很强的实用性和可操作性。从某种意义上说，它实际上就是有关交往艺术的科学。

其次，它是一门实践性学科。与纯粹的理论演绎、概念探讨、逻辑抽象显然不同，礼仪来源于社会实践，并且直接服务于社会实践。它拒绝夸夸其谈，注重一切从实际出发，坚持实事求是。正因为如此，也有人称之为一门经验科学。

再次，它是一门普及性学科。在现实生活中，每个人都必须参加交际活动，每个人都希望自己的交际活动取得成功，而礼仪正是一门可将人们的交际活动导向成功的科学。由此可见，礼仪应当是一门人人必修的普及性学科。随着整个社会文明程度的提高，它必将进一步得到普及。

最后，它是一门综合性学科。不容置疑的是，礼仪是一门专门研究人的交际行为规范的科学。这是它有别于其他学科的主要标志。但是，它又广泛吸纳了其他许多学科的成果，用以充实、完善自身。在这个意义上，又可将它视为一门综合性学科。

礼仪与其他学科的关系

作为一门综合性学科，礼仪与多门学科关系密切，其中尤其与法学、民俗学、传播学、美学、伦理学、心理学、社会学、公共关系学密不可分。

其一，礼仪与法学。法学，是以法及其一般规律为研究对象的学科。礼仪与法的关系一向密切，并合称“礼法”。二者的关系是：礼属于习惯法，同时它又与法的功能有别，正如司马迁所言："夫礼禁未然之前，法施已然之后；法之所为用者易见，而礼之所为禁者难知。"

其二，礼仪与民俗学。民俗学研究的是流传于民间的文化民俗事象。如前所述，礼仪与民俗的关系是："礼出于俗，俗化为礼。"二者相互联系，相互影响，相互转化。正因为如此，礼仪有时又被称为"礼俗"。研究民俗学，将有助于进一步解释礼仪；学习礼仪，则将使人深入地理解民俗。

其三，礼仪与传播学。传播学研究的是信息传播的规律。运用传播学的观点来看待交际活动，它实际上是一种人际传播。礼仪与传播的关系是：礼仪活动通常与传播有关，传播学则是礼仪规范的一个重要的理论基础。交际即信息传播，传播制约着交际，传播力决定影响力与公信力，交际与传播密不可分，互相依存。

其四，礼仪与美学。美学研究的是美的一般规律。社会美是其研究的一个重要方面，而社会美又往往表现于人的交际活动之中。礼仪与美学的关系是：美即和谐，"有礼则雅"。符合礼仪的做法必然是美的，而美又是衡量礼仪是否完善的一大标尺。从某种意义上说，礼仪实际上是交际活动的一种形式美。

其五，礼仪与伦理学。伦理学研究的是道德问题。它是一门纯理论的学科。礼仪则是对伦理学研究成果的具体运用，它反映着社会的道德关系，体现着社会的道德标准。礼仪与伦理学的关系是：伦理学是礼仪的基础，而礼仪则是伦理学所提出的道德要求的具体表现形式。在人际交往中，讲礼仪就是讲规矩，就是讲道理。因此，讲道德就必须讲礼仪，而讲礼仪又反过来有助于讲道德。自古以来，中国人往往称礼仪为"礼义"，以强调其崇德尚义。正如《礼记》所言："礼也者，义之实也"；"礼之所尊，尊其义也"。在交际实践中，有礼走遍天下。为人处世，既要以礼为先，更要以德为本；要时刻坚持明大德、守公德、严私德。

其六，礼仪与心理学。心理学所研究的是人的心理活动及其一般规律。礼仪与心理学的关系是：心理学是礼仪活动的一个基础。人是交际活动的主角，只有掌握人的心理活动，才能更好地理解人、尊重人，才能更好地运用礼仪。洞察人心、尊重人格，是礼仪与心理学共同的主旨。

其七，礼仪与社会学。社会学研究的是社会生活和社会行为。礼仪与社会学的关系是：交际活动是社会学的重要研究对象之一，而研究社会生活、社会行为的社会学所提供的一系列成果，则又必然有助于礼仪所关注的交际活动的成功。

其八，礼仪与公共关系学。公共关系学研究的是组织所面对的公众关系。礼仪与公共关系学的关系是：公共关系是交际活动中的每一位成功者必须妥善处理的，而礼仪则又是处理公共关系的一种重要的技术手段；公共关系重在塑造组织形象，而礼仪则意在维护组织中每一名成员的个人形象，后者是前者的重要组成部分。总之，礼仪与公共关系往往密不可分。

四、礼仪的扬弃

礼仪的科学体系，主要是在现代形成并得以逐步完善的。但是，这并不等于说它是无源之水、无本之木。没有对我国古代传统礼仪的继承和扬弃，实际上就不可能有我国的现代礼仪。在正确地传承我国古代传统礼仪的同时，还必须向国际礼仪学习，取人之长，补我之短。

我国自古就是一个闻名世界的礼义之邦。早在 3 000 多年前的西周初期，就由周公姬旦制礼，并已基本成型。到了春秋时期，更是由孔子集其大成，继续发扬光大。此后，由孔子所构建的礼仪体系一直影响中国社会长达 2 500 多年。

在中国古代，礼仪的含义十分广泛。一般而言，它至少有以下四种解释。

第一，它是一种包括政治、经济、文化、军事制度在内的典章制度。因此，被视为“国之基”“君之大柄”。左丘明就明确地提出“礼以体政”的主张，孔子则明言：“礼者何也？即事之治也。”

第二，它是一种做人的基本道德规范。孔子认为：“礼也者，理也”；对人必须“约之以礼”。孟子强调：“以礼存心”。荀子进一步指出：“礼者，养也”；“礼者，人道之极也”；“礼者，节之准也”。程颐明言：“礼者人之规范，守礼所以立身也。”他们都明确了礼仪在道德生活中的重要作用。《礼记》则更是强调：“凡人之所以为人者，礼义也。”

第三，它是个人及社会必须遵守的行为准则。在《说文解字》中，许慎的解释是：“礼者，履也。”孔子曾提出：“非礼勿视，非礼勿听，非礼勿言，非礼勿动。”在这里，他就将礼仪视为一种做人的行为规范。在著名的礼仪典籍《礼记》中则强调：“礼，不逾节，不侵侮，不好狎。”其含义，也是要求以礼仪来调节人际交往。

第四，它是各种正式的仪式。管仲曾说：“礼仪者，尊卑之仪表也”，“万物之程式也”，“故动有仪则令行”。由此可见，他所说的礼仪，主要就是指的仪式。

综上所述，我国古代礼仪的主旨是：明确地规定并严格地维护封建等级制度；强调并坚持人的等级差异。对于这一点，荀子早就讲得很明白：“礼者，贵贱有等，长幼有差，贫富轻重皆有称者也。”

如此看来，我国古代礼仪具有明显的两重性。一方面，它提出了礼仪的一些基本原则，制定了人际交往的行为规范，并且强调“礼之用，和为贵”，这些都是可以为现代礼仪所借鉴的。另一方面，它并不尊重人，而重在维护封建统治制度。这些糟粕，则必须为现代礼仪所否定。

从总体上讲，现代礼仪与我国古代礼仪主要存在三点差异：

其一，二者的基础不同。古代礼仪是以封建等级制度为基础的，现代礼仪虽承认身份差异，但更强调以人为本、人格平等、社会公平，并且以尊重人作为自己的立足点与出发点。

其二，二者的目标不同。古代礼仪以维护封建统治秩序为目的，而现代礼仪则重在追求人际交往的和谐与顺利。

其三，二者的范围不同。古代礼仪所讲究的是“礼不下庶人”，因而与平民百姓无关，而现代礼仪则适用于任何交际活动的参与者。

应当说，与古代礼仪相比，现代礼仪更关心的是人际交往的成功，因此其核心内容就是人际交往的行为规范，而不是像古代礼仪那样以自我约束为主。

在继承我国古代礼仪的精华的同时，现代礼仪也十分注意汲取各个国家的礼仪，特别是注重吸收目前通行的当代国际礼仪的长处，并且为我所用。

当代国际礼仪主要具有如下三个特点，它们与我国礼仪，尤其是我国古代传统礼仪具有显著的区别。

其一，国际礼仪强调个人至上。国际礼仪强调个人至上、个性自由，反对损害个人尊严，要求尊重个人隐私、维护人格自尊。这一点，贯彻在它的各个环节之中。

其二，国际礼仪强调女士优先。国际礼仪强调，在一切交际场合，不仅要讲究男女平等，反对性别歧视，而且更要讲究尊重女性、关心女性、体谅女性、帮助女性、照顾女性、保护女性，这就是所谓的女士优先。

其三，国际礼仪强调入乡随俗。国际礼仪适用于国际交往，尤其是跨国的双边性、多边性交往，因此有必要彼此尊重各自的风俗习惯，并且入乡随俗 。与此同时，国际礼仪还非常关注跨文化沟通，坚持求同存异，要使礼仪成为“一座桥”，而不可使之变成“一堵墙”。

与我国的现代礼仪相比，国际礼仪最大的不同，是其主要起源于西方，受西方文化影响较深；而我国的现代礼仪，则更多地出自本国的优秀传统文化与民族习俗。

有必要明确的是：一方面，我国的现代礼仪对于国际礼仪中一些适合我国国情、切实可行的原则可以借鉴。离开了这一点，就不可能有它在今日的发展。另一方面，对国际礼仪也没有必要全盘照抄照搬进来。只有在国际交往中，才有必要以国际礼仪约束自身。

江泽民同志曾经要求我们：“弘扬中国古代优良道德传统和革命道德传统，吸取人类一切优秀道德成就，努力建设人类先进的精神文明”。习近平同志则多次强调：“培育和弘扬社会主义核心价值观必须立足中华优秀传统文化。”与此同时，他亦曾指出：“文明因交流而多彩，文明因互鉴而丰富。”在探讨现代礼仪的扬弃问题时，也应该采取上述正确的态度。唯有如此，才能真正使我国的现代礼仪不但有所继承，而且会有所发展。

五、礼仪的特征

与其他学科相比，礼仪有一些自身独具的特征。这主要表现在其规范性、限定性、操作性、传承性、时效性五个方面。

第一，规范性。孟子尝言："不以规矩，不能成方圆。"礼仪，指的就是人们在交际场合待人接物时必须遵守的行为规范。规范者，标准也。这种规范性，不仅约束着人们在一切交际场合的言谈话语、行为举止，使之合乎礼仪，而且也是人们在一切交际场合必须采用的一种"通用语言"，是衡量他人与判断自己是否自律、敬人的一种尺度。正如法国人拉罗什富科所言："在所有规范中，礼仪是最微小但又最稳定的一种规范。"总之，礼仪是约定俗成的一种自律、敬人的惯用形式。因此，任何人要想在交际场合表现得合乎礼仪、彬彬有礼，都必须对礼仪无条件地加以遵守。另起炉灶、自搞一套，或是只遵守个人适应的部分，而不遵守自己不适应的部分，都难以为交往对象所接受和理解。

第二，限定性。礼仪，顾名思义，主要适用于交际场合，适用于普通情况之下的、一般的人际交往与应酬。在这个特定范围之内，礼仪肯定行之有效。离开了这个特定的范围，礼仪则未必适用。这就是礼仪的限定性特点。理解了这一特点，就不会把礼仪当成放之四海而皆准的规则，就不会在非交际场合拿礼仪去以不变应万变。必须明确，当所处场合不同、所具有的身份不同时，所要运用的礼仪往往会因此而各有不同，有时甚至还会差异很大。这一点，是不容忽视的。一般而论，适合应用礼仪的主要是初次交往、因公交往、对外交往等三种交际场合。

第三，操作性。切实有效，实用可行，规则简明，易学易会，便于操作，是礼仪的一大特征。它不是纸上谈兵、空洞无物、不着边际、故弄玄虚、夸夸其谈，而是既有总体上的礼仪原则、礼仪规范，又在具体的细节上以一系列的方式、方法，细致而周详地对礼仪原则、礼仪规范加以贯彻，把它们落到实处，使之"言之有物""行之有礼"，不尚空谈。礼仪的易记、易行，能够为其广觅知音，使其被人们广泛地运用于交际实践，并受到广大公众的认可；反过来，又进一步促使礼仪以简便易行、容易操作为第一要旨。

第四，传承性。任何国家的礼仪都具有自己鲜明的民族特色，任何国家的当代礼仪都是在本国古代礼仪的基础上发展起来的。离开了对本国、本民族既往礼仪成果的传承、扬弃，就不可能形成当代礼仪。这就是礼仪传承性的特定含义。与"成文法"相对应，礼仪本质上乃是一种约定俗成、沉淀传统的"习惯法"。作为一种人类文明的沉淀与积累，礼仪将人们在交际应酬之中的习惯做法固定下来，流传下去，并逐渐形成自己的民族特色，这不是一种短暂的社会现象，而且不会因为社会制度的更替而消失。对于既往的礼仪遗产，正确的态度不应当是食古不化、全盘沿用，而是应当有扬弃、有继承，更有发展。

第五，时效性。《礼记》指出："礼，时为大。"从本质上讲，礼仪可以说是一种社会历史发展的产物，并具有鲜明的时代特点。一方面，它是在人类长期的交际活动实践之中形成、发展、完善起来的，绝不可能凭空杜撰、一蹴而就，不可能完全脱离特定的历史背景。另一方面，社会的发展，历史的进步，以及众多社交活动的新特点、新问题的出现，又要求礼仪有所变化，有所进步，推陈出新，与时代同步，以适应新形势下新的要求。与此同时，随着世界经济的全球化倾向日益明显，各个国家、各个地区、各个民族之间的交往日益密切，它们的礼仪随之也不断地相互影响，相互渗透，不断地被赋予新的内容。这就使礼仪具有相对的时效性。了解了这一点，就不会把它看作一成不变的东西，而能够更好地以发展、变化的眼光去对待它；就不会对礼仪搞“教条主义”，使之一成不变，脱离生活，脱离时代。

六、礼仪的原则

在日常生活之中，学习、应用礼仪，有必要在宏观上掌握一些具有普遍性、共同性、指导性的礼仪规律。这些礼仪规律，即礼仪的原则。

礼仪的原则共有如下十项。它们同等重要，不可缺少。掌握这些原则，将有助于更好地学习礼仪、运用礼仪。

第一，遵守。在交际应酬之中，每一位参与者都必须自觉、自愿地遵守礼仪，以礼仪去规范自己在交际活动中的一言一行、一举一动。对于礼仪，不仅要学习、了解，更重要的是学了就要运用，要将其付诸个人社交实践。任何人，不论身份高低、职位大小、财富多寡，都有自觉遵守、应用礼仪的义务，否则就会受到公众的指责，交际就难以成功，这就是遵守的原则。离开了它，就谈不上礼仪的应用、推广。

第二，自律。从总体上来看，礼仪规范由对待个人的要求与对待他人的做法两大部分所构成。司马光说：“礼莫大于分。”对待个人的要求，是礼仪的基础和出发点。学习、应用礼仪，最重要的就是要自我要求、自我约束、自我控制、自我对照、自我反省、自我检点，这就是所谓自律的原则。子曰：“克己复礼”；“己所不欲，勿施于人”。若是没有对自己的严格要求，人前人后不一样，只求诸人，不求诸己，不讲慎独与克己，遵守礼仪就无从谈起，就是一种蒙骗他人的大话、假话、空话。

第三，敬人。孔子曾经对礼仪的基本理念有过高度的概括，据《孝经》记载，他说过：“礼者，敬而已矣。”孟子亦云：“有礼者敬人。”所谓敬人的原则，就是要求人们在交际活动中，与交往对象既要互谦互让，互尊互敬，友好相待，和睦共处，更要将对交往对象的重视、恭敬、友善放在第一位。在礼仪的两大构成部分中，有关对待他人的做法这一部分，比对待个人的要求更为重要，这一部分实际上是礼仪的重点与核心。而对待他人的诸多做法之中最重要的一点，就是要敬人之心常存，处处不可失敬于人，不可伤害他人的个人尊严，更不能侮辱对方的人格。掌握了这一点，就等于掌握了礼仪的灵魂。在人际交往中，只要不失敬于人，哪怕具体做法一时失当，也不能算是失礼。

第四，宽容。有道是："大德必宽。"《礼记》也曾倡导："慎静而尚宽。"宽容原则的基本含义，是要求人们在交际活动中运用礼仪时有容乃大。既要严于律己，更要宽以待人。要多容忍他人，多体谅他人，多理解他人，而千万不要求全责备，斤斤计较，过分苛求，咄咄逼人。在人际交往中，要容许他人拥有个人行动和独立进行自我判断的自由。礼仪的基本要求是尊重人。在人际交往中，尊重他人，实际上就是要尊重其个人选择。对不同于己、不同于众的行为耐心容忍，不必要求他人处处效法自身、与自己完全保持一致，实际上也是尊重对方的一种表现。

第五，平等。在具体运用礼仪时，允许因人而异，根据不同的交往对象，采取不同的具体方法。但是，与此同时必须强调指出：在礼仪的核心之点，即尊重交往对象、以礼相待这一点上，对任何交往对象都必须一视同仁，给予同等程度的礼遇。不允许因为交往对象彼此之间在年龄、性别、种族、地域、国别、性格、文化、职业、身份、地位、财富、健康以及与自己的关系亲疏远近等方面有所不同，就厚此薄彼、区别对待，给予不同待遇，这便是礼仪中平等原则的基本要求。

第六，从俗。由于国情、民族、文化背景的不同，在人际交往中，实际上存在着"十里不同风，百里不同俗"的局面。对这一客观现实要有正确的认识，不要自高自大、唯我独尊、以我画线，不宜简单否定其他人不同于己的做法。必要时，必须坚持入国问禁、入乡随俗、入门问讳，与绝大多数人的习惯做法保持一致，切勿目中无人、自以为是、指手画脚、随意批评，动辄否定其他人的习惯性做法。遵守从俗原则的规定，会使礼仪的应用更加得心应手，更加有助于人际交往。此即所谓"礼从宜，使从俗"。

第七，真诚。礼仪上所讲的真诚原则，就是要求在人际交往中运用礼仪时，务必待人以诚、诚心诚意、诚实无欺、言行一致、表里如一。只有如此，自己在运用礼仪时所表达的对交往对象的尊敬与友好，才会更好地为对方所理解和接受。与此相反，倘若仅把运用礼仪作为一种道具和伪装，在具体操作礼仪规范时，口是心非，言行不一，弄虚作假，投机取巧，或是当时一个样、事后另一个样，有求于人时一个样、为人所求时另外一个样，则有悖礼仪的基本宗旨。将礼仪等同于庸俗至极的"厚黑学"，肯定是行不通的。

第八，适度。适度的原则，是要求应用礼仪时，为了保证取得成效，必须注意技巧，合乎规范，特别要注意做到把握分寸、认真得体。这是因为凡事过犹不及，运用礼仪时假如做得过了头，或者做得不到位，都不能正确地表达自己的自律、敬人之意。当然，运用礼仪要真正做到恰到好处、恰如其分，只有勤学多练，积极实践，此外别无他途。

第九，沟通。在人际交往中，人们通常有接触才会了解，有了解才会交流，有交流才会沟通，有沟通才会互动。因此，可将沟通视为人际交往中人与人之间的互动之桥。在现代礼仪中，沟通的原则要求人们：在其人际交往中，既要了解交往对象，更要为交往对象所了解，并积极地推广自己，与交往对象彼此之间增进理解与共识。礼仪的主旨在于“尊重”。而欲尊重他人，就必须首先了解对方，并且令自己为对方所了解。只有这样，才能实现有效的沟通。

第十，互动。《礼记》曰：“往而不来非礼也，来而不往亦非礼也。”在人际交往中如欲取得成功，就必须无条件地遵守互动的原则。所谓“互动”，在此具体含义有二：一是要求人们在其交往中必须主动进行换位思考。换位思考的基本要求，就是人们必须善于体谅交往对象的感受。二是要求人们在其交往中时时处处努力做到“交往以对方为中心”。也就是说，不允许无条件地“以自我为中心”，更不允许凡事自以为是。具体运用礼仪时，互动的原则永远都不允许忽视。

七、礼仪的功能

读书是学习，运用也是学习，而且是更重要的学习；学习的目的在于运用。当前，礼仪之所以被提倡，之所以受到社会各界的普遍重视，主要是因为它具有多重重要的功能，既有助于个人，又有助于社会、有助于国家。

礼仪的功能之一，在于它有助于提高人们的自身修养。

在人际交往中，礼仪往往是衡量一个人文明程度的准绳。它不仅反映着一个人的交际技巧与应变能力，而且反映着一个人的气质风度、阅历见识、道德情操、精神风貌。因此，在这个意义上，完全可以说礼仪即道德、即教养。而有道德才能高尚，有教养才能文明。这也就是说，通过一个人对礼仪运用的程度，可以察知其教养的高低、文明的程度和道德的水准。由此可见，学习礼仪、运用礼仪，有助于提高个人的修养，有助于“用高尚的精神塑造人”，真正提高个人的文明程度。

礼仪的功能之二，在于它有助于人们美化自身、美化生活、美化社会、美化祖国。

个人形象，是一个人仪容、表情、举止、服饰、谈吐、教养的集合，而礼仪在上述诸方面都有自己详尽的规范。《易经》有言：“君子以非礼弗履。”因此学习礼仪，运用礼仪，无疑将有益于人们更好地、更规范地设计个人形象、维护个人形象，更好地、更充分地展示个人良好的教养与优雅的风度，这种礼仪美化自身的功能，任何人都难以否定。当个人重视了美化自身、大家个个以礼待人时，人际关系将更加和睦，生活将更加温馨，社会将更加和谐，祖国将更加美丽。那时，美化自身便会发展为美化生活、美化社会、美化祖国；在国际交往中，亦将有助于中国人更好地、言行一致地“讲好中国故事，传播好中国声音”。这也是礼仪的运用所发挥的作用。

礼仪的功能之三，在于它有助于促进人们的社会交往，完善人们的人际关系。

古人云："世事洞明皆学问，人情练达即文章。"这句话，讲的其实就是交际的重要性。《素书》上说："礼者，人之所履。"《礼记》上则有言："礼也者，报也。"在人际交往中，礼仪属于与他人良性互动的艺术。一个人只要同其他人打交道，就不能不讲究礼仪。运用礼仪，除了可以使个人在交际活动中充满自信、胸有成竹、处变不惊之外，其最大的好处就在于能够帮助人们规范彼此之间的交际活动，更好地向交往对象表达自己的尊重、敬佩、友好与善意，增进大家彼此之间的了解与信任。假如人皆如此，时时、处处、事事如此，长此以往，必将促进社会交往的进一步发展，帮助人们更好地取得交际成功，进而造就和谐、完美的人际关系，取得事业的成功。

礼仪的功能之四，在于它有助于净化社会风气，推进社会主义精神文明的建设。

礼仪的本质，是令人向美、向善、向上，是用以提升个人素质的。学礼、明礼、守礼，重在促使人们向美、向善、向上。《左传》有云："礼，经国家，定社稷，序民人，利后嗣者也。"一般而言，人们的教养反映其素质，素质体现于其细节，而细节则往往决定着一个人的成败。反映个人素质与教养的礼仪，是人类文明的标志之一。一个人、一个单位、一个国家的礼仪水准如何，往往反映着这个人、这个单位、这个国家的文明程度与整体素质、整体教养。古人曾经指出"礼义廉耻，国之四维"，将礼列为立国的精神要素之本。而在日常交往之中，诚如英国大哲学家约翰·洛克所言："没有良好的礼仪，其余的一切成就都会被人看成骄傲、自负、无用和愚蠢。"荀子也曾说过："人无礼则不生，事无礼则不成，国家无礼则不宁。"反过来说，遵守礼仪，应用礼仪，将有助于净化社会风气，提升个人乃至全社会的精神文明方面的品位。当前，我国正在大力推进社会主义精神文明建设。其中的一项重要内容，就是要求全体社会成员讲文明、讲礼貌、讲卫生、讲秩序、讲道德，并且心灵美、语言美、行为美、环境美。这些内容，与礼仪完全吻合。因此，完全可以说，提倡礼仪的学习、运用，与推进社会主义精神文明建设是殊途同归、相互配合、相互促进的。这种社会主义的礼治，对于我国的现代化建设绝对是不可或缺的。

八、礼仪的学习

学习礼仪，要想取得理想的效果，就应当在学习途径、学习方法与学习重点这三个方面多加注意，切不可敷衍应付、只走过场。

对一般人来讲，学习礼仪主要有三大途径：

其一，进行理论学习。即利用图书资料、广播电视、互联网络、教学函授、业务培训，系统地、全面地学习礼仪。

其二，向社会实践学习。实践是检验真理的唯一标准，同时也是学习礼仪最好的教师。交往的成功，往往有赖于必要的经验。交际实践作为学习礼仪的一个具体过程，不仅可以使人加深对它的了解，强化对它的印象，而且可检验其作用，并且据以判断个人掌握、运用礼仪的实际水平。

其三，向专人学习。这里所指的专人，可以是教师、培训专家、礼仪顾问，也可以是在某些方面确有经验或所长者、堪称楷模之人。其共同之处，是对礼仪有一定的了解，或是具有一定的实践经验和心得体会。向他们学习，可使自己取长补短、见贤思齐、益智开窍。

学习礼仪，有多种方法可以采用。一般而言，其最主要的方法有四：

第一，联系实际。礼仪本身就是一门应用学科，因此学习礼仪，务必坚持知和行的统一。要注重实践，将知识运用于实践，不断地向实践学习。这是学习礼仪的最佳方法。

第二，循序渐进。学习礼仪不可贪多务得，细大不捐，而应当有主有次，抓住重点。若从与自己生活和工作关系最密切的地方开始，往往可以事半功倍。然而必须注意，学习礼仪是一个循序渐进的过程。对一些规范、要求，只有反复运用、重复体验，才能真正掌握。

第三，自我监督。古人强调提高个人修养要注意反躬自省："躬自厚"，"修己以敬"，"吾日三省吾身"。学习礼仪，也应进行自我监督，对自己既要在这一方面有所要求，又要处处注意自我检查。这样做，将有助于自己发现缺点，找出不足，将学习、运用礼仪真正变为个人的自觉行动和习惯做法。

第四，多头并进。在学习礼仪的同时，不应将其孤立于其他学科，而应当将这种学习与其他学科、其他文化知识的学习结合起来。如此一来，不但可以全面提高个人素质，而且有助于个人更好地掌握、运用礼仪。

从总体上看，礼仪是由一系列的规范、技巧与法则所构成的。学习礼仪，要讲究其全面性、系统性，但是不能搞烦琐哲学，不能脱离实际、死抱着条条框框不放。要是把礼仪搞得过分复杂、烦琐，是不利于礼仪的普及、推广的。古人曾就此一针见血地指出："礼繁则难行，卒成废阁之书。"将礼仪搞成繁文缛节，必将使礼仪曲高和寡。

学习礼仪，最切实可行的方法，是要抓住其重点。礼仪的重点，就是那些对交际活动具有普遍指导意义的各项主要原则。礼仪的原则可分为两大类：其一，适用于所有交际活动的原则。例如，"主随客便原则"。其二，适用于局部交际活动的原则。例如，在正式场合必须遵守的有关着装的"三色原则"。对这两类礼仪的主要原则，都要尽可能地加以掌握。这样认真去做，就能以点带面，掌握其精华。

总而言之，这些礼仪的主要原则高度凝练，可举一反三，适用范围甚广。对其悉心掌握，则会大获裨益。

九、礼仪的操作

在具体运用现代礼仪时，人们所面临的一个亟待解决的重要问题是：应当如何对其具体地加以操作？

解决这一问题时，主要应当关注以下两个方面：一是坚持正确的理念；二是掌握有效的方法。

第一，坚持正确的理念。所谓理念，亦即有关某一事物的基本观念。有道是："理念决定思路，思路决定出路。"倘若人们在具体操作礼仪时基本理念有误，则难免徒劳无益。

一般而言，现代礼仪以"尊重"为基本理念。在具体操作礼仪时，这一基本理念又体现于如下两点：

其一，摆正位置。在人际交往中，每一个人都拥有自己的具体位置，而且自己的具体位置往往还会不断地发生变化。在操作礼仪、以礼待人时，每一个人关键是要明确自己的具体位置、各就各位，切勿错位或越位。一言以蔽之，不论自己处于何种位置，始终都要做到"勿不敬"。即以尊重之心待己、待人。

首先，对自己而言，每一个人都必须维护自尊：一是必须尊重自我；二是必须尊重自己的职业；三是必须尊重自己所归属的团队；四是必须尊重自己所在的单位；五是必须尊重自己所处的社会；六是必须尊重自己所属的国家；七是必须尊重自己所生存的世界。

其次，对他人而言，每一个人亦应以尊重为本：尊重上司是一种天职；尊重同事是一种本分；尊重下级是一种美德；尊重客户是一种常识；尊重对手是一种风度；尊重所有人则是一种教养。

其二，调整心态。在人际交往中，每一个人不仅需要智商，更需要情商。一般而言，一个人的情商的高低，通常具体体现于其个人心态，即对自己、对他人、对社会的态度。在具体处理人际关系、运用礼仪时，每一个人均应自觉地进行心态调整。因为对自己的工作生活乃至人际关系而言，心态不仅决定状态，而且往往决定一切。

在具体操作礼仪时，人们所应进行的心态调整主要涉及如下三点：

一是需要"接受他人"。在人际交往中，现代礼仪要求每一个人都必须尊重他人。进而言之，所谓尊重他人，实际上就是要求人们必须善解人意地接受对方的一切合乎情理的选择。换言之，操作现代礼仪时，不仅需要严于律己，更需要宽以待人。

二是应当"换位思考"。在人际交往中，不仅内外有别、中外有别、外外有别，而且人人有别、时时有别、处处有别、事事有别。既然在操作现代礼仪时强调“交往以对方为中心”，那么人们必须善于进行“换位思考”自然不言而喻。

三是坚持“合作共赢”。进行人际交往时，每一个人都必须明确与人合作的重要性，并善于与他人和睦相处。与此同时，还必须真正地意识到自己所面对的世界是多有“不同”的：世界是具有多样性的，文明是具有多样性的，交际行为与交际规范也是具有多样性的。习近平同志曾经强调：在对外交往中，智者求同，愚者求异。唯其如此，才能真正地为自己打造出一种良好的人际环境。

第二，掌握有效的方法。一般而言，它主要涉及“有所不为”与“有所为”两个互有联系的不同层面。

其一，必须明确“有所不为”。所谓“有所不为”，即具体操作礼仪时，首先需要了解“不能做什么”。例如，不能讲什么话，不能做什么事，等等。在这些方面不出现差错，即可“问题最小化”，不仅自己可以不出洋相，而且可以避免失礼于他人。

其二，必须尽力“有所为”。所谓“有所为”，在此指的是具体操作礼仪时，应该了解“应当如何做”，或者“如何做得更好”。例如，应该怎样讲话，应该怎样办事情，等等。在这些方面尽量做到符合礼仪规范，就会令自己的所作所为好上加好。

孟子说过：“人有不为也，而后可以有为。”在操作礼仪时，需要强调的是：“有所不为”，是每个人皆须力戒的；“有所为”，则是人们所共同努力的目标。在任何情况下，二者均不可偏废。

第一章 修饰礼仪

修饰礼仪，在此是指有关公务员维护其个人形象的具体行为规范。作为国家机关工作人员，公务员既需要内强其个人素质，又需要外塑其个人形象。公务员只有严格地遵守修饰礼仪，才能够更好地维护其自身形象。

学习目的

- 重视个人修饰。
- 掌握基本的修饰礼仪。
- 进行必要的个人修饰。
- 以规范化的修饰维护自身的形象。
- 避免在个人修饰上失礼于人。

本章要点

- 本章所讲授的是修饰礼仪。它在此是指有关公务员维护其个人形象的具体行为规范。公务员只有严格地遵守修饰礼仪，才能够更好地维护其自身形象。
- 第一部分讲授的是着装礼仪，具体要求是：应时、应景、应事、应己、应制等。
- 第二部分讲授的是妆饰礼仪，具体要求是：风格淡雅、扬长避短、力戒怪诞、遵守成规等。
- 第三部分讲授的是仪容礼仪，具体要求是：干净、整洁、卫生、简约、端庄等。
- 第四部分讲授的是举止礼仪，具体要求是：规范、自然、文明、稳重、美观、大方、优雅、敬人等。
- 第五部分讲授的是交谈礼仪，具体涉及：谈话的态度、谈话的方式、谈话的内容、谈话的分寸、谈心的规则等。

《中华人民共和国公务员法》规定，“具有良好的政治素质和道德品行”“具有正常履行职责的身体条件和心理素质”“具有符合职位要求的文化程度和工作能力”等，是中国公务员所应具备的基本条件。

目前，在我国进一步完善公务员制度的进程中，一项极为迫切的重要任务，就是要真正地做到不断提高全体公务员的整体素质，不断改善各级国家机关的公众形象。简而言之，就是要使广大公务员自觉地做到内强素质、外塑形象。唯其如此，才能维护国家机关与公务员的声誉，取信于民，让人民满意和放心。

从根本上说，要求公务员内强素质、外塑形象，是相辅相成、并不矛盾的。所谓内强素质，就是要求公务员不断地提高自身的修养；所谓外塑形象，则是要求公务员努力使社会公众和社会舆论给予自己以良好的评价。不内强素质，就难以使外塑形象取得成功。也就是说，外塑的成功形象，其实是内在的良好素质的客观写照。因此，有人才说，国家机关的形象主要是公务员的形象。而每一名公务员的具体形象，则又客观地反映着其自身的教养与素质。

修饰礼仪，在此主要是指有关公务员维护其个人形象的行为规范。所谓公务员的形象，一般是指社会公众和社会舆论对于公务员的总的印象、总的看法和总的评价。具体而言，每一名公务员的个人形象，都来自能够体现其自身教养与素质的着装、妆饰、仪表、举止、交谈等各个具体环节留给社会公众和社会舆论的印象、看法及有关评价。由此可见，修饰礼仪的主要内容，就是对公务员在执行公务时的着装、妆饰、仪表、举止、交谈诸环节所做的规范和要求。古人有言：“明礼者，正仪容，齐颜色，修辞令。”它所涉及的，主要就是修饰礼仪。

总体而论，修饰礼仪的基本要求是：公务员应当表里如一、言行一致，符合其社会角色对自己所提出的规范，塑造自己的完美形象，并借以展现个人的良好素质，同时维护、改善国家机关的形象。

具体而言，修饰礼仪则要求公务员平时要注重个人形象、维护个人形象，并且要在自己的着装、妆饰、仪表、举止、交谈等具体的细节上处处注意，使之与自己的身份相符。

根据修饰礼仪的规范，公务员的理想形象应端庄、朴实、干练、整洁。要真正做到如此，不仅要在平日自觉地勤加修饰，更为重要的，则是要使自己在修饰、维护个人形象时得体而规范，不可肆意妄为。以下将分别介绍对公务员在着装、妆饰、仪容、举止、交谈等方面的规范化要求。

一、着装礼仪

在人际交往中，人们的着装在一定程度上反映着一个人的个性、爱好、职业、社会阶层、文化素养和审美品位，同时它还体现着其所属民族的习俗和社会的风尚。正是在这一意义上，人们的着装一直被视作传递着装者的思想、情感的“非语言信息”。用世界知名的服装心理学家高莱的话来讲：“着装是自我的镜子。”用大文豪莎士比亚的话来说则是：“一个人的衣着，就是其自身修养的最形象的说明。”

从现状来看，除公安、司法、工商、税务、药监、消防等少数部门之外，我国绝大多数公务员尚且没有统一制式的办公制服。对公务员在日常工作中的着装，全国也还没有形成整齐划一的统一规定。但是，这绝不意味着我国公务员的着装可以听其自便，完全地放任自流。

为我国古称“华夏”释义时，唐人孔颖达的说法是：“中国有礼仪之大，故称夏；有服章之美，谓之华。华、夏一也。”由此可见，自古以来，着装就与礼仪相提并论。考虑到着装反映一个人的形象，是其思想与情感的无言的表白，同时也考虑到作为公务员，其着装还应当体现出我国国家机关的威信与尊严，因此每一位公务员都必须学习、掌握一定的着装礼仪常识，而绝对不能听信“穿衣戴帽，各有所好”之说，不能在工作着装方面过于随便。

公务员在学习、掌握着装礼仪时，最为关键的，是要将着装问题提高到维护个人形象、维护国家机关形象与维护国家形象的高度上，加深认识。

具体而言，要学习、掌握着装礼仪，主要是要使自己的日常着装应时、应景、应事、应己、应制。这就是着装礼仪的所谓“五应原则”。

（一）应时

平时，公务员的着装必须应时。所谓应时，不是要追逐时髦、在着装上永远不落后于潮流与时尚，而是指公务员的着装要与穿着的具体时间相吻合。也就是说，公务员在不同的时间里应当穿着不同的服装，切不可不分四季、不分早晚，或是脱离时代地随意乱穿乱戴。

着装的应时原则，通常有下述相互关联的三重意思：

（1）与时代的变化同步

《礼记》曰：“礼，时为大。”所谓应时，就是要求公务员的着装不应与时代背离。服装的变化，一向都是同时代的进步相一致的。在不同的时代里，服装的总体风格是有所不同的。我国秦汉时期的峨冠博带，清代的长袍马褂与顶戴花翎，都是那一时期国家官员的官服，伴随着时代的发展，它们都已经成了历史文物。在今天的现实生活里，已经难以寻觅其踪影。

从服装本身的发展规律来讲，虽则不时泛起几朵复古或超前的浪花，但其主旋律却一直是与时代的进步大体上保持一致的。

从着装风格上来说，公务员的着装一般应当相对保守、朴素大方。这样做，主要是为了使公务员的形象在社会公众的心目中能够显得稳重可靠、朴实无华和令人信服。因为任何人都难以相信一位着装绝对超前，甚至有些怪异另类或是华而不实的公务员稳妥可靠、堪当重任。

当然，要求公务员的着装相对

保守，并非要走另一个极端。公务员的着装应当与时代进步保持一定程度的一致，而切不可使之过分地落伍、陈旧，否则就有因循守旧、冥顽不化、不修边幅之嫌。

(2) **与四季的变化同步**

所谓应时，通常要求公务员的着装不应与一年四季的变化相去甚远。着装最重要的功能之一，就是消暑御寒。着装应当随着一年四季的变化而更替变换，使之冬暖、夏凉、春秋适宜。这是人人皆有的常识。在这方面，公务员自然应当使自己的着装合乎常理，而不宜过分地打破常规，标新立异。

在当今社会，随着改革开放的深入，人们着装的观念发生了很大的变化。人们已把着装看成个人的私事。对于奇装异服，大多数人都能够宽容地对待，以尊重着装者个人的选择。但是，公务员在公务活动中却是不可以凭着奇装异服去标新立异、“出奇制胜”的。

(3) **与早、中、晚的变化同步**

所谓应时，往往还要求公务员的着装顾及每天早、中、晚的时间变化。每天早起散步或进行运动时，可以穿着活动方便的运动服。中午在家里或宿舍里用餐的时候，可以脱去正装，或是穿上休闲服，好好放松放松。在晚上欣赏电视节目或是准备休息时，则可换上睡衣或睡裙，以求舒适、随意。

然而在上班时，公务员的着装却不应这样随随便便、自由自在。不论上午上班，还是下午上班，都必须穿着与“此时此刻”相协调的服装，方能体现出敬业精神。要是在上班时穿着休闲服和拖鞋，可能会比穿制服和皮鞋舒服得多，但却会因此而有损于公务员的形象。

(二) 应景

平时，公务员的着装必须应景。所谓应景，在此是要求公务员的着装应当优先考虑到自己即将出现或主要活动的地点。要尽量使自己的着装与自己所面临的环境、景致保持和谐与一致，不可我行我素、自以为是，不可令自己的着装同自己所处的环境、景致格格不入，或反差过大。

不论什么人，只要到达一定的地点，就是进入了特定的环境，成为特定环境的组成部分。这时所做的一切，都必须主动、自觉地与自己所处的特定环境保持一致。反之，就会产生相反的作用，既破坏了环境美，也有损于自身形象。正是基于这一原因，公务员的着装必须应景，也就是要使之与其面临的环境相协调。

例如，人们在工作之余，身穿汉服前往古镇观光游览，或是头扎发带、身着洁白短小的网球裙，在网球场上奋力挥拍击球，都同环境非常协调一致，让人无可挑剔。

然而要是穿汉服或网球裙去国家机关上班，尤其是代表国家机关外出执行公务，那绝对是不合适的。那样的话，只会给人以一种不务正业、不伦不类的印象。

同样的道理，女公务员若将一时流行的窄框金丝太阳镜、阔边扎花草帽、吊带小背心、超短牛仔裙、摩登的小背囊、透明露趾或无帮塑胶拖鞋，全都披挂在身，并且全盘地将其“引进”自己的办公室，那么即使她这身打扮的确美不胜收，恐怕也无人恭维。这一类的街市服，要是穿着去逛商场、“轧马路”，才算适得其所。

又如，公务员在执行其公务时，穿制服、西服、西服套裙，显得正规而庄重，能令人肃然起敬。可要是把这一类的正装穿到公园、商场、街头、运动场上，不仅会因为“小题大做”而见笑于人，而且还会使自己行动不便。不论怎么看，穿着只有在正式的工作环境里才适宜的正装，前去娱乐、休闲、观光、游览、购物，都算是不应景，都是与环境不和谐的。

（三）应事

平时，公务员的着装必须应事。所谓应事，此处是要求公务员的着装应当根据自己所办理的公事的具体不同而有所变化。从总体上讲，公务员的着装，应与其所办理的公事相配合、相呼应。

按场合着装

着装应事的原则，有时也叫按场合区别着装的原则。依照该项原则，在办理公事之时，即处于不同的场合时，公务员的着装应当有所分别。也就是说，在办理不同的公事时，或置身于不同的场合时，对公务员的着装有着不同的要求。要是不遵守此项原则，以不变应万变，或者说着装不应事、不区分场合，难免会招致麻烦。

有这样一个例子：某国总统出访欧洲，在当地引起轰动的，竟然是他在正式场合露面时所穿的一身格子呢便服。因为按照惯例，作为一国代表的总统，在正式的外交场合只能穿深色西服，绝不能穿这套适合度假或打猎时穿着的服装。于是国际舆论纷纷指责这位总统不严肃，对该国国民缺乏尊重，并且缺乏一国总统本应具有的责任感。

一名公务员在办理公事时，通常所遇到的场合可分为以下四种：

（1）**普通场合**

所谓普通场合，指的是一般情况下在办公室里坐班，或是外出处理一般类型的公务。在这种场合，公务员的着装应当合乎本单位、本部门的规定。总体上应做到正规、干净、整洁、文明。

（2）**庄重场合**

所谓庄重场合，主要是指参加会议、庆典、仪式、盛宴、谈判、外事等庄严、隆重的活动。公务员在办理此类公事时，着装力求庄重、高雅、规范、严肃。此外，还必须遵守有关这类活动在着装方面的具体要求。在有的国家，按照礼仪规范，公务员在此时应着礼服。一般来讲，礼服特指在礼仪场合穿着的服装。它在式样上有着统一的规范，并且有一般礼服、社交礼服、晨礼服、晚礼服、小礼服与大礼服之分。目前，我国尚未统一规定公务员礼服的具体式样。不过在实践中，一般习惯于以深色中山装套装、西服套装，或者素雅的汉服、唐装、旗袍、连衣裙、西服套裙等替代礼服。

(3) **喜庆场合**

所谓喜庆场合，通常是指欢度节日或纪念日，亲友欢聚，举办联欢会、舞会或游园会，参加婚礼、生日庆祝活动，出席庆祝会、招待会、茶话会，等等。这些活动大都充满了热烈、喜悦、欢快的气氛，因此公务员的着装相对而言需要时尚、潇洒、鲜艳、明快一些。当然，在这方面还必须要做得自然，不要脱离群众、鹤立鸡群。

(4) **悲伤场合**

向遗体告别、出席葬礼、祭扫陵墓以及慰问逝者家属一类的活动，往往会令人心情沉重、悲伤不已。此即所谓悲伤场合。因此公务员在此类场合的着装要雅致、简洁、肃穆、严整。例如，在参加追悼会或是向先烈的纪念碑敬献花圈时，如果穿得华丽、鲜艳、时髦，显然是非常不得体的，同时也是对逝者或先烈的不恭、不敬。

(四) 应己

平时，公务员的着装必须应己。所谓应己，在此是要求公务员在为自己执行公务而选择服装时，需要认真地、实事求是地明确自身的条件是否与之相适应。它的含义是：公务员的着装必须做到量体裁衣、因人而异。

要求公务员在着装时遵守应己的原则，是为了使其在着装方面能够扬长避短，充分地展示自己的最佳形象。

详细地讲，按照应己的原则，公务员在为自己选择服装时，应注意性别、年龄、肤色、形体四大问题。

(1) **性别**

着装时，公务员应勿忘自己的性别。男人应当穿男装，女人则应当穿女装，这是两性差别使然，也是人人应有的基本常识。可是由于受近几年国际时装潮流的影响，服装的性别色彩有所减弱，中性化服装大量出现，甚至在某些阶层的人士中间，男穿女装、女着男装成了一种时髦。但对于恪守本分，在着装上力求保守、规范的公务员来说，则是万万不可在着装上不分男女的。在涉外交往中，特别需要牢记这一点。即使在着装自由化的西方各国，公务员在着装上仍须遵守下列规矩：男士绝没有在上班时穿花衬衫的；女士在隆重场合通常不穿裤子，而是要穿裙装。

(2) **年龄**

着装时，公务员应勿忘自己的年龄。公务员在年龄上也有老、中、青之分。因此，除了统一穿着的制服外，在有可能自主着装时，千万不要遗忘自己的年龄，不要忘记着装与年龄必须相符这一不争之理。可以想见，要是人到老年的女士偏要不服老，穿着一条超短裙和一件露脐上装，会显得多么不合适。在着装上，老年人应当素洁，中年人应当稳重，青年人则应当活泼。这是大家均须遵守的标准。

（3）**肤色**

着装时，公务员应勿忘自己的肤色。从肤色方面来看，绝大多数中国人属于黄种人，都是黄皮肤、黑头发、黑眼睛。但如果具体到个人来讲，仅就肤色而论，也是同中有异的。中国人的肤色大致可分为白净、偏黑、发红、棕黄和苍白等几种，对于服装的色彩各有不同的要求。肤色白净者，适合穿各色服装；肤色偏黑或发红者，忌穿深色服装；肤色棕黄或苍白者，则宜穿浅色服装。若肤色与着装色彩不协调，通常是很难看的。

（4）**形体**

着装时，公务员应勿忘自己的形体。人有高矮、胖瘦之分，具体到身体的各部分还有标准与不标准的分别，这就是通常所说的个人的形体条件。中国人的形体有标准型、高大型、高瘦型、矮胖型、瘦小型等几大类型，公务员在着装时如不注意这一点，而是一概而论，显然是不明智的。要是一位形体高大的男士穿上一身小号的制服，便会浑身局促，显得木讷可笑。而一位过分丰满的女士若是偏要穿上一条高弹紧身的裤子，也是极不合适的。

（五）应制

平时，公务员的着装必须应制。所谓应制，此处主要是要求公务员的着装必须要合乎规范，并应使之制度化、系列化、标准化。

着装的应制原则，最能够真切地反映出着装者自身的教养，“此时无声胜有声”地强化他人对着装者的印象。因此，应当引起公务员高度重视。

着装的应制原则，对公务员而言，主要体现在以下三个大的方面：

（1）**制度化**

对公务员的着装，尤其是在其代表各级国家机关执行公务时的着装，应在制度上有所规定，全体公务员对此应该自觉地加以遵守。这就是所谓着装的制度化。

有着统一制服的部门，应要求公务员在执行公务时穿着制服，而不得随意穿便服。没有统一制服的部门，也应规定不准公务员在执行公务时穿着有损政府形象的服装，如牛仔服、运动服、休闲服，尤其是不得穿着汗衫、背心、短裤、超短裙以及拖鞋等。

（2）**系列化**

着装的系列化，在此是指在着装

时要树立全局思想，使衣、裤、裙、帽、鞋、袜、包等相互呼应，搭配协调，美在和谐。若将单个美的东西杂乱无章地组合在一起，则绝无美感可言。只有将各种相互协调的服装在一个“主题思想”之下搭配在一起，形成一种合乎规律的主次秩序，才会使它们大放异彩，并且相得益彰。

平时，公务员一定要学习一些着装搭配的常识，不要随意“拉郎配”。例如，穿西服时，应穿深色袜子和系带式皮鞋，不宜穿白色袜子或拖鞋、布鞋、凉鞋、旅游鞋。穿西服套裙或旗袍时，需要穿肉色的长筒或连裤式丝袜，不宜光腿或穿彩色丝袜、短袜。腰带、鞋子与皮包的色彩应当相同。穿露趾凉鞋时，则不宜再穿袜子，等等。它们的理论基础，都是着装系列化。

（3）**标准化**

着装标准化的含义，在此主要是要求公务员在其着装时，要按照各种服装的穿着标准来着装，切不可随意发明创造、自成一派，从而贻笑大方。

例如，在穿制服时，不允许敞怀。在穿中山服时，不仅要扣上全部衣扣，系上领扣，而且不允许挽起衣袖、裤筒。

在穿双排扣西服时，必须扣上全部衣扣，而且不允许内穿西服背心。穿单排三粒扣西服时，仅能扣上上面一粒或中、上两粒扣子；穿单排两粒扣西服时，只能扣上上面一粒扣子；不允许扣上单排扣西服的全部衣扣。穿单排扣西服时，西服背心则通常可穿可不穿。

在穿西服时，宜穿白色衬衫，并打领带。领带打好后的标准长度，是其下端触及皮带扣。

总而言之，着装礼仪的“五应原则”的各项具体要求是相互呼应，一起发挥作用的。在具体操作时，公务员不宜对其有所偏废。

二、妆饰礼仪

从礼仪规范的角度来看，妆饰所探讨的就是人们的具体打扮如何协调、如何得法的问题。所谓妆饰礼仪，在此指的就是有关公务员打扮的规范化做法。

面对外人，人人皆须讲究其穿着打扮。穿着，通常是指着装；打扮，则指的是妆饰。所谓妆饰，主要指的是人们适当地化妆，或是使用一定的饰物对自己进行装饰，以求使自己的衣着与容貌显得更加好看。在现实生活中，一个人衣着的雅致与容貌的动人，往往都离不开打扮。通常人们都将穿着与打扮相提并论，这是因为穿着美观始终有赖于打扮。在民间，早有“三分相貌，七分打扮”一说。而所谓“一表人才”之中的“表”，则通常指的就是一个人外在的打扮。

对公务员来讲，在平日不必刻意将自己打扮得像“时尚先生”和“公关小姐”一样，但不宜对打扮毫不在意，或穿得过于随便。

例如，在穿西服时，男士往往使用领带夹固定自己的领带。作为一种饰物，领带夹的用法是很讲究的。它应在穿西服时使用，也就是说，单穿长袖衬衫时没有必要使用领带夹。要是在穿夹克时使用领带夹，那就更不必要了。穿西服时使用领带夹，应将其别在特定的位置，即在七粒纽扣衬衫从上往下数的第四与第五粒纽扣之间。然后扣上西服上衣的扣子，从外面一般应当看不见领带夹。因为按照妆饰礼仪的规定，领带夹这种饰物的主要用途是固定领带，所以它不应当“抛头露面”。如它稍许外露，还说得过去。如果是把它别得太靠上，甚至靠近衬衫的领扣，那就显得过分张扬，好像是有意要让他人“瞧一瞧，看一看”，因而是不合适的。

还须注意：在使用领带夹时，应同时把领带与衬衫的前襟夹住，不能只夹领带，而不夹衬衫的前襟，否则领带依然自由晃荡，其固定领带的作用没有发挥出来。不允许把领带夹别在西服上衣的衣领上，拿它当纪念章使用。在西服上衣内，若穿了西服背心或鸡心领羊毛衫的话，可以不使用领带夹。即使要用，也不能把它别得“高高在上”，显露在外。

仅从领带夹这一饰物的用法上，就可以由此及彼，对打扮的规范与得法的重要性有一定程度的认识。

《礼记》曰：“服备，而后容体正、颜色齐、辞令顺。”依照政务礼仪的规范，对于公务员的妆饰问题总的要求是：区分场合、注意身份、以少为佳、以雅为宜。具体来讲，则应从以下四个方面予以注意。

（一）风格淡雅

平时，公务员的妆饰要力求风格淡雅，也就是说要少而精、简而雅。总的说来，为了表里如一地做到勤政、廉政，使自己平易近人、接近群众，公务员在仪表方面应当表现得朴实无华，摈弃华丽、浓艳与奢侈。作为仪表的组成内容之一，妆饰当然亦须如此。

不论化妆美容，还是佩戴饰物，公务员均应在思想上勿忘自己为人民服务的工作性质，不要因此而损害自己的公众形象。一般来讲，公务员在妆饰上讲究的是少而精，宁少而勿多；应当淡而雅，宁淡而勿浓。

平时，在工作岗位上，公务员完全可以不使用饰物、不进行任何妆饰。这样做，可以使公务员在他人的心目中显得返璞归真、清新可人。这种朴实的效果，反倒是极为难得的。

公务员，尤其是一些女同志，在一般情况下，完全没有必要在妆饰方面存心与他人进行攀比。

参加某些重要的庆典、仪式和社交活动，特别是参加外事活动时，为了合乎惯例，尊重主人和其他人士，在可能的、力所能及的前提下，可以对自己略加修饰。

例如，男公务员一般可以使用某些适宜的饰物，女公务员可以在佩戴饰物之外化妆，然而在总体上，仍须以少为宜、以淡为佳，不要在这类活动中以自己的妆饰去大出风头。只要能够做得不过分地落伍、不会引起他人的误解，就可以了。

在妆饰上推崇风格淡雅，不仅不会丢面子、失身份，反而会显示出公务员良好的文化素养和高雅的审美品位。因为即使是从妆饰自身的规律来看，少而精、淡而雅、简而洁也是一种高尚的境界，是那些知识贫乏、品位庸俗的人难以达到的。

举例而言，公务员在国家机关里上班时，毫无必要过分打扮。要是男公务员人人喷香水、戴金手链，女公务员个个涂脂抹粉、环佩叮当，国家机关就不像是国家机关，而像是影视明星的社交俱乐部；公务员也不像是在执行公务，而像是在参加社交聚会了。妆饰一定要看场合、分对象。这些基本常识，每一位公务员都是必须了解的。

即便允许，公务员在打扮时，亦应力戒多而杂、杂而乱，以免贻笑大方。例如，假使一名公务员拥有 10 枚金戒指、8 条金手链、6 条金项链、4 只金耳环，而且当时所处的场合许可佩戴饰物，也绝无必要将它们全部披挂上阵。那样做的话，人们绝不会因此而称赞其品位不俗，而只会嘲笑此人是一名庸俗的“拜金主义者”。稍谙打扮之道的人都会明白：饰物的使用应当突出重点。不论在数量上，还是在品种上，饰物的使用都需要力戒繁杂、以少为佳。这是一项基本的原则。

同样的道理，化妆美容的时候，通常也不宜过分地浓烈。新娘妆、舞台妆、明星妆、梦幻妆之类夸张的化妆样式，只适合于特定的环境、特定的人士。若是一位女公务员在上班时重彩浓抹、香气扑鼻，把自己打扮得如同一只“花瓶”，是很不自重的表现。即使在商界、服务界，职业妇女在上班时也不会那样做。在一般情况下，化妆美容应当“若有若无”。在化妆美容之后，令人浑然不觉，好似一切都出自天然，才称得上是真正的高水平。

化妆的规则

（二）扬长避短

平时，公务员的妆饰要善于扬长避短。任何人只要希望通过妆饰来美化自己的形象，就必须对本人的先天条件具有客观的认识，然后才能在此基础上，通过适宜的方式和方法来突出自己的优点，修饰自己的一般之处，弥补自己明显的不足与缺陷，这就是所谓的扬长避短、显美藏拙。

公务员在打扮自己时，一切应从自身的条件出发，使自己的打扮与自己的个人条件相吻合，而不宜使二者彼此之间相互矛盾。

（1）了解自我

要做到妆饰时扬长避短，公务员就要确切地了解自身的特点。对于年龄、身材、高矮、胖瘦、肤色、容貌一类与打扮直接相关的个人特点，一定要心知肚明，不要偏听偏信，或是只记得别人对自己的恭维。就容貌、肤色、形体而言，人无完人，十全十美者从来都是不存在的。在某些方面，每个人总会有一些这样或那样的遗憾之处，但也确有自己的长项。关键是要实事求是，人贵有自知之明。

（2）**力戒盲从**

在任何时候，公务员都不要在妆饰自己时盲从时尚。不论穿着还是打扮，都有一个流行与否的问题。前面已经指出，公务员为了体现出自己的庄重与朴素，是不宜过分地追逐时尚的。相反，却有必要在不过分落伍的同时与时尚保持一段应有的距离。

如果打算时髦一点，也必须“量力而行”，先思忖一下自身的条件与自己所选择的时髦打扮是否“水火不相容”。要是只图时髦、不问其他，搞不好就会洋相百出了。

例如，市面上倘若正在流行一种又细又亮的装饰性极强的细腰带，在使用以前，首先应该考虑一下自己的腰部的“现状”怎样。要是自己腰部纤细，束上这种腰带后，定然会使人们在把视线投向它的同时，发现自己腰细的优点。若是自己腰部太粗，则千万不要追赶这种时尚。不然的话，在人际交往中与其说别人会留意到时髦的腰带，倒不如说别人会发现自己的粗腰。

（3）**重在避短**

在妆饰时通常讲究扬长避短，但其重点应当是避短，而不是要极力地扬长。强调避短，是为了不使自己出丑露怯，故此绝对必要。适度地扬长，展示自己的风采，也是可行的。但扬长不宜过度、过界，尤其是不宜在打扮时为扬长而扬长，让人觉得自己意在招摇而不在打扮，意在表演而不像是在上班。

（三）力戒怪诞

平时，公务员的妆饰要力戒怪、异、奇。公务员在为了适应特定场合的需要而进行必要的打扮时，总的说来，应保持自己端庄、稳重、高雅、保守的独特风格，绝对不应当把自己打扮得稀奇古怪、荒诞不经、令人瞠目结舌，或匪夷所思。

假定公务员的妆饰过分地不合常情，并且以其怪、异、奇而为世人所瞩目，在一般情况下，会被视作其定位发生了误差。因为怪、异、奇的妆饰与端庄、稳重、高雅、保守，在总体风格上是势不两立、泾渭分明的。

如前所述，公务员在一般场合活动时，尤其是在办公室里上班时，在打扮上应当少而精、淡而雅，甚至不必进行妆饰。一名身穿公安、司法、工商、税务、药监、消防制服，头戴大盖帽，替国家执法的公务员，要是颈挂项链、耳戴耳环、浓抹蛾眉、一点红唇的话，只会让人觉得不伦不类，而不会为他人所尊敬。

不仅如此，即使要对自己稍加打扮，也不能从一个极端跳到另一个极端，试图“一鸣惊人”。例如，在比较正式的场合，人们所戴的手表，不仅具有计时功能，而且也被当作一种重要的饰物。因此，公务员在戴手表时，在其花色图案和形状上，就不可以太出格，不可以过分地奇异、抢眼。曾经广为流行的个头硕大、形状不规则的“大腕表”，表盘上五彩缤纷与满是日月、星辰、花卉、鸟兽、宠物的卡通表，镶满各种宝石的珠宝表，等等，置身于正式场合的公务员是绝对不能戴的。设想，一位表情严肃正在处理公务的男公务员手腕上戴着一块绘有机器猫或是比基尼女郎图案的手表，那还像什么话？还有什么威严可言？

在有些时候，若是对妆饰缺乏正确的理解，而只求怪、异、奇，只会画蛇添足，使自己显得才疏学浅。

例如，如果前去出席晚宴或化装舞会，在脸上酌情画一些彩妆，是十分合适的。可要是满脸姹紫嫣红地去上班，则十分不宜。

又如，男公务员所用的腰带扣，一般会被当作饰物来看待，但它的图案、造型亦须简单、朴实、大气，而且不应带有文字。要是工作时使用以虎头、鹰像、“忍”字、“帅”字为图案的腰带扣，则只会让人觉得肤浅和粗俗。

（四）遵守成规

平时，公务员的妆饰要遵守成规。和穿着一样，打扮也有自己的成规。公务员在有必要为自己进行妆饰时，不论化妆美容，还是佩戴饰物，都应当学习并遵守通行的程式、规则和方法。

在妆饰时遵守成规，有助于公务员体现自己的良好教养和高雅品位。例如，化妆与佩戴饰物，都讲究以少为宜、符合身份。若是根据成规来讲，则更加宜于为公务员所理解和掌握。以涂抹香水为例，适当的部位只有手腕、下颌、耳垂、踝部等易于使之挥发的几处。要是“遍地开花”般地在浑身上下乱喷、乱洒不止，既暴殄天物，又劳而无功。如将香水误喷到多汗之处，还会使“香水”变成“毒草”，发出难闻的异味，令人不堪忍受。

再以佩戴金银珠宝首饰为例，在一般情况下，不应超过三个品种，每一个品种不应当多过两件，而且各个品种的首饰在色彩、质地上应当尽量地做到和谐一致。佩戴金银珠宝首饰，并不是品种、数量越多越好，也不见得色彩、质地越杂越具有美感。有些“表明”性别的饰物，如胸针、耳环和脚链等，女公务员在执行公务时则最好不要佩戴。

在妆饰时遵守成规，是因为妆饰要为他人所接受，并进而获得好评。至少，公务员也不应由于自己的妆饰失当而被人笑话。妆饰的成规，通常指的就是妆饰的标准方式、方法。在妆饰时，依照成规而行，是一条最为通行的捷径。

例如，女性在化妆时涂眼影，可以强化眼睛的“核心”地位，使其更为明亮动人、顾盼生辉。但是，并不是涂了眼影就可以产生这种效果的。涂眼影，忌讳过多、过浓，而应将其涂得浅淡自然，好像眼睛自己的影子一样生动。涂眼影时，应沿着上眼皮中央，向内眼角、外眼角以及眉骨上方三个方向逐渐淡出。要是重彩浓抹，涂得如墨似炭、深沉厚实，像“熊猫盼盼”的眼睛一样，反而不如不涂。

总而言之，公务员的妆饰，尤其是置身于正式场合的公务员的妆饰，宜简、宜素、宜少。

一是宜简。所谓“简”，此处要求的是：公务员的妆饰，应当简简单单，不应当纷繁复杂。

二是宜素。所谓“素”，此处要求的是：公务员的妆饰，应当本色、质朴、清新，不应当炫耀、招摇、俗气。

三是宜少。所谓“少”，此处要求的是：公务员的妆饰，应当内容少、数量少。唯有如此，才有“简”、有“素”可言。

三、仪容礼仪

仪容，主要是指一个人的容貌。一般认为，它包括一个人头部的全体外观。诸如头发、脸庞、眼睛、鼻子、嘴巴、耳朵等，都是其不可分割的组成部分。当人们评论某某人好看不好看、漂亮不漂亮、长得模样怎样的时候，其最重要的“论据”，就是对对方容貌的直观看法。

假如站在修饰礼仪的角度上来探讨仪容的内涵，那么除了其最重要的核心为容貌之外，还须把人际交往中使用甚多且无衣物掩饰的手部，包括手掌与手臂，也列入其内。在仪容礼仪中，仪容一般是指常人所不着装的头部和手部两大部位。在比较正常的情况之下，它们都是一个人身上最吸引别人视线的地方。

公务人员必须注意：自己与他人接触时，不仅头部与手部颇受对方的注意，而且对方对此的“观后感”在很大程度上还决定着对方对自己的总体评价。换句话来讲，在人际交往中，交往对象对自己发自内心的好恶亲疏，往往是根据其在见面之初对于自己仪容的基本印象“有感而发”的。

更为重要的是：这种对他人仪容的观感除了先入为主的印象之外，在一般情况下还很难有所改变。

正因为个人的仪容在人际往来中处于备受注目的位置，因此公务人员在平时必须时刻不忘对自己的仪容进行必要的整理与修饰。也就是说，要做到“内正其心，外正其容”。

根据常规，公务员对自己仪容所进行的整理与修饰，应当养成习惯、自觉坚持，而不允许得过且过、自我放纵。

从具体规则上讲，公务员在整理与修饰自己的仪容时，应当使之干净、整洁、卫生、简约、端庄。在此五个方面，仪容礼仪都有明确的、详尽的规范。

（一）干净

平时，公务员的仪容应当干净。要求其仪容应当干净，就是要努力使之无异物、无异味。显然，一名在办公室里上班的公务员，若总是给人以灰头土脸、体味过重的印象，不但不会令人称道，而且还会因此而让人生厌。

要做到仪容干净，重要的是需要长年累月坚持不懈，不厌其烦地进行以下仪容细节的修饰工作。

（1）**洗澡**

洗澡可以除去身上的尘土、油垢和汗味，并且使人精神焕发。有可能的话，要坚持每日洗澡。在参加重大礼仪活动之前，还应当特意再加洗一次澡。

（2）**洗头**

只有经常坚持洗头，方可确保头发不粘连、不板结、无头屑、无汗馊味。一般而论，公务员最好是每天洗一次头。

（3）**洗脸**

如果脸上经常存有灰尘、污垢、泪痕或汤渍，难免会让人觉得此人又懒又脏。所以除了早上起床后、晚上睡觉前洗脸之外，只要有必要、有可能，随时随地都要抽出时间来洗脸净面。

（4）**去除眼角的分泌物**

在正常情况下，俗称“眼屎”的眼角分泌物，会源源不断地出现。它给人的印象极不雅观，故应及时地将其除去。戴眼镜者还须注意，眼镜片上的污垢也要及时清除。

（5）**去除鼻孔的分泌物**

在外出上班或出席正式活动之前，要检查一下鼻孔内有无显眼的鼻涕或者鼻垢。有的话，必须将其去除干净。

（6）**去除耳孔的分泌物**

在耳孔里，时常会有耳垢堆积，有时还会落入灰尘。那里虽然不易看到，却不可忘却对其经常进行“打扫”，使之“一尘不染”。

（7）**去除口部的多余物**

口部的多余物，在此是指口角周围沉积的唾液、飞沫、食物残渣和牙缝间遗存的牙垢。因其看起来令人作呕，所以必须随时发现，随时清除。

（二）整洁

平时，公务员的仪容应当整洁。要求其仪容整洁，就应尽可能地使之整整齐齐、清爽干净，不可杂乱无章、邋里邋遢。应当坚持定期理发，最好半个月左右理一次。平日，不论自己做的是何种发型，都要把头发梳理得井然有序、整整齐齐，绝对不允许蓬乱不堪。不要忘了，“蓬头”与“垢面”从来都是被相提并论的仪容不整洁的重要表现。

（1）剃须

除具有特殊的宗教信仰与风俗习惯者之外，男公务员是不宜蓄留胡须的。之所以不留胡须，既是为了清洁，也是对交往对象的一种尊重。平时，男公务员最好是每天坚持剃一次胡须。必要时，还须增加其次数，绝对不可以胡子拉碴地去上班或与外人会面。

（2）修剪鼻毛与耳毛

平日，有的人根本不把自己的鼻毛与耳毛当作一个问题，那是因为他自己看不到那里，或者根本从未有过这种意识。但这并不等于他的鼻毛、耳毛不会生长，更不等于他人注意不到此处。在人际交往中，偶尔有一两根鼻毛或耳毛黑乎乎地“外出”，肯定会破坏他人对自己的良好印象。因此，对此应经常检查，坚持修剪。

（3）遮掩腋毛

人所共知，成年人的腋窝里都长着一丛又黑又密的腋毛。从视觉上来讲，它并不美观。因此，公务员在着装时，应有意识地避免选择会使腋毛外露的款式，例如，不穿背心、无袖装等。女公务员在社交或休闲时，如欲穿着使腋窝外现的服装，则必须首先剃去腋毛，免得损害自己的形象。

（4）掩饰腿毛

腿毛如果长得又黑又粗，在别人眼里是毫无美感可言的。因此，对它必须加以掩饰。在执行公务时，男公务员不准穿短裤，不准挽起长裤的裤筒，一个重要的原因就是腿毛有碍观瞻。女公务员在穿裙装和薄丝袜时，若其腿毛浓重有可能透露出来，则须先行将其剃掉。

（三）卫生

平时，公务员的仪容应当卫生。要求其仪容应当卫生，主要就是在日常生活中保持健康，防止疾病，善待和爱护自己的仪容。

对公务员来讲，讲究其仪容卫生并非一句空话，而是要在许多方面采取具体的措施来予以保障的。

（1）洗手

在每个人身上，手是与外界进行直接接触最多的一个部位。因为它最容易沾染脏东西，所以要经常清洗。

（2）剪手指甲

从原则上说，公务员不可留长指甲。因为留长手指甲不但不符合其身份，而且还容易藏污纳垢，并给人以极不卫生的印象。平时，手指甲一定要经常修剪，其长度通常不应长过手指指尖。在修剪手指甲时，应同时去除手指甲沟附近的“死皮”。它们是手指不够卫生的产物。

（3）刷牙

坚持每天刷牙，消除口腔异味，维护口腔卫生，是非常必要的。有可能的话，在吃完每一顿饭以后都需要刷一次牙。平时，切勿用以水漱口和咀嚼口香糖的方法来替代刷牙。与此同时，公务员还要养成平日特别是参与重大活动之前，不吃生蒜、生葱和韭菜一类带刺激性气味的食物的良好习惯，免得在工作中担心自己说话“带味道”，或是使接近自己的人感到不快。

（4）**防止面部伤残**

在平日，公务员要重视面部卫生。不要在脸上乱抠、乱摸、乱掐、乱挤，致使脸上青一块、紫一块，或到处生疮、长疖子，伤痕累累。如果患了传染性的面部疾病，例如，面癣、沙眼，或者软疣、痤疮等，一定要遵照医嘱休息治疗，不要“轻伤不下火线”，由此而“令人担忧”。脸上、手上要是扎了绷带、贴了膏药，通常就不应该参加重要活动。

（5）**“杂物”的清理**

对痰、鼻涕一类的“杂物”，要及时清理。否则说起话来连抽鼻涕带清嗓子，实在叫人恶心。清理“杂物”既然是为了卫生，就要讲究公德，不要随口“乱丢”、随手乱甩。免得卫生了自己一个人，却污染了公共环境。

（四）简约

平时，公务员的仪容应当简约。要求其仪容应当简约，就是要公务员在整理、修饰仪容时力戒过度雕琢，不搞烦琐哲学，而是要使之简练、明快、方便、朴素。

要求公务员仪容简约，不是要让其在仪容修饰上马虎了事、随随便便，而是为了能够更好地令其展现自己的真、善、美，为了让公务员的仪表美与自己的身份相称。

在修剪头发时，通常要求公务员应当求短忌长。具体地说：对于公务员头发的长度是有一定规定的。对于男公务员来讲，既不准剃光头，也不准留长发及梳小辫儿。男公务员的头发，应前发不过额头、后发不及领口、两侧不遮挡耳朵。

对于女公务员来讲，不提倡留披肩发，发型不宜过于复杂。最标准的女公务员的发型，应当是前面不遮挡双眼、后面不长过肩部的直短发。偏爱披肩发者，在工作岗位上，则有必要将它暂时盘成发髻、发辫，或者束起来。

不论男性还是女性，公务员都不准煞费心机地在自己的头发上搞花样。如不准留大鬓角、不准剃“阴阳头”，更不准在发型上不分男女。

在修剪手指甲时，总的要求是忌长，并且要求经常地对它进行修剪。但是，这并不等于要求在修剪手指甲时花样翻新，非要把自己的手指甲修得过于怪异，有意让它与众不同。一般而言，公务员在工作时不宜尝试甲绘。

发型的要求

之所以再三地要求公务员在整理、修饰仪容时避繁就简，主要是因为简约的仪容与自己的工作性质是非常合拍的。它能够体现公务员在仪表上庄重、保守的总体风格，以显示其奉公敬业、朴实高雅。

若是在仪容上不做简约的要求，纵容公务员过分地表现个性，例如，准许男性剃光头、梳辫子，允许女性发型繁缛，则将不成体统，并使国家机关的形象受到损害。

（五）端庄

平时，公务员的仪容应当端庄。要求其仪容应当端庄，就是要公务员在修饰、整理仪容时使之端正、庄重、斯文、雅气，而不允许把仪容搞得花哨、俏丽、轻浮、怪异、荒诞。假设公务员的仪容五花八门、花枝招展，那么社会公众一定会有看法，会不以为然。

例如，公务员在正常情况下，不准把头发染成除黑色之外的其他鲜艳的颜色，不准在手指甲上涂抹彩色指甲油。虽然把头发染成红色或亚麻色，把手指甲涂得鲜红或亮粉，都会令其他人“刮目相看”，但那样的做法绝对不会让对方对自己肃然起敬。可以想一想，要是自己见到这种打扮的公务员前来执行性质严肃的公务，是不是会觉得其“反差”过大了呢?

又如，在选择发型时，公务员可以回旋的余地并不大，只能在端庄一类的发型中进行挑选。依照这一尺度，男公务员显然不能留长发、做卷发，女公务员自然也不宜选择过于妖艳、前卫的发式。

应予指出的是：公务员在整理、修饰其仪容时，应当对干净、整洁、卫生、简约、端庄五项基本要求同时加以重视。从本质上讲，它们是相互联系、相互包容的，因此不可将其割裂开来。

此外，公务员在整理、修饰其仪容时，还须切记“修饰避人原则”，以便更好地做到自律、自爱。

所谓“修饰避人原则”，主要是要求公务员在对自己的仪容进行整理、修饰时，要自觉回避其他人，不要让他人旁观自己对仪容所进行的整理与修饰。

公务员如不遵守这一原则，当众修饰、整理仪容，既是不自重、不文明的，也是不尊重在场者的明显表现。

例如，不应当在他人面前“挖掘”自己的鼻孔，或是旁若无人地猛挠自己的头发，搞得头屑纷飞。

男公务员不宜在他人面前，尤其是在女性面前照镜子、剃胡须。调查证明，此种男公务员的形象在女性眼中往往会迅速贬值。

女公务员不宜在外人面前，特别是在男性面前反反复复地甩动、梳理自己的一头秀发。因为这一动作既不庄重，也不雅观。

应当强调的是，“修饰避人原则”不但适用于公务员的仪容修饰，也适用于公务员的着装、妆饰。从总体上讲，在大庭广众之下，公务员既不能修饰自己的仪容，也不允许整理自己的服装、饰物，或者当众进行化妆、补妆。

四、举止礼仪

所谓举止，一般是指人们的仪态、神色、表情和动作。它以小见大地展现着一个人的思想和感情，通过它可以见微知著地洞察每个人的喜、怒、哀、乐等心理变化和活动。故此，它一向被作为人类的“第二语言”，在人际交往中备受瞩目。

自从进入文明社会以来，人们对于举止的重视一直就没有改变过。早在中华礼仪创始之初，孔子就曾提出过“非礼勿动”的严格要求。在《礼记》中则有具体而明确的规定：“君子之容舒迟，见所尊者齐遬。足容重，手容恭，目容端，口容止，声容静，头容直，气容肃，立容德，色容庄。”这一规定，亦称“君子九容”。在英文里，“举止”与“礼仪”可用同一个词“manner”来表示。

举止礼仪，在此指的是人们为了克己、自律、自尊、自爱，为了维护道德与秩序，为了在人际交往中相互表示友好、敬意以及便于使自己为对方所接受，从而对自己的日常举止所提出的具体规范。此外，它还包括在一定区域、一定时期之内，人们赋予举止的某些特别的寓意和特殊的禁忌。

公务员在学习举止礼仪时所追求的目标，是要使自己在执行公务时，特别是处于大庭广众之下时，竭尽全力，力争做到举止得体、举止适度，并保持一定的风度。

（1）**举止得体**

公务员的一切举止动作，都要合乎体统、符合身份、适应场合，并且能够恰如其分地借以传达出个人意愿。有专家认为：在人际交往中，约有55%以上的信息是借助于举止这种无声的“第二语言”来转达的，而有声有息的语言所转达的信息的占比却不到一半。由此可见，举止得体是何等重要。

（2）**举止适度**

公务员的一切举止动作，都要尽可能地符合礼仪规范，使之适时、适事、适宜。超过了合“礼”的标准，或是达不到合“礼”的标准，同样都会失礼于人。

（3）**保持风度**

公务员的一切举止动作，都应做得优美、潇洒、帅气。对于任何一位有文化、有教养的公务员来说，潇洒的风度都是其梦寐以求的。

举止得体、举止适度、保持风度，都是在礼仪上对公务员所提出的总的要求。具体来说，公务员要力求在规范、自然、文明、稳重、美观、大方、优雅和敬人八个具体方面达标。

（一）规范

平时，公务员的举止动作必须有所规范。规范者，标准之方式、方法也。在此它主要是要求：公务员的举止必须严格地依照社会上约定俗成的习惯做法“照章办事”，尽力使自己的所作所为合乎规矩、有例可依，而不允许另搞一套。

公务员在执行公务时，通常代表着国家、代表着国家机关，因此其举止动作不仅要气宇轩昂、庄严大度、气量宽宏，使人肃然起敬，而且还要表现得有规可循、合乎礼仪，让人觉得和蔼可亲。要做到这一点，公务员的举止动作就必须合乎规范。

例如，接待来访者时，一般情况下，在对方提出意见或建议的过程中，公务员都应当以自己的举止动作对其表示鼓励。合乎规范的做法，应当是双眼注视对方，聚精会神，并且不时地点头对其观点表示理解或肯定。此刻，公务员如果举目四顾、心不在焉，或者频频摇头，那么给对方的感觉大概只能是极不耐心或者心怀不满。

又如，公务员在与一般人进行交谈时，都应当有意识地不要站在或坐在高于对方的位置上，以防给对方以有意“高高在上”的感觉。倘若对方是一位异性，则公务员还须与之保持一定的距离，以免让对方感觉不便，或发生误会。

（二）自然

平时，公务员的举止动作必须自然。在此它主要是要求公务员在遵守有关规范的基础上，一切都要从实际出发，不要过分地墨守成规，尤其是不要使自己的举止动作明显令人感到虚假、做作、呆板、局促、勉强，或戏剧化、脸谱化。

众所周知，公务员与人民群众的关系是一种鱼水关系，因此当公务员与自己的立足之本——人民群众进行接触时，应当面含微笑，显得亲切而热情。但公务员此时此刻的笑容应当发自内心，表现自然。要是勉为其难、强作欢颜、满脸堆笑，以不变应万变，反而会给人虚情假意之感。

公务员的举止动作必须自然，在其实践中重点是要解决好两个方面的问题。

（1）不可虚张声势

在正式场合，切勿有意抬出一副“官架子”唬人。毫无疑问，公务员的举止动作应当有仪有方，但这一切皆须顺其自然，而切不可“气派不够，架子来凑”。不必非常做作地摆出一副架子去装腔作势，吓唬别人。

（2）不可“游戏人生”

在正式场合，切勿使自己的举止动作在平凡的日常工作中戏剧化、脸谱化。若是一位公务员动辄矫揉造作地在笑时偏脑袋、挤酒窝、咬舌尖、伸舌头，在做手势时高翘起小手指，在与熟人相处时正襟危坐、不苟言笑，都很容易给人以虚伪做作的印象。

（三）文明

平时，公务员的举止动作必须文明。子曰："文质彬彬，然后君子。"在此它主要是要求公务员的一切举止动作都要讲究礼貌，并且有意识地借此去展现其良好的文化修养和道德水准。

人们对他人文化修养与道德水准的实际水平的判定，通常都是要"观其行"的。即通过观察一个人的举止动作、所作所为来得出结论。所以，公务员对于在他人心目中真实地展现着自己"道德文章"的举止动作，是一点都不能放任自流、肆无忌惮的。

公务员要使自己的举止动作讲文明，关键是要提高认识，并且多加检点。同时，还应注重提高内在的文化修养，勿忘"腹有诗书气自华"。

例如，不应当在他人面前挖鼻孔、掏耳朵、抠眼屎、甩鼻涕、吐浓痰、打喷嚏、修指甲、搓泥巴、抓痒痒、拽袜子、脱鞋子或趿拉着鞋子。这些动作不仅极不文明，而且还往往会令人作呕。

又如，虽然人们对女性处处优待、比较宽容，但女公务员在执行公务时，出于其自尊自爱，是不可随意在人前人后双腿叉开地站、蹲、坐的。上述这些动作，均有碍观瞻、有失体面。

（四）稳重

平时，公务员的举止必须稳重。换言之，公务员的举止应当沉着稳健、泰然自若，切不可毛手毛脚、风风火火，让人觉得其为人处世不够沉稳熟练、难负重任。

总的来讲，举止动作稳稳当当，令他人产生稳重之感，是对公务员本职工作的基本要求。作为一名公务员，在办理公务时，必须表现得有条不紊、稳妥可靠、精明强干，才会让人民群众信任自己，使交往对象钦佩自己。而要做到这一点，使自己的举止动作四平八稳，真正地做到沉着稳重是极为必要的。

若要做到稳重，公务员就不可毛手毛脚。例如，在谈话时，不要手舞足蹈、指手画脚。在拿取物品时，要先看清情况，然后再眼到手到、一举成功。不要磕磕碰碰、"声东击西"、摔杯子打碗，把事情弄得一塌糊涂。在就座时，要轻轻地就位，不可东踩西踏、"侵犯"了左邻右舍，或是将座椅弄得乱响，有意无意地制造扰人的噪声。

若要做到稳重，公务员就不宜风风火火。举例而言，公务员在行进时，不应当对他人推推搡搡，不应当煞有介事地奔过来、跑过去，人为地渲染紧张气氛。在进入他人的居所之前，应当首先按门铃或敲门，得到许可后方才入内。在敲门时，应用手指轻叩，不宜用拳擂、用脚踹。关门时，应用双手轻轻推上，不可用力猛甩，或是用腿、用脚、用臂部连踢带拱。

（五）美观

平时，公务员的举止动作必须美观。目前，全国人民正在为“美丽中国”的建设而奋斗。作为国家机关的窗口之一，每一名公务员都要充分地认识到：“美丽中国”，因为有您！在此它主要是要求公务员应当努力使自己的举止动作看起来赏心悦目、协调好看，并且具有美感。

爱美，本是人类的天性。因此在力所能及的情况下，公务员应当有意识地使自己的举止动作显得美观一些。在我国古代，关于人们的举止动作，就有“坐如钟，立如松，行如风”“头容正，肩容平，胸容宽，背容直”“足容重，手容恭”“颜色：宜和、宜静、宜庄”等一系列的具体要求。其出发点，就是举止动作、神色表情皆应具有美感。

不要简单粗暴地“自绝”于世间一切美好的事物，不要把包括美观的举止在内的一切美好的事物与“庸俗”“无聊”画等号，否则将非常有害，也是十分可笑的。

以站立的姿态为例，全身直立、抬头、挺胸、收腹、双腿并拢、双脚微分、双肩平直、双手搭在小腹之前、双目平视前方，就显得非常协调好看，令人赏心悦目。

（六）大方

平时，公务员的举止动作必须大方。它主要是要求公务员的举止动作要洒脱、大气，不要小里小气、显得拘束，从而给人以不够开放、眼界不高、没见过世面的感觉。

例如，当公务员与他人相处时，不论对方是生人或熟人、同性或异性、长辈或晚辈、上司或部下，为了表示重视对方，都非常有必要不时地用自己的双眼注视一下对方的双眼。心理学实验证明：当两人相处时，一方以自己的双眼注视对方双眼的时间，只有超过了双方相处的总时间的三分之一，才会使对方感受其全神贯注和对对方的重视。

要是在与他人相处时，始终不敢正视他人的双眼，或是自己的双眼与对方的双眼稍一对视，便立刻闪避开来，往好里说，是害羞和小家子气；往坏里讲，则可以被理解为目中无人，或者心怀鬼胎。不论怎么讲，不敢正视他人的做法，都是要不得的。

举止落落大方，是内心充实、视野开阔的表现。举止大方，能够自然而然地表现出公务员的丰富阅历以及自信心，因此将有助于使自己获得他人由衷的尊敬。

（七）优雅

平时，公务员的举止动作必须优雅。它主要是要求公务员的举止动作应当高尚、脱俗，既雅观、雅致，又在品位上不同凡响、高人一筹。

要求公务员举止优雅，不是要使其刻意地搔首弄姿、标新立异、脱离群众，而是要更好地向世人展示其整体的良好教养、脱俗的品位和高尚的精神境界。它同规范、自然、美观、大方等其他各项要求，是殊途同归、并行不悖的。

欲求举止优雅，公务员除了要悉心研习技巧外，还须加强修养，在其内心进行自我完善。这样做，才能够在无形之中展现自己不凡的气质与高尚的情操。

从技巧上来讲，举止优雅显然要比举止规范与举止文明高上一个层次。它在坐、立、行走以及神态、表情上，都有自己特殊的要求。例如，在行走时，要求公务员在行进方向上保持一条直线，同时步伐要大小适中、不紧不慢，并且做到在伸腿时膝部不得打弯。

又如，从规范、文明的角度来讲，一位女士在就座时两腿并拢即可，而从优雅的角度讲，则该当别论了。如果有可能，一位穿短裙的女士在就座时双腿并拢后叠放或斜放，使之与地面形成 45 度夹角，看上去就要优雅多了。

（八）敬人

平时，公务员的举止动作必须敬人。孟子曾指出："敬人者，人恒敬之。"公务员的举止动作并非单方面的行为，除了上述七点之外，公务员的举止往往还与公务员对待他人的看法与态度有关。通过观察公务员的举止动作，大体上就能够了解其对交往对象敬重与否。

例如，椅背是用以休息的。故与他人交谈时，公务员轻易不可将自己的头部仰靠在椅背上。这种姿态，往往表示没有把自己与对方的交谈当成一回事。

在他人面前就座时，不宜高架起"二郎腿"，更不能将脚尖抬起，直指他人，并反复地抖动、乱晃不止。那些做法，显然是非常放肆的。

在会晤或洽谈中，不论其情绪有何变化，公务员都不准盯视或斜视自己的交往对象，不准用自己右手的食指反复指向对方的身体，否则就有可能被对方理解为侮辱或挑衅。特别要记住：千万不要在谈话时"指点"别人的脸面。

与别人交谈时，不论情绪多么激动，讲话时都不要高声呐喊，尤其是要避免唾液纷飞。

五、交谈礼仪

所谓交谈，通常是指正在进行接触的人们之间，借助语言，口头上有来有往所进行的相互之间的谈话。从根本上看，交谈乃是一种双向性的语言交流。它并不是一个人的自言自语，而是有赖于有关人员之间的协调、配合与呼应。也就是说，交谈不是一种单向的行为，故此不宜以自我为中心、自以为是。

在人际交往中，人们用以表达自己的思想感情的重要途径之一，就是借助于语言与交往对象进行交谈。对于正常人来说，只有通过交谈，才能与交往对象彼此全面地进行交流。此外，通过交谈，人们还可以获取重要的信息、丰富经验、开阔视野、增长才干。由此可见，交谈不仅有益于人类的生存，而且有益于人类的发展。

交谈的具体形式甚多。公务员平时接触最多的交谈主要是正规的谈话和私下的谈心。公务员在交谈时的具体表现，往往被人们与其工作能力、从政水平以及待人接物的态度等密切地联系在一起。由此可知，交谈乃是公务员个人形象的有机组成部分之一。公务员如欲改善个人形象、维护个人形象，对于交谈就不能不重视，对于交谈礼仪就不能不遵守。

交谈礼仪，是对公务员在一般场合所进行的各种形式的交谈所做的具体规范。交谈礼仪的具体内容，主要包括公务员在正规谈话和私下谈心时，应当如何说、应当说什么等问题。公务员越是在正式的场合，就越是应当遵守交谈礼仪。

子曰："君子约言。"以下将根据公务员的实际需要，分别介绍其在进行正规的谈话和私下的谈心时所应当遵守的基本的交谈礼仪。它具体涉及谈话的态度、谈话的方式、谈话的内容、谈话的分寸以及谈心的规则五个方面。

（一）谈话的态度

在谈话的过程中，每一个人谈话的态度，都为其他在场之人所关注。因为它是一种无声的语言和有意的暗示，通过对它的观察，可以更准确地把握谈话者的心态、动机及其真实的想法。是故，每一名公务员在与其他人进行交谈时，尤其是在与他人进行比较正规的谈话时，一定要有意识地优化自己谈话的态度。最重要的是应当使自己谈话时的态度与谈话的具体内容相协调，不仅不应当失礼于人，而且还应当尽可能地给交谈对象留下好感。

具体而言，公务员在交谈时要使自己的态度显得既合乎礼貌，又与谈话的内容相适宜，就必须对自己谈话时的表情、动作、语言、语气进行必要的规范。

谈话时的表情

一般认为，人们在谈话时所呈现出来的种种表情，可以更为真实、准确地反映出其内在的心理活动。在正常情况下，谈话者的表情往往可以用来弥补其语言表达能力上的某些不足。因此，常人都知道，在谈话时切不可滥用、错用表情而使交谈对象产生误会。换一个角度来说，通过对一个人谈话时的具体表情的仔细观察，亦可"见微而知著"，更为真切地了解对方此时此刻的真实想法。

所谓表情，通常是指一个人的面部表情。进而言之，它指的是一个人面部的神态、气色的变化。平时，它主要是通过人的眼睛、眉毛、嘴巴、鼻子以及其他部分的面部肌肤的综合运动而表现出来的。在一个人的表情之中，尤以其眼睛、眉毛、嘴巴在形态上所发生的变化最为他人注目。例如，一个人在谈话时目光呆滞、眉开眼笑或是咬牙切齿，都不可能不引起其谈话对象的注意甚至猜测。

要求公务员在谈话时注意自己的表情，主要应当重视以下两个问题：

（1）**表情应与谈话的内容相配合**

在谈话时，表情应与其具体内容相互协调。与领导谈话时，公务员的表情应当恭敬而大方。与群众谈话时，公务员的表情应当亲切而温和。而在秉公执法时，公务员谈话时的表情则应当严肃而认真。在上述情况下，公务员的表情若是反其道而行之，就会使谈话不伦不类，难以修成正果。

（2）**切不可装腔作势或是错用、滥用表情**

在谈话时，不得装腔作势或错用、滥用表情。装腔作势或错用、滥用表情，均为谈话之大忌。那样做，极有可能令谈话对象因此而产生错觉。例如，公务员在接待上门求助的群众时，若是表情古板木讷、不苟言笑，往往会令人产生"拒人于千里之外"的感觉。而在对外交往中，公务员若是对初次见面的交往对象上上下下地反复打量，或是侧目而视，就很容易给人以挑剔、轻视之感。

谈话时的动作

同别人谈话时，公务员极有必要对自己的动作多加注意。因为人们在谈话时所做出的某些习惯性或者下意识的动作，往往可以十分明确地表现出自己对己、对人、对事的真实态度。

要求公务员在谈话时规范好自己的动作，最重要的是要注意下列两个方面的问题：

（1）**动作不可以伤人**

在谈话时，动作不可以伤人。与他人进行谈话时，如果不加注意的话，是很容易在无意之中以自己的某些动作挫伤谈话对象的自尊心的。例如，自己在谈话时左顾右盼，以双手抱在脑后，或是高跷"二郎腿"而坐，往往会给人以心不在焉或目空一切的印象。而在谈话时张牙舞爪，以手指对别人指指点点，则往往意味着指责、教训对方。

（2）**以动作表达敬人**

在谈话时，应以动作敬人。与他人进行交谈时，应以正面面对对方。坐的时候，姿势应当端正。站的时候，姿势要有模有样。不论是坐是站，都应将自己的双手置于适当的位置。在聆听他人的谈话时，如有必要，应点头或微笑以表示自己对对方观点的支持、赞同或理解；也可以诚心诚意地翘起自己右手的拇指为对方"点赞"。此类动作，只要运用得恰到好处，在谈话时往往可被用以向谈话对象表达自己的敬意。

谈话时的语言

常言道：言为心声。在谈话时，最能够体现谈话者的态度的，当推其对于语言的选择、组织以及运用。谈话时若对自己的语言不加以选择、不认真地组织，或者肆意乱用，非但有可能词不达意、引起误会，妨碍自己与交谈对象之间的沟通，而且有可能损害自己的个人形象。对于规范语言的问题，公务员应当自觉地给予高度重视。

对于各种不同部门的公务员来讲，规范语言往往会有许多不同的具体要求。从总的方面来讲，各级公务员要规范自己在谈话时所使用的语言，主要应当关注下列三点：

（1）**平易通俗**

孔子曾直言不讳地指出：“巧言令色，鲜矣仁。”因此公务员在谈话时理当以务实为本，其所使用的语言最好让人一听便懂。若公务员在其谈话时使用的语言过于雕琢、修饰，甚至咬文嚼字、夸夸其谈，满嘴之乎者也，滥用书面语言、专业术语或名词典故，则只会令人闻之生畏，敬而远之。

（2）**清晰简洁**

谈话，最重要的是要让别人听得懂，并且准确无误地理解其本意。要真正做到这一点，就必须使谈话时所使用的语言清晰、标准。对公务员而言，当前最根本的是要忌用方言，不讲土语，只说普通话。《中华人民共和国宪法》规定：“国家推广全国通用的普通话。”2002 年 2 月 21 日原国家人事部所颁发的《国家公务员行为规范》则进一步明确地要求公务员“语言文明，讲普通话”。因此，公务员在讲普通话方面理当为人表率。此外，公务员谈话时所使用的语言还应当力求简单、明了。这样做，既可以使自己的谈话显得言简意赅，又可以体现自己为人处世的精明强干。

（3）**生动形象**

在做到上述两点的同时，公务员应努力避免使自己谈话的语言枯燥乏味、僵硬晦涩，或令人不忍卒听。为此，在可能的情况下，不妨使自己谈话的语言生动一点、鲜明一点、具体一点。做好这一切，将有助于塑造公务员的良好形象。

谈话时的语气

语气，一般是指一个人谈话时的口气。公务员在谈话时语气的轻重缓急、抑扬顿挫，不但可以体现出自己当时的情感变化和心理活动，而且还可以反映出自己在当时情况下对待交谈对象的基本态度。举例来说，一名公务员在同别人进行谈话时，如果其语气显得锐气逼人或是吞吞吐吐，都不会让谈话对象感到愉快。

因此，公务员在与人谈话时，尤其是在进行比较正式一些的谈话时，对于自己的语气不可不慎之又慎。从可操作的角度来讲，公务员在一般场合谈话时的语气以和蔼可亲为好。具体来说，欲做到这一点，必须兼顾以下五个方面：

(1) **语速**

语速，即说话时的实际速度。必须意识到：讲话的速度稍许舒缓一些，要比快得如连珠炮一般更容易为他人所接受。

(2) **音量**

音量，即说话时声音的高低。说话时有意识地压低音量，要比放大嗓门更加悦耳动听。

(3) **语调**

语调，即说话时的具体腔调。谈话的语调显得抑扬顿挫，要比单调呆板更易于令人产生兴趣。

(4) **语音**

语音，即说话时所发出的声音。交谈的声音努力柔和委婉一点，要比粗鲁僵硬的声音好听得多。

(5) **口气**

口气，即说话时的具体语气。它的友善与否，往往至关重要。谈吐的口气宽容谦和，要比疾言厉色、咄咄逼人更有风度。

(二) 谈话的方式

与别人进行谈话时，具体所采用的谈话方式对于谈话的最终效果通常影响甚大。也就是说，在谈话时所采用的方式正确与否，对谈话产生着极大的制约作用。有些时候，一些人在人际交往中并非无话可说，但却遇到了想跟别人谈话又不知道如何与别人谈话才好这道难题。

在执行公务时，选择谈话方式通常是每一名公务员都会面临的问题。在这类场合，假如因为自己所选择的谈话方式不恰当而有碍于公务的执行，绝对不是用自己“不善言辞”这样的借口就可以诿过的。

谈话的方式，一般是指人们与他人进行谈话时所采用的具体形式。它对于正确地进行人际沟通、恰当地表达个人思想、友善地传递敬人之意，起着相当关键的作用。在正常情况下，与他人进行常规谈话时，可供公务员所选择运用的谈话方式主要有倾泻式、静听式、启发式、跳跃式、评判式、扩展式六种。这六种常用的谈话方式往往有着不同的适用范围，并且发挥着各自不同的功效。

倾泻式谈话

倾泻式的谈话方式，主要是以对谈话对象的无比信任为前提，在谈话时将自己的一切想法和全部见解统统谈出来。也就是说，对对方“打开窗户说亮话”，知无不言，言无不尽，以便使谈话对象可以比较全面而客观地了解自己的真实思想。倾泻式谈话的基本特征是：谈话时以我为主，畅所欲言，有什么说什么，怎么想怎么说。由此可见，这是一种最适宜用来传递信息、表达情感的谈话方式。

毫无疑问，采用此种谈话方式，容易赢得谈话对象的信赖，而且还可以因势利导地在谈话中掌握主动权、控制谈话的走向，并促使其朝着有利于自身的方向发展。与熟悉的人谈话时，可对其优先予以考虑。不过，在与初交之人谈话时，或是在某些特殊的场合，这种谈话方式则一般不宜采用。因为它不仅有可能泄密，有可能给人以不稳重之感，而且还有可能被对方误以为是在“套近乎”。

静听式谈话

与倾泻式谈话正好相反，静听式谈话的基本特征不是以说为主，而是以听为主。所谓静听式谈话，实际上就是在与别人进行谈话时，有意识地少说多听，以听为主，绝对不充当谈话的主角。当别人谈话时，除予以必要的配合之外，自己主要是洗耳恭听。在倾听对方谈话的过程之中，自己所要做的主要是努力了解对方的思路，争取抓住对方谈话的实质，厘清头绪，赢得时间，以静制动，以不变应万变。此种谈话方式的长处是：既可以示人以谦恭之意，又可以后发制人，变被动为主动。

在涉及实质性问题的谈话时，采用倾听式的谈话方式，往往不失为明智之举。众所周知，在某些情况下，对谈话双方而言，通常是“智者善听，愚者善说”的。当然，采用静听式的谈话方式，并非要人们自始至终一言不发，不与谈话对象进行任何合作，自命不凡。实际上，在倾听他人谈话的过程中，以自己积极的只言片语、神态表情、举止动作去鼓励、配合对方，不但是一种礼貌，而且还有可能引导、左右对方谈话的走向。

启发式谈话

所谓启发式谈话，指的是谈话者主动地与那些拙于辞令或不善于表达的谈话对象进行合作，在话题的选择或谈话的走向上对对方多方引导、循循善诱、鼓励支持，直至抛砖引玉，在对方谈话之中进行某种直接介入，以便帮助对方得以采用恰当的方法来阐述自己的见解、主张。

启发式谈话的主要特点是：在谈话中，主动地处于启示谈话对象、引导谈话对象、帮助谈话对象的位置上。此种谈话方式，不论在一般性的谈话中，还是在某些特殊场合的谈话中都是适用的。

公务员采用启发式的谈话方式与他人进行谈话时，切勿忘记平等待人。既不要居高临下，企图以此来控制对方，也不应该存心误导对方、愚弄对方，不可令对方大出洋相。

跳跃式谈话

在各式各样的谈话中，跳跃式谈话方式都是可被采用的。在一般性的谈话之中，人们极少会提前设定主题，或者划定范围。人们在普通的谈话之中，大半都是在随心所欲地“跟着感觉走”，想到什么就谈什么，谈得来什么就谈什么。所谓跳跃式的谈话方式，指的主要是人们在谈话期间，倘若一方或双方对某些话题感到厌倦、不合时宜、无人呼应或难以回答时，及时地转而谈论另外一些较为适当的话题。也就是说，为了避免使谈话者感到尴尬或者使谈话出现冷场，跳跃出原先所谈论的范围，有意地避开原先所涉及的内容，转而挑选出令双方都感兴趣的话题来继续交谈。据此可知，跳跃式谈话是以话题的迅速转换为主要特征的。

在各种谈话中，跳跃式谈话均可得到应用。在无主题的非正式谈话之中，它尤其常用。应予注意的是：虽然在采用跳跃式的谈话方式时，话题可以一换再换，直至换到谈话双方都感到满意为止，但是，同时也必须注意，切不可单凭个人兴趣，而让话题跳来跳去。总之，话题不宜变动得过分频繁，让谈话对象无所适从。即使采用跳跃式的谈话方式，也不允许搞一言堂、唱“独角戏”，而应以谈话对象为谈话的中心。

评判式谈话

在谈话之中，人们听取了他人的观点、见解之后，有时有必要就此发表本人的意见，或者对此表明自己的态度。评判式的谈话方式，指的就是在谈话过程之中听取了他人的观点、见解以后，抓住对方的间歇，在适当的时刻，以适当的方法，恰如其分地进行插话，来发表自己对此问题的主要看法。此种谈话方式，以当面肯定、否定或补充、完善谈话对象的谈话内容为主要特征。

在正规的谈话中，特别是在涉及根本性、方向性、原则性问题的谈话中，公务员是不可以得过且过、装聋作哑、不置一词的。在有必要就他人的谈话发表自己的主张时，评判式的谈话方式往往是必须采用的。公务员在谈话之中采用评判式的谈话方式，关键是要注意适时和适度。与此同时，也要重视与谈话对象彼此尊重、彼此理解、彼此沟通。切不可以时时处处在谈话之中以“仲裁者”的身份自居，不让别人说话，不让别人把话说完，或是不负责任地信口开河，对他人的见解妄加评论。吹毛求疵，小题大做，成心与对方唱反调、对着干，或者粗暴无礼地打断别人的谈话，都是不合适的。

扩展式谈话

扩展式的谈话方式，一般是指人们在进行谈话时，围绕大家彼此共同关心的问题进行更为深入的探讨，以便通过谈话开阔思路、加深印象、提高认识、取长补短，或是达成一致。扩展式的谈话方式的主要特征是：谈话双方就某些共同关心的问题进行由此及彼、由表及里、由浅入深的讨论。因此有人说，所谓扩展式的谈话方式，其实就是人们在谈话时所进行的一种非正式的讨论。在许多情况下，此种谈话方式都可以得到运用。

进行扩展式谈话的目标，主要是要使有关各方各抒己见、交换意见，以求集思广益。扩展式的谈话，能够使参与谈话的有关各方统一思想、达成共识固然最好，即使做不到这一点，让大家通过深入讨论来交换一下意见，完善一下各自不太成熟的观点，也是有益无害的。因此，在进行扩展式谈话时，公务员一定要注意就事论事、以理服人，要善于听取他人的正确意见。即使对对方的一些不正确、不全面、不成熟的观点，也不应“扣帽子”“打棍子”。若是在参与扩展式谈话时自命不凡、强词夺理，是极端错误的。

（三）谈话的内容

与他人进行谈话时，说到底，最重要的还是自己所选择的具体谈话内容是否得当。这个问题，是关乎谈话成败的决定性因素。从某种意义上来讲，一个人在谈话之时所选择的内容，实际上在很大程度上反映着他的个人襟怀、品位、志趣、教养和阅历。人们经常会产生这样的感觉：有的时候，与别人在一起谈话，真的会感受到“与君一席话，胜读十年书”，相见恨晚，获益良多。而有些时候，与别人的谈话则会令人觉得索然无味、空耗时日，“话不投机半句多”。其实，这大都与谈话时双方所选择的具体内容密切关联。

《礼记》曰：“在官言官，在府言府，在库言库，在朝言朝。朝言不及犬马”；“公事不私议”；“公庭不言妇女”。凡此种种，均应为公务员所谨记。

主要的规则

根据政务礼仪规范，公务员在具体选择谈话的内容时，应遵守如下三项基本的规则：

（1）符合身份

每个人在社会上都有着一定的身份。公务员的主要身份，是国家机关的公职人员。在其工作岗位上，他是国家机关的化身，是要代表国家机关来依法行政、从政的。因此，公务员平日里的一言一行，往往会被人民群众视为政府行为。对于担负领导职务的公务员来讲，情况就更是如此。有鉴于此，公务员在与他人谈话时，特别是以其公务员的身份与人谈话时，谈话内容一定要符合自己的身份。其中最为重要的一点，是要努力使自己的谈话符合我国的宪法和其他法律，维护国家机关的权威与人民的根本利益，并且与党和政府的各项方针、政策保持一致。简言之，公务员与人交谈时，尤其在其工作岗位上与人交谈时，“发出中国好声音”乃对其之基本要求。

谈话的规则

（2）区分对象

一般而论，谈话绝非个人情绪与感触的肆意发泄，而是一种有赖于他人参与的人与人之间的交流与合作。因此，公务员在选择其谈话的具体内容时，务必优先考虑谈话的具体对象，然后酌情而定。从大的方面来讲，选择谈话的具体内容时，必须注意内外有别。即与公务员谈话和与非公务员谈话，由于种种原因，有时谈话的具体内容会有所不同。从小的方面来讲，与每一个具体的对象谈话时，亦应在内容的选择上有所区别。

这主要是因为，不同性别、不同年龄、不同性格、不同民族、不同阅历、不同职业、不同地位、不同学养的人，在某些特定的时间和场合，往往会表现得各不相同。既然谈话从本质上讲是一种交流与合作，那么公务员在选择其谈话内容时，就应当尽可能地为谈话对象着想，而不是仅仅一味顺着自己的思路走。例如，若是不分对象地与下岗职工谈论外汇的投资技巧，或者与普通农民谈论中美两国之间的外交分歧，非但难以让对方产生共鸣，反而还很有可能因此而与对方产生隔阂，乃至出现对立的情绪。

(3) **兼顾兴趣**

稍有经验的人都知道，欲使谈话顺利进行，令人对其饶有兴致，就应当在选择谈话的具体内容时，尽量地围绕着谈话双方的兴趣展开。这样一来，才有助于真正地调动起谈话双方的积极性，使双方在谈话中有来有往、密切配合、彼此呼应，并积极参与。需要公务员具体注意的是，在选择谈话的内容，考虑兴趣方面的问题时，一是最好选择谈话双方共同感兴趣的内容；二是要尽量选择谈话对象感兴趣的内容；三是切莫将只有自己才感兴趣的谈话内容强加于人；四是必须回避涉及低级趣味的内容。兼顾这四点，一般就可以使大家在谈话之中都感觉很舒服，而不至于令谈话双方或其中的某一方在谈话过程中因为内容选择不当而感到扫兴、不满或无聊。

基本的要求

公务员在选择谈话的具体内容时，除了要严守以上三项基本规则之外，还应当同时兼顾下列五点要求：

(1) **选择既定的内容**

公务员在进行较为正式的谈话时，往往有约在先、有备而来，事先早已大体准备好了谈话的主要内容。为了使这类谈话取得成功，公务员通常还会未雨绸缪，提前进行许多方面的充分准备。既然如此，在进行谈话之时，公务员就要将既定的内容当作谈话的重点，尽自己的最大努力，使该谈的正事成为谈话的中心。

需要注意的是，公务员在进行此类谈话时，一定要把握住谈话的方向，努力不偏离正题，切勿东拉西扯、耽搁正事。

(2) **选择合法的内容**

对公务员来说，在与其他人谈话时，并非一切话题皆可谈论。公务员的身份决定了其有的话可以谈，有的话则不可以谈。此事关系重大，公务员绝不要对此掉以轻心。当公务员以自己的正式身份参与谈话时，其具体内容必须以合乎我国法律和法规、合乎党和国家的方针与政策、合乎公序良俗为准。凡符合我国法律和法规、党和国家的方针与政策、公序良俗的话，凡符合自身身份的话，公务员就可以谈，反之就不能谈。绝对不允许公务员信口开河，或随波逐流、人云亦云。

公务员在谈话时需要特别注意：自己所谈论的具体内容切勿与党和政府的现行方针、政策唱反调，切勿有损于自身形象或政府形象，切勿有损于国家利益和民族利益，切勿有泄露国家机密之嫌。

（3）选择高雅的内容

“近朱者赤，近墨者黑。”人们在谈话时所选择的具体内容，往往是自己所关注的重点。有所思，才会有所言。而一个人平时的所思所言，常常被视作其自身思想境界的真实写照。作为一名公务员，不论参加正式还是非正式的谈话，都应当自觉地选择高尚、文明、优雅的内容，选择那些既有品位又可以使人获益，并且催人奋发向上的内容。就一般而论，哲学、历史、文学、艺术、科技、风土、人情、传统、典故，以及政策国情、社会发展、英雄事迹，等等，都是公务员在其谈话时宜选的格调高雅的话题。

不允许公务员在谈话时自我放纵、自轻自贱，主动谈论或随声附和地参与谈论那些庸俗、低级、无聊的内容，例如，凶杀惨案、小道传闻、同事绯闻、黄色段子、男女关系，等等。

（4）选择轻松的内容

在一般情况下，人们参与谈话，意在与他人进行交流，或是获取于己有益的信息。很少有人参与谈话是为了让自己感到沉闷、压抑、失望、悲哀或难过。因此，除非必要，公务员在其普通性质的谈话中均不宜涉及此类内容。

与此相反，公务员在与他人进行谈话时，尤其是在进行那些具体内容可以进行自行选择的非正式谈话时，要有意识地给谈话对象带去开心与欢乐。为此，就要尽可能地多选择那些轻松、愉快的谈话内容。在正常的情况下，文艺、影视、体育、旅游、休闲、娱乐、时尚、烹饪、小吃等，都是人们容易接受的轻松的谈话内容。因此，公务员在进行一般性的非正式谈话时，可以相机多选择一些这类内容。

（5）选择擅长的内容

若无特殊的原因，公务员在谈话时不宜主动涉及那些自己一无所知或者知之甚少的内容。非要那么做的话，只会使自己由于孤陋寡闻而贻笑大方。比较得体的做法，是选择那些于己或于人擅长的谈话内容。

选择自己擅长的内容，公务员就容易在谈话时驾轻就熟、得心应手、发挥正常。此外，这样做还会令本人的谈吐不俗，从而令人刮目相看。

选择谈话对象擅长的内容，则既可以给对方以发挥自己长处的机会，显示其“术业有专攻”，调动起对方谈话的积极性，也可以借以向对方表达自己的谦恭之意，并且使自己取人之长、补己之短，以充实、提高自身。

（四）谈话的分寸

《论语》记载："子不语怪、力、乱、神。"孔子本人也曾经说过："不知言，无以知人也。"既然通过聆听一个人的谈话内容便可以"知人"，那么公务员在参与谈话时，就要把握好自己谈话的分寸。

所谓谈话的分寸，一般是指人们在总体上对谈话时适当的限度所进行的把握。简而言之，它所指的就是谈话时所应当掌握的"度"。

对一般人来讲，谈话意在与他人进行沟通与交流，所以在谈话之中，不能只在乎自己，而忽略更应该在乎的谈话对象的存在。不要只想通过谈话来炫耀自己，或是只顾借助于谈话来宣泄自己的情感。谈话既要表达自己的思想、传达必要的信息，又要使自己的见解容易被谈话对象理解和接受，此外还要让谈话对象开心、愉快、感兴趣。这一点，正是常人谈话时必须把握好的基本分寸。

对公务员而言，在其谈话中所需要掌握的主要分寸则是：谈话必须符合自己的身份，必须对谈话对象不失敬意，必须不卑不亢。

具体来说，公务员谈话时要注意分寸问题，往往特别需要注意下述六点：

（1）忌一言不发

谈话时，聪明的人都懂得少说多听为妙。在必要的时候，人们还讲究"沉默是金"。然而，凡事不能绝对化，不能一味地走极端。若在谈话时，公务员自始至终地不置一词，而听凭他人"独白"到底，难免会给人对谈话毫无兴趣的印象，或是令人感到自己颇有城府。因此，在一般情况下，公务员在谈话之中切莫始终不言不语。

（2）忌喋喋不休

喋喋不休，是人们谈话时爱走的另外一种极端。其实，假如不是出于极其罕见的特殊原因，在谈话时是不宜没完没了、长篇大论的。有极少数的人，在谈话时毫不顾忌别人的兴趣与反应，硬要独霸"讲坛"、大搞"一言堂"，这恰恰是颇为有损于自身形象的。那种做法，不仅容易使自己言多语失、授人以柄，而且往往会令别人感到讨厌。所以，如果没有什么特殊原因的话，公务员在谈话时务必注意对自己有意识地进行"限时"和"限量"。

（3）忌矫揉造作

与他人进行交谈之时，公务员的谈吐理应文明、礼貌而优雅。在必要的时候，可以对自己的辞令略加修饰，或适当地引经据典。但是，千万不可忘记：平时交谈中最要紧的是词能达意、语能传神，能够有效地进行沟通。为此，在交谈中要分场合、看对象，要尽可能地做到言谈话语通顺易懂、朴实无华。在一般情况下，尤其是在外出执行公务时，公务员通常是没有必要过于矫饰自己的谈吐的。若是开口闭口滥用典故、堆砌辞藻、卖弄学识，非但会令人不知所云，而且也会使自己显得有些矫情。

（4）**忌骄傲自大**

谦虚，向来是做人的美德之一。在日常生活里，越是有才学的人，与他人交谈之时往往会表现得越是谦虚。因为他们明白，“尺有所短，寸有所长”。任何人都有自己的长处，都值得虚心向其学习。公务员在交谈中要牢记谦虚为本。不要动不动就在交谈中以“无所不知”“无所不通”的权威而自诩，甚至在一些无关宏旨的非正式交谈中也自封为“裁判”或“专家”，到处教训别人、指正别人。其实，真正懂得尊重别人的人，真正有学识、有教养的人，是不会在一般性的交谈中发号施令、自我标榜“一贯正确”的。喜欢斥责张三“很迂”、李四“真笨”、王五“懂什么”的人，往往是自己夜郎自大、目中无人、缺乏做人的基本修养的表现。

（5）**忌讽刺挖苦**

有道是：气度决定高度。公务员在与别人进行交谈时，应当表现得虚怀若谷、宽厚大度，尽量包容别人。在一般情况下，绝对不允许公务员在交谈中意气用事、尖酸刻薄、冷嘲热讽、不能容人。与自己的部下、有求于自己者或人民群众进行交谈时，特别需要注意这一点。不然，就只会显得自己目光短浅、气量不够。交谈之时，通常不宜在无关大局的细枝末节上对交谈对象不留情面。即使跟别人开玩笑，或者是批评对方，也切不可忘记对对方人格的尊重。切勿随意宣泄个人情感，丝毫不加克制。至于在交谈之际乱“拍砖”、乱“怼人”、泄私愤、图报复，有意诽谤、侮辱交谈对象，则更是政务礼仪所不能容许的。

（6）**忌四处诉苦**

做人必须自觉。有教养的人都清楚：自己的欢乐可以与他人分享，自己的痛苦却只应由自己独尝。“在邦无怨，在家无怨”，“君子坦荡荡，小人长戚戚”，曾被孔子视为所谓“仁者”的基本要求。这是因为，天下之事未必尽如人意，各家都有一本难念的经，每个人都有自己的喜怒哀乐，没有人会以听人诉苦为自己的一大乐事。固然，公务员在工作岗位上有必要恪尽职守，关心黎民百姓，了解人民群众的疾苦，“先天下之忧而忧，后天下之乐而乐”。但是，对自己而言，却不宜动辄向他人诉说自己的不满、不幸、苦恼或忧伤，或是怨天尤人、怨声载道。非要那么做的话，不仅会有胁迫他人“受难”之嫌，会败坏对方交谈的雅兴，而且还会显得自己肚量太小、缺乏涵养。至于公然与国家行政机关的大政方针唱反调，四处散布对其不满的言论，则更是绝不容许的。

（五）谈心的规则

除进行正规的谈话之外，公务员在日常生活中经常需要同自己的同事、朋友以及其他的熟人谈天说地，相互讲一讲知心话。这就是通常所说的谈心。与正式谈话相比，公务员的谈心具有下述四个方面的特征：其一，谈心的对象大都是自己的知己、至交，而正式谈话的对象则相当广泛；其二，谈心的内容可以无所不包，不像正式谈话的内容那样往往是特定的；其三，谈心的场所往往具有私人性质，不像正式谈话的场所那样正式；其四，谈心的目的主要是加深了解、增进友谊，而正式谈话则主要是为了工作。

对于公务员来说，与他人谈心往往至少存在以下几方面的好处：一是可以通过谈心寻觅知己，多交知心朋友；二是可以消除某些人与人之间的隔阂，促进自己与他人之间的理解与沟通；三是可以真实地了解民心、民意和社会状况，有助于自己更好地从事本职工作；四是可以倾诉自己的苦衷，减轻自己的心理压力，从而使自己轻装上阵。

一般而论，谈心往往是私下进行的，公务员所参与的谈心当然也不会例外。受自己的公职身份所限，公务员即使是参与私下的谈心时，亦应遵守有关的礼仪规范。其中最主要的，是要牢记并践行下述“六要六不要”。

要说百姓的话，不要说官话

公务员不论现在身居何职，在社会上都是普普通通的一员，在自己的同事、朋友以及其他熟人面前则更应当如此表现。如果动不动就端起官架子来，只会脱离群众，令人敬而远之。与他人谈心时，公务员特别要注意这一点。

既然是在非正式场合与别人谈心，公务员就该遵循谈心的守则，有什么说什么，想怎么说就怎么说，老老实实、有来有往地同谈心的对象推心置腹。在谈心时，切不可忽略当下身在何处，而一本正经地将其“公事公办”。假如在本该平易近人之时却打官腔、说官话，肯定不会讨人喜欢，而且也别想听到谈心对象的心里话。

要求公务员谈心时不要说官话，主要是不要在谈心时依旧官气十足，放不下自己的官架子来，将私下里进行的本应轻松、愉快、体己的谈心，与自己在正式场合做报告、下命令、发指示混为一谈。

公务员在谈心时要做到不说官话，特别要注意提倡各抒己见、直言不讳、畅言心曲、相互切磋、求同存异。不要不让别人说话，不要动不动就对谈心对象扣帽子、打棍子，甚至无限度地对对方上纲上线地进行评价。

对某些公务员而言，还有必要在谈心的技巧上有所注意，以免被别人视为打官腔。例如，在谈心时，拖腔拿调，“嗯”来“哼”去；在语句之间总是不乏原则、条令，或者总是要夹杂上“这个——”“那个——”等一类毫无意义的词语；非常喜欢反复使用“同意”“赞同”“应该”“必须”之类指示、命令的词语等：这些都是必须予以克服的。

要求公务员谈心时要说百姓的话，并非要其忘记自己的身份，而是要其采用通俗易懂的语言，要和人民群众真正有着共同的语言。为此，各级公务员，特别是身居高位的公务员，要在谈心时多去关心一下平民百姓的喜怒哀乐，多去了解一下平民百姓最为关心的“柴、米、油、盐、酱、醋、茶”等民生问题，多去聆听一下平民百姓所津津乐道的“婆婆妈妈”、家长里短等生活琐事。

公务员要说百姓的话，并不意味着丝毫不讲原则，处处迁就他人。实际上，在谈心时摆事实、讲道理，或是帮助、教育别人都是可以的。但其关键，是要注重沟通方式，使对方能够心悦诚服地接受自己的观点，而不是被自己的“官气”所压服。

要说实在的话，不要说空话

公务员在跟他人谈心时，要做到交心、知心，就必须言归正传，有一是一，有二是二，将自己内心的感受以及所思所想实事求是地讲出来。这就是所谓说实在的话，亦即说实话。

在人际交往中，说实在话的人最受人欢迎，也最容易取得别人的信任。相反，要是在谈心时说起话来模棱两可、虚假浮夸、矫揉造作，让人不知所云，则难免会给人以虚与委蛇、敷衍了事的印象。那样的人，总会令人觉得“知人知面难知心”，会给人以距离感，或令人难以接近。

提倡在谈心时要说实在的话，仍有必要分清其适度与否。在谈心时说实话所必须坚持而不得逾越的“度”，就是无论如何不得失敬于人，不得有意无意之间伤害他人的自尊心。因此，公务员即使谈心时说实在的话，亦须讲究方式方法，千万不要把直言不讳当成可以“放之四海而皆准”的普遍真理。

现实生活给人们的一个教训是：在谈心时若是不分对象、不讲方式方法，“实在”得过了头，有时也会无意中令谈心对象产生反感、受到伤害。这表明，说实话时若是不讲究方式方法，搞不好会使他人感到自己是嚣张放肆，恶语伤人。由于自己的工作性质所决定，公务员在谈心时往往不得不对谈心对象进行规劝、批评或帮助。在此情况下，要考虑到对方对自己说实话的承受能力，要注意因势利导、循序渐进，既要让对方心悦诚服地接受自己的忠告，又不会觉得自己是有意夸大事实、借题发挥，或是成心落井下石、幸灾乐祸。

公务员在谈心时要说实在的话，就不能再讲任何空话。所谓说空话，指的是一个人说起话来内容空洞无物，或者空泛而不着边际，让人觉得像是在开一张永远难以兑现的支票。在谈心时，信口大说空话，是一种非常不负责任的态度。对公务员而言，在谈心时忌说空话，最重要的是不要天马行空、满口大话、信口开河，不能随随便便地四处许愿、到处承诺，而从不考虑兑现问题。

在人际交往中，说空话虽则不能完全等同于骗人，但因其不切实际、不负责任、难以取信于人，所以实际上与骗人没有什么两样。说空话的最大恶果，就是会失信于人。

要说诚实的话，不要说假话

为人处世，要说真话，不能说假话，是做人的基本准则之一。所谓要说诚实的话，指的就是要说真话，就是要在说话的时候以事实为依据，诚恳直率，有则为有，无则为无。所言的一切都应与客观事实相符合，而不是颠倒事实、混淆黑白、凭空杜撰，甚至指鹿为马。

公务员在与别人谈心时，如果真的把对方视为知己之人，就不仅要无话不说，而且还要直面事实、坦言相告、诚实无欺。也就是说，一定要对对方说真话。

要说真话，就不能够说假话。在自己所说的十句话里，如果有九句真话、一句假话，那么九句真话也会为一句假话所拖累。所谓说假话，是指有意在谈话时制造、传播、扩散有悖于客观事实的信息，以图骗人。从本质上说，说假话是人格卑鄙的表现。

谈心时，如果对人说了假话，或许会得逞于一时，误导他人，甚至会长时间地以讹传讹，但是假的终究是假的，事实永远胜于雄辩，真相总有一天会水落石出。因此，在这个问题上绝对不应抱有任何侥幸心理。

公务员需要注意的是：在其谈心时要说真话，不能说假话，主要是就大是大非的问题而言的。在平时普通的各种应酬之中，既要恪守这一准则，又不可因此而失敬于人，或者有损其自身形象。

在应酬礼仪中，有一个基本的概念叫作“善意的欺骗”。其含义是：在人际交往中，尤其是在正式场合与不相识者初次打交道时，每个人的言谈话语都应以不伤害自己与他人的自尊为前提，即使讲真话时也需要留意这一点。也就是说，有时为了维护自己与他人的自尊，可以换一种方式说话，而不必过于逼真求实。这样做，只要是出自善意，即不为失礼。

例如，人们与外人一同用餐时，往往不会对对方明说自己要去厕所，而只会婉言相告“出去有点事”，或者“要去打一个电话”。这两种约定俗成的暗示性的说法，就属于典型的“善意的欺骗”。

从根本上来说，在谈心时不允许说假话，与在交往应酬中所允许的“善意的欺骗”并非同一范畴中的问题，因此二者并不矛盾。

要说文明的话，不要说粗话

作为一名有知识、有觉悟、有教养的人，每一名公务员在谈心时都应当检点自己的言谈话语，要说文明的话，不要说粗话。

要求公务员说文明的话，就是要其注意语言美，就是要其在说话时适当地多采用一些礼貌语与雅语，以便使自己显得谈吐高雅脱俗、具有良好的个人修养。

所谓礼貌语，即人们在谈话中用以敬人或自谦的语句。即便是在谈心时，它也必不可少。公务员在谈心时使用礼貌语，只要不是假客套，而是真心实意，就会让人听起来悦耳舒心，并且深受感动。例如，要求别人去做某事时，必须说一声“请”；得到他人的帮助、支持后，要及时地说“谢谢”；向他人致歉时，则要说“抱歉”或“对不起”。这些礼貌语不但娓娓动听，而且还有助于促进人际关系的融洽与和睦。

所谓雅语，一般指的是人们在说话时有意使用的一些温文尔雅的语言。它是相对于俗语而言的。举例而言，公务员在提及吃饭时，不应该使用俗语“撮”，而应当使用雅语“用餐”。提及个人的偶像时，不宜称之为“爱豆”“大神”“女神”“男神”。谈到社会名流时，不应该以俗语称之为“大腕”“大 V”“大拿”，而应当使用雅语对其以“知名人士”相称。对于上了年纪的男子或年轻的女子，不能用俗语称呼其为“老头儿”或“小妞儿”，而只宜使用雅语分别称其为“老先生”或“小姐”。这些斯文的雅语，都是公务员在谈心时不可不用的。称呼他人时，如果“江湖化”“亲属化”“庸俗化”，只会令公务员自损其个人形象。

在一般情况之下，公务员在与他人谈心时，尤其是在与异性、长辈、关系较为普通者谈心时，礼貌语与雅语用得越多越好。不过，对它们的使用有时亦应适可而止。要是在本应亲切、自然的谈心过程中满口都是“之乎者也”，不但会以繁文缛节累及自己，而且还往往会拒人于千里之外。

不可以说粗话，也是对公务员的一项最起码的要求。即便是在私下里谈心时，也不允许放纵自己、有所例外。所谓粗话，通常是指粗野庸俗、有失文明、不堪入耳的话语。骂人、使用脏字、满嘴黑话等，都属于说粗话。

有极为个别的人错误地以为：在大庭广众之下，公务员为了维护政府形象与个人形象，自然不宜乱说粗话。可若是与自己人私下里谈心时，则又该当别论了。他们误以为，在谈心时说上几句粗话，不仅可使自己一吐为快，还原了自我，而且会使谈心对象觉得自己为人豪放、诚实可信。其实，这种观点是非常错误的。因为一名公务员在任何情况下放纵自己、滥说粗话，都是有失自己身份的。

特别需要提及一点：公务员与别人谈心时，不但不宜使用一般的粗话，而且尤其不可以乱说侮辱他人的脏话。目前，极为个别的公务员习惯于出口成“脏”，将“国骂三字经”当作自己的口头禅。这样的人如果不尽快抛弃这一恶习，就会沦为公务员队伍中的“害群之马”。

要说正派的话，不要说闲话

在日常生活里，说话办事正派本分，乃是做人的立身之本。所以要求公务员在谈心时说正派的话，是一点儿也不过分的。

要求公务员在谈心时说正派的话，主要是要求其说起话来一定要认真负责，光明正大。公务员在私人谈心时，固然可以说一些平日里不宜“广而告之”的贴心话、体己话，但这并不意味着自己说起话来可以完全不负任何责任，更不允许别有用心地借机中伤别人，背地里大搞阴谋诡计。常言道：“来说是非者，便是是非人。”在社会上，有那么一些人做人不够光明磊落，喜欢利用谈心蝇营狗苟，结党营私，拉山头，搞分裂，从事一些见不得人的勾当。公务员无论如何都不可以那么做。

要求公务员谈心时要说正派的话，同时就要求其应该不说闲话。在此二者之间，是存在着密切的关系的。所谓说闲话，大都是指说起话来与正事毫不相干，净说那些不务正业的话、无聊乏味的话、内容陈旧的话、没有教益的话、漫无边际的话。简言之，就是没话找话，废话居多。在谈心时闲话连篇，不仅蹉跎光阴，浪费别人的宝贵时间，滥用了别人的信任，而且还会使得谈心本身变得毫无意义，甚至使之成为别人的一种负担。

无可否认的是，与不可游离中心的专题讨论不同，在多数情况下，谈心是允许内容自选，并且自由、随意一些的。在谈心时，人们既可以抒发情感、发表己见、袒露思想，也可以互通信息、涉及家务、评论时事。有时，在谈心时暂且游离一下主题，聊上几句题外话，例如，谈谈天气，说说时尚，道道家常，或随机地讲一讲自己的观感或主张，都是允许的。诉说这些可以补充正题的话语，不应被视为在说闲话。

要说知心的话，不要说怪话

谈心时，允许人们直抒己见、畅言心声，对自己的喜怒哀乐可以不做过多的掩饰，而跟别人说上一些彼此相知、情投意合的话，这就是所谓知心话。在谈心时说知心的话，是谈心得以正常进行的基础。公务员务必注意这一点。

公务员在谈心时说知心的话，可被谈心对象视为对对方的信任与尊重。在绝大多数情况下，谈心时跟对方说知心的话，都会有助于真正地缩短双方之间的心理距离，并且还能产生“以心换心”的效果，使谈心对象也能言必由衷、体谅自己。

需要明确的是，公务员在谈心时所说的知心的话，务必以不议论别人为前提。在谈心之际，非议其他不在场的人，对对方有意见、有看法，却“当面不说、背后乱说，开会不说、会后乱说”，甚至无中生有、造谣生事、拨弄是非、挑拨离间、制造纠纷，是非常不道德的行为。

有些人在非议他人时，说的并非大是大非的问题。他们最关注的，往往不过是同事关系、邻里纠纷、家庭矛盾、夫妻生活、子女教育，等等。就连一些有关个人隐私、短处或缺陷方面的不足挂齿的小事情，也会令其倍感兴趣。这种人虽然不至于影响社会的安定团结，但却表明了自己庸俗无聊、格调太低。因此，公务员是绝对不能与这种人为伍的。

应当指出的是，说知心的话，与非议他人并无必然联系。道理十分简单：要说知心的话，不一定非要非议他人不可。公务员在谈心时所说的知心话，应该仅仅与谈心的彼此双方有关，而绝对不宜再牵涉其他任何人士。

除了要说知心的话之外，公务员在谈心时还须切记不说怪话。所谓说怪话，一般是指说话时毫无道理地滥发牢骚、阴阳怪气、旁敲侧击、指桑骂槐，要么借机发泄个人私愤、怨天尤人，要么对谈心对象讥笑讽刺、胡说八道。

在谈心时乱说怪话，无疑是极其有害的。往小里说，爱说怪话的人不懂得谈心的艺术，因为此举必然会使谈心本应有的融洽气氛大受影响。往大里说，爱说怪话的人则显示出自己的心理不够健康。在日常生活中，爱说怪话的人不仅人缘总是不太好，容易得罪别人，而且因其缺乏个人修养，往往被他人瞧不起。

思考题

1. 什么是公务员的形象？
2. 公务员修饰礼仪的基本要求是什么？
3. 重视着装，对公务员有何重要意义？
4. 什么是公务员着装的“五应原则”？
5. 公务员应如何对待自己的妆饰？
6. 公务员为什么必须“外正其容”？
7. 怎样才能使公务员做到仪容整洁？
8. 公务员的仪容修饰为什么要提倡简约？
9. 什么是“修饰避人原则”？
10. 为什么说举止是人类的“第二语言”？
11. 对公务员的举止有何基本规范？
12. 公务员因何必须注意自己谈话的态度？
13. 公务员应当如何规范自己谈话时所使用的语言？
14. 怎样才会使自己谈话的语气和蔼可亲？
15. 公务员重视谈心有何益处？
16. 什么是公务员与别人谈心时所应遵守的“六要六不要”？

第二章 行政礼仪

行政礼仪，在此是指公务员从事其具体的公务活动、执行国家公务时所必须遵守的行为规范。遵守行政礼仪，是公务员文明行政题中应有之义，同时也是对公务员规范服务的基本要求。

学习目的

- 重视公务活动的规范化。
- 严格地规范各项具体的公务活动。
- 以公务活动的规范化来维护国家机关的形象。
- 掌握基本的行政礼仪。
- 力戒公务活动中的不规范行为。

本章要点

- 本章所讲授的是行政礼仪。它在此是指公务员从事其具体的公务活动、执行国家公务时所必须遵守的行为规范。遵守行政礼仪，才能够更好地文明行政、规范服务。
- 第一部分讲授的是办公礼仪，具体包括：维护形象、勤于政务、处理人际关系等。
- 第二部分讲授的是会议礼仪，具体包括：端正会风、认真筹备、遵守会纪等。
- 第三部分讲授的是谈判礼仪，具体包括：艺术地听、有效地问、策略地谈、冷静地辩等。
- 第四部分讲授的是参观礼仪，具体包括：选择项目、准备工作、客随主便、全力以赴等。
- 第五部分讲授的是条据礼仪，具体包括：凭据性条据、说明性条据等。
- 第六部分讲授的是电话礼仪，具体包括：待人客气、用语简洁、态度殷勤、勿碍于人等。
- 第七部分讲授的是社交媒体礼仪，具体包括：合法使用、文明使用、理性使用、适度使用等。

《中华人民共和国公务员法》规定：中国公务员应当“忠于国家，维护国家的安全、荣誉和利益”，“忠于人民，全心全意为人民服务，接受人民监督”。

行政礼仪，又称公务礼仪。它是指公务员在从事其日常工作、执行国家公务时所必须遵守的特定的行为规范。

行政礼仪有自己特定的适用范围，即适用于从事日常工作和执行国家公务。行政礼仪还有自己特定的适用对象，即公务员。离开了特定的适用范围与特定的适用对象而滥用行政礼仪，是既不明智，又无必要的。

公务员在从事其公务活动之外的时间里，没有必要以行政礼仪来严格约束自己。那样做，并不一定会给人以好感，却有可能被视为故作姿态，或存心摆“官架子”。

但是，在执行公务时，公务员必须严格遵守行政礼仪。因为这样做不但有助于提高自己的办事效率，更重要的是，还将有助于维护国家机关理当展示给外界的完美形象。执行其公务时，每一名公务员实际上都是国家机关的一个窗口。

与其他范围、其他对象的礼仪相比，行政礼仪具有非常鲜明的强制性。也就是说，公务员在执行公务时，无一例外地都得严格遵守行政礼仪，绝对不允许违反。

子曰：“为国以礼。”行政礼仪的核心思想是：要求公务员真正自觉地恪尽职守、勤于政务、廉洁奉公、忠于国家、忠于人民、以民为本、执政为民、从自己做起、从小事做起，从而提高整个国家机关的工作效率，做让人民满意的公务员。这就是国家机关和公务员应当展示给外界的完美形象。为了维护国家机关的形象与自身的形象，每一名公务员在履行其职责、执行其公务时，均应自觉遵守行政礼仪。

一、办公礼仪

对公务员而言，绝大多数人执行其公务活动的地点，主要是在国家机关之内。准确地说，是在其各自的办公室之内。由此可见，在一般的情况下，办公室是公务员工作与活动最主要的舞台。

办公礼仪，是指公务员在国家机关里自己的办公室内，在执行公务、办理公事时所必须遵循的礼仪规范。

从适用地点上来看，办公礼仪主要适用于公务员各自的办公室之内。从适用时间上来看，在国家法定的上班时间以内，公务员都必须主动、自觉地遵守办公礼仪。由此可见，办公礼仪主要是供公务员在自己的办公室里上班时用以自律的。

公务员所应当遵守的办公礼仪，主要涉及维护形象、勤于政务以及处理人际关系三个具体方面。

（一）维护形象

平时，公务员一定要认真维护自身形象。对公务员而言，维护其自身形象往

职场着装的禁忌

往等同于维护国家机关的形象。一般而言，国家机关的形象是指它所留给人们的总的印象以及人们对它的总的看法、总的评价。人们前往国家机关办事，最在乎的往往是会不会受到“门难进、脸难看、话难听、事难办”的待遇。而在人们对国家机关的总的印象与看法、评价之中，对公务员的印象与看法、评价又居于突出的位置。每一名公务员，都是外人眼里中国各级国家机关的一扇窗。从某种意义上讲，人们主要是具体通过公务员的个人形象，来了解和观察国家机关的整体形象的。

在公务员办理其公务时，一般的人与公务员往往仅有一面之缘，不会同公务员保持长时间的接触，难以从总体上对公务员进行全面的考察。因此，他们所言的公务员的形象，主要是指公务员的仪表形象。人们对于这一点，往往印象深刻，难以忘却。

出于上述原因，公务员在办公室里工作时，进行自我形象维护的重点，应当放在仪表的修饰与维护上。以任何理由对此疏忽大意，都不能容许。

公务员在办公时，仪容一定要干净、整洁，要给人以清爽宜人、精神振奋、朝气蓬勃的感觉。为此，一定要参照有关规定，事先修饰好仪容。不可以对其置之不理，或是邋里邋遢、窝里窝囊，以免让人家瞧不起自己，甚至怀疑自己是否称职。

在办公时，公务员必要按照礼仪规范着装。提出这种要求，并不是囿于“以衣帽取人”的陈腐之见，而是因为公务员的办公服装的确在很大程度上会影响到他人对自己的整体印象与看法。

在必须遵守“五应原则”的同时，公务员在其办公服装的穿着方面，重点是要避免脏、乱、破、露、透、短、紧、艳、异等几种失仪的情况出现。

（1）忌脏

所谓公务员着装的脏，是指懒于换洗衣服，使自己的衣服皱皱巴巴，满是油污、汗迹、汤渍，甚至令人看不出衣服本来的颜色，或是其异味令人掩鼻。整天穿着脏兮兮的衣服上班的人，多半会给人萎靡不振的感觉，甚至还会让人怀疑其心灰意冷，对生活丧失了信心。公务员要牢记：工作再忙，身体再累，都不能成为自己整天穿着脏衣服来办公室上班的理由。作为有志于为国家、为人民服务者，“一屋不扫，何以扫天下”呢？

（2）忌乱

所谓公务员着装的乱，是指穿着的服饰不合规范。它不仅是指把适合于在办公时穿着的服装穿得不像样子，如上衣不是穿在身上而是披在身上，裤筒与袖口非要卷得高高的不可，或是把本不协调的服装强行搭配在一起，如以西服上衣配内衣、牛仔裤、健美裤，穿西服套装时配拖鞋、凉鞋、旅游鞋，等等；更指的是公务员办公时不宜穿着的服装被穿进了办公室。例如，在健身锻炼时，穿运动服最好，在出席宴会、舞会时，穿时装也不错，但要是把运动服、休闲服或时装穿着去办公，就会让人怎么看怎么也不顺眼了。

(3) **忌破**

所谓公务员着装的破，是指服装破损、残缺、溃烂。我国公务员历来提倡艰苦奋斗、勤俭节约，但这不意味着可以听任公务员在办公时的穿着残破不堪。纵使因为不慎而使自己的办公服装“挂花”，也要尽快采取补救措施，如更换、缝补，等等，而不宜令其为外人所见。要是公务员在办公时所穿的服装这儿撕开一个口子，那里烧了一个窟窿，甚至连纽扣也不齐全，那么是难以使人信服其工作认真、严谨的。

(4) **忌露**

所谓公务员着装的露，是指有意无意地过多暴露了本不应该外露的躯体，从而给人以不良印象。在办公时，公务员应当忠于职守、勤于政务，而不宜穿着过分地暴露自己躯体的奇装异服。在比较正式一些的场合，通常不宜身穿露胸、露肩、露背、露腰以及暴露大腿的服装。赤脚不穿袜子，即所谓露脚趾、露脚跟，也不够正式。

(5) **忌透**

所谓公务员着装的透，是指外穿的衣服过于单薄透明，致使内衣若隐若现。在国家机关里，是拒绝“流行季风”，不准刻意穿“透视装”的。在办公时穿“透视装”，不但会使自己的敬业精神受到怀疑，还会让他人难以面对自己。搞得不好，甚至会给人以过于轻浮的感觉。应当说明：有的人在办公时的着装，未必是有意要让人“透视”自己，这主要是由于这些人缺乏基本的着装常识。例如，穿衬衫时，不知道应使内衣与衬衫在色彩上相近、相似；穿面料较为单薄的裙子时，不知道该穿衬裙；等等。

(6) **忌短**

所谓公务员着装的短，是指着装过于短小，将不应显露在外的躯体暴露了出来。根据礼仪规范，为了自重，一般来说，公务员在其办公时，背心、马夹、短裤和“露脐服”，都是不适宜穿着的。女公务员在比较重要的活动中，还须忌穿超短裙。因为穿着超短裙行动多有不便，而且有失庄重。同时应当指出，公务员在办公时的着装应当大小、长短合身。切不可使之过于短小，不甚合身甚至捉襟见肘，显得小家子气。

(7) **忌紧**

所谓公务员着装的紧，是指选择服装时，有意识地使之紧紧地包裹着自己的身体，使自己身体的线条过度地展示于他人的视野之中。如此一来，既不雅观，又不文明。因此，这种服装公务员在办公时是不允许穿着的。女公务员尤其要注意，不要在办公时穿高弹的“弹力衫”“紧身服”等，免得令人为之侧目。

(8) **忌艳**

所谓公务员着装的艳，是指公务员的着装色彩过多、过于鲜艳、过于明亮或图案过分复杂。金色与银色，亦为公务着装之所忌。在办理或执行公务时，公务员的着装应当体现出庄重保守的风格，而不应当打扮得花枝招展、色彩斑斓。因此，过多色彩、过分鲜艳、图案过分复杂的服装最好不要穿着。可能的话，应当另选择深色无图案的套装，并且使全身服装的色彩不超过三种。

(9) **忌异**

所谓公务员着装的异，是指着装过分怪异奇特。就目前而论，着装过异的情况主要可分为以下三种：其一，款式过异。如“乞丐装”“洞洞装”，便是其常见者。其二，搭配过异。即不按常规进行搭配。例如，将高领内衣穿在衬衫之内，将秋裤搭配西装，或是穿制服时配以凉鞋。其三，穿法过异。即不依照正常的方法穿着使用服饰。例如，把衬衫围在腰上，把太阳镜支在头顶，把衣扣系得不对称或该系的衣扣不系；更有甚者，将内衣、内裤穿在外衣、外裤之外。对于此类着装过异的做法，公务员切不可为赶时髦而一味跟进。

在妆饰方面，公务员亦须做到端庄、简约，符合身份。一是妆可以不化，要化则以淡妆为佳；二是饰物可以不用，要用则以少为佳。

(二) 勤于政务

平时，公务员一定要一心一意地勤于政务。对公务员来说，人民的利益永远高于一切。为人民服务、让人民满意，是公务员工作的基本宗旨。在执行公务、办理公事时，公务员应当将这种正确认识贯彻到实处。

公务员在具体从事公务活动时，应当具有责任心和时间观念。

一是具有责任心。所谓具有责任心，就是要求公务员平时工作要主动、负责。对于自己的本职工作，要时刻放在心上，并且尽一切的可能把它做得又快又好。不允许对其推脱延误、得过且过，采取糊弄、应付的态度，更不能对自己应尽的职责讨价还价、三心二意，不负责任。

二是具有时间观念。所谓具有时间观念，则是要求公务员要严格遵守国家机关的作息时间，每天准时上班、按时下班，不得迟到早退。不论有没有他人监督，在此方面都要严格自律。

要具有正确的时间观念，公务员还应当有意识地在工作之余养精蓄锐，以便在办公时能够身到、心到，精力旺盛，专心致志，全力以赴。

有极个别的人，平时“夜生活”过得欢天喜地，有滋有味，上班之后却睡眼惺忪，工作起来也是丢三落四，甚至玩忽职守、贻误工作。对某些不担当、不作为、玩忽职守、贻误工作的人，不仅要批评、教育，而且在必要时还要依照《中华人民共和国公务员法》《中华人民共和国公职人员政务处分法》的有关规定，予以处分。

公务员在办公室上班时，必须勤勤恳恳、兢兢业业。一切与本职工作无关的事情，在上班时都不可以做。在上班时，不允许忙里偷闲吃东西、发短信、刷微信、看微博、翻报纸、读小说、玩游戏、听音乐、睡懒觉，也不可以聚众聊天、吹牛皮、传闲话、发牢骚，或是玩扑克、搓麻将等。

公务员必须做到公私分明。不得在办公时公私兼顾、处理个人私事，是公务员勤于政务的一项基本前提。在办公时，利用机会做私事，例如化妆、织毛衣、写家信、约会私人朋友，或是利用办公设备干个人的私事，例如洗澡、洗衣服、打长途电话、打印私人照片、复印孩子的学习资料等，显然都是损公肥私的表现。

在紧张的工作之余，稍事休息，或是停下来思考一下其他问题，不为过分。但在工作时间之内，未经允许或邀请，是不得离开自己的办公桌去找同事闲聊，去妨碍对方的正常工作的，更不可以跑到其他办公室或者外单位去"走亲访友"。若是寂寞难耐，趴在窗口朝外东张西望，或者站在办公室门外寻找刺激，也都非常失礼。

公务员在办公时，无论有无他人在场，都应对自己的举止动作有所约束，都要认认真真地工作。

公务员要做到勤于政务，不仅要端正思想、克服不良习惯，而且应当认真而系统地学习以下基本的办公规则：

（1）**做好准备**

办理公务，通常应当提前准备、做好规划。除了天天例行的工作之外，对其他一切工作都要提前做好充分的准备，以求有备无患。在做准备工作时，应制订必要的、周详的工作计划。对于工作的复杂程度、重点难点、先决条件等，都应当心中有数。这样一来，在工作中才能抓住重点、得心应手，乃至处变不惊。

（2）**分门别类**

办理公务，一般应当分门别类，一时一事。要提高工作效率与质量，就应当尽量减少从一项工作到另一项工作的过渡，以避免重复，节省自己的精力和时间。一种极为有效的办法，就是在规划工作时予以分类。在可能的情况下，可以在工作之中"合并同类项"。即集中精力，在某一时间内连续从事性质相同的工作。不要想在同一时间里同时干两件甚至更多的事情。在某一时间内，只宜做一件事，这样做往往可以毕其功于一役，而且有助于保质、保量。

（3）**难易结合**

办理公务，往往应当难易结合，并且从难做起。要保证每天都能处于良好的工作状态，公务员就应当科学地调整好自己的工作节奏，使其难易结合、有重有轻。每个人在工作中都有自己的兴奋期与疲劳期，最好能找到自己工作中最佳的难易组合，并且针对具体情况分而治之。要善于在兴奋期从事难度大的工作，在疲劳期从事难度小的工作，以求有张有弛、劳逸结合。唯有如此，才能使自己保持旺盛的精力，而且有助于提高自己的"劳动生产率"。在一般情况下，一个人工作的兴奋期都在每天开始工作之初。只不过在刚开始工作后的头半个小时，尚且需要消除上班途中产生的疲惫，适应一下工作环境。此刻，不妨先进行工作准备，或是处理昨日所遗留下来的问题。接下来，在当日的工作日程中，就应趁着自己头脑清醒、精力充沛、情绪稳定的时候，由难而易、难易相间地来进行自己的工作。采用这种搭配方法，大都会提高办事效率与工作质量。

（4）**案头整齐**

办理公务，循例应当案头整齐，并有条不紊。坐办公室的公务员，每个人在办公桌上都应当为自己划定一个专用的、不可“侵犯”的工作区。在这个工作区内，又分为两个小区域：一是空白区，它处于公务员的正前方，主要用来进行写作和阅读；二是储存区，它处于公务员的右前方，是用来存放文具、文件、资料、电脑、电话机、传真机、打印机、复印机以及其他办公用品的。必须强调的是，无关紧要的办公用品尽量不要全部杂乱无章地堆放在办公桌上，以免既不方便工作，又看上去乱七八糟。而摆放在储存区的必要的办公用品，也要放得井然有序。除此之外，涉及秘密的文件、材料不得放在办公桌上。放在抽屉、文件柜内的办公用品，亦应放置得有条不紊。正在办理的公文应一并放在一个文件夹或文件筐内，有关的资料须存放在一起。私人用品不宜放置在办公室内，等等。这些事关公务员办公水平的重要细节，都是不可忽略的。

（三）处理人际关系

平时，公务员一定要妥善处理好人际关系。不论走到何处，公务员总是要跟其他人打交道的，执行公务的公务员就更是离不开人际交往了。礼仪，本质上可以说是一门有关协调、处理人际关系的艺术。公务员在办公时既然要以礼待人，那么关键就是要处理好人际关系，而应用礼仪的目的恰恰也正在于此。

简言之，公务员在执行公务时所面临的人际关系不外乎内外关系和上下关系。也就是说，公务员所要处理的，主要是对内与同事的关系，对外与来访客人的关系，对上与上级的关系，对下与下级的关系。

同事

同事，此处指的是与公务员朝夕相处的工作伙伴。善待同事，是一种常识。同事之间，理应互相关心、互相爱护、互相帮助。大致上来说，公务员与同事共事时，在礼仪上必须做好下述几点：

（1）**相互支持**

同事之间理当相互支持。当同事需要自己帮助时，应当责无旁贷、全心全意、全力以赴。不要在工作上斤斤计较，而是应当诚心诚意地与人为善、助人为乐。

（2）**相互关心**

同事之间理当相互关心。不要

误认为“同行是冤家”，而对其处处提防。更不能算计同事，在工作上相互拆台。真正的好同事，应当是风雨同舟、荣辱与共、相互关心的。当然，此种关心的极限是：不得干涉他人私生活，不对对方的工作进行干扰或妨碍。要尊重同事，而不可对其发号施令，或是冷嘲热讽。

（3）**平等待人**

同事之间理当平等待人。与许多同事一起相处，应力争做到落落大方、不偏不倚、不分亲疏，并且平等相待。不要在同事之中支持一些人、孤立一些人、打击一些人，不要拉山头、搞宗派。

（4）**待人以诚**

同事之间理当待人以诚。同事关系，应当是君子之交。对待同事要互信不疑、踏踏实实、以诚相待。真诚是建立相互信任的基础，对于同事切勿以礼行虚、大搞虚情假意。否则就会失信于人、伤害同事。

（5）**戒骄戒躁**

与同事相处，理当戒骄戒躁。对待同事，应当事事以尊重为先，要把对方当成自己的良师益友，而不能因为彼此较熟，就对同事盛气凌人、指手画脚、不加任何节制。在同事面前骄傲自满、目中无人、自高自大，是最容易使彼此之间产生误会与隔阂的，此举甚至还有可能伤害对方。

与同事打交道，特别要审慎地处理好与异性之间的关系。在这方面，最重要的是要与异性同事保持一定的距离。它具体是指：一方面要有心理距离，就是在思想、情感的交流上要站稳立场；另一方面则要有空间距离，它要求在工作之外，异性同事之间要尽可能地避免一对一的交往，更不可私下过从甚密。

客人

公务员在自己办公室所接待的所有来访者，都可以称为客人。礼待客人，是一种美德。对于来访客人，重点是要热情接待、热诚帮助、一视同仁、不厌其烦、善始善终。

（1）**热情接待**

对待登门来访者，一定要热情欢迎，以礼相待。“来有迎声”，即主动问候对方，是其基本要求。客人一进门，应主动上前问候，不要不理不睬、不闻不问，甚至自己连动也不动。客人一到，应起身迎接，并热情问候。称呼上要有礼貌，然后应当请对方坐下来谈话。在谈话中，应有问必答、不厌其烦。当客人告辞时，应起身相送、握手作别，并互道再见。这些基本礼节，都不可不讲究。

（2）**热诚帮助**

公务员，就其工作性质来讲，就是人民的勤务员，因此当人民群众上门相求时，一定要来者不拒、有求必应，真心实意地尽一切可能帮助来访者，而不讲任何价钱。不允许把来访者推来推去、不干实事，甚至愚弄、欺骗对方。

(3) **一视同仁**

虽说来访者的具体情况以及与办事人员的相互关系各有不同，但公务员必须始终如一地对其平等相待、一视同仁。不要对来访者分三六九等、远近亲疏，更不可凭个人好恶行事，别让群众觉得国家机关的大门难进、办事人员的脸色难看、所要解决的问题特别难办。

(4) **不厌其烦**

面对客人的问题，尤其是公务员职责之所在的问题，必须做到“问有答声”。实事求是地说，公务员年复一年地重复大量烦琐复杂的事务性工作，在接待来访者时有时也会受到个别人的刁难。但是，既然自己的职责是要为人民群众排忧解难，那么就应当任劳任怨、不厌其烦。要把自己平日为来访者所做的每一件事情，都当作一桩有益的工作看待，并认识到自己的平凡岗位是国家机器中一个不可缺少的重要构件。如此一来，对于培养工作兴趣、端正工作态度将大有益处。

(5) **善始善终**

当客人离开之际，公务员务必要起身相送，并做到“去有送声”，以确保自己的礼待来宾善始善终。

上级

与上级的关系，是公务员所应当认真对待并妥善处理的。服从上级，是一种天职。通常，对待上级，应当注意服从命令、维护威信、以礼相敬、不得越位等几大问题。

(1) **服从命令**

服从命令，听从指挥，个人服从组织，少数服从多数，下级服从上级，全国服从中央，是公务员所必须遵守的基本政治纪律。在工作中，公务员必须服从上级。如果有意见，可以通过正当渠道向上级进行反映，但上级一旦决定下来的事，就不能再以任何借口拒绝执行，更不可以擅作主张，不可以对上级指示肆意曲解，甚至大唱反调、阳奉阴违。

(2) **维护威信**

在工作中，为了国家利益和国家机关的声誉，公务员一定要主动支持、配合上级的工作，以自己的实际行动维护上级的威信。称呼上级时，可以称“同志”或以其具体职务相称。但切不可将正职与副职混为一谈，不可将副职之“副”予以忽略，即不可将其称为正职。在一般情况下，不宜在背后议论、评说上级的工作能力，不要在他人面前批评、指责上级，更不可以随随便便地捉弄上级，或是使其当众出丑。

(3) **以礼相敬**

在工作中，尊重上级，以礼相敬，是公务员的本分。因此，必须把这一点做好。在称呼上级时，不宜直呼其名或绰号。不论自己与上级私下关系如何，都不允许在上级面前行为放肆。进入上司办公室之前，一定要先敲门，征得准许方可入内。与上级交谈时，应以“您”“请”“谢谢”等礼貌语贯穿其间。路遇上级时，应首先问候对方。离开上级时，则要经过上级同意。

(4) **不得越位**

在工作中，必须明确自己的职责范围。对上级交付的工作，应认真负责。而对待不属于自己职责范围之内的事情，则不宜擅自越位，以免制造纠纷或麻烦。在面临工作决策与表态时，更应当及时请示、汇报，切不可自作主张地为上级代劳，或是假传上级旨意。

下级

与下级的关系，也是公务员切不可疏忽的一大问题。尊重下级，是一种教养。认真尊重、悉心照顾、主动体谅，就是公务员在处理自己与下级的关系之时应当把握的要点。

(1) **认真尊重**

上下级关系，显然是一种工作关系。上级与下级的区别，只在于二者担负的具体工作有所不同，但依旧属于一种同事关系。所以作为上级，必须在人格上对下级认真加以尊重。不要平日有意将下级拒之千里之外，或是对其不屑一顾。对待下级的意见、建议，要热情鼓励，认真研究，并给予答复。在布置工作、下达任务时，态度要亲切温和，要礼贤下士。工作之中如果出了问题，要勇于承担责任，先主动做自我批评。然后认真查找原因，分清责任。批评下级时，一定要使其心服口服。

(2) **悉心照顾**

与下级相处，不宜拉帮结伙、任人唯亲、以我画线，绝对不可以搞自己的小圈子。在工作之外，仍然要有意识地与下级进行交流与沟通，并且积极主动地关心、帮助自己的下级。对于下级的关心与帮助，不是要搞权钱交易，而是重在精神上鼓励下级、思想上理解下级、行动上支持下级。当然，在合乎规章制度的条件下，对下级在生活上给予照顾，也是领导者的工作职责之一。

(3) **主动体谅**

在工作中，不宜对下级随意发脾气、耍态度。正确的“不讲情面”，是指在工作中坚持原则、不徇私情。与此同时，还应对下级的困难、委屈和苦衷有所了解，并加以体谅。这一点，同在工作中对下级严格要求并不矛盾。

二、会议礼仪

所谓会议，亦称聚会，它是指将人们组织起来，在一起研究、讨论、解决有关问题的一种社会活动方式。我国是社会主义国家，坚持人民民主，贯彻群众路线，这是公务员依法行政时不可遗忘的基本方针。在这种情况下，举行会议，自然而然地成了公务员解决问题、做好工作、发扬人民民主、坚持群众路线的一种常规的工作。

参加会议，对公务员而言，是一项基本的公务活动。公务员在其出席会议时的所作所为，在很大程度上会影响到自己的公众形象。如果站在更高的层次上来看，由国家机关所组织的会议成效如何，往往还关系着人民群众对整个国家行政机关的看法。

一般来讲，国家机关要想让自己所组织的会议发挥作用、获得好评，公务员要想在出席会议时使自己表现良好、不辱使命，严守基本的会议礼仪，无疑是最理智的选择。

（一）端正会风

平时，国家机关一定要端正会风。毫无疑问，举行会议通常具有许多积极的作用。它可以使国家机关更好地依法行政、沟通信息、上传下达、部署任务、宣传鼓动、协调咨询、调解矛盾、解决困难。同时必须明确：举行会议不是目的。它只是一种工作方法和工作过程中的一个环节，并非工作的全部，因而不能将其等同于公务员的全部工作。

国家机关要改进工作作风、密切联系群众，就要精简会议活动，切实改进会风。要提高会议实效，开短会、讲短话，力戒空话、套话。为此，应当采取必要的措施，防止会议产生副作用。要努力克服会议过多、过滥、过长，或遇事必会、凡事皆会的形式主义倾向。

就目前而言，国家机关要克服会议过多过滥的问题，重点是要控制会议的规模、限制会议的数量、提高会议的质量，彻底扭转会风。

严格控制

如欲严格控制会议，应从以下两个方面着手：

（1）**破除陈旧观念**

严格控制会议，就必须积极解放思想。有些公务员一向以为只有"行文办会"才能使自己的领导以及所从事的具体工作名正言顺。此类想法，在客观上助长了"文山会海"的泛滥。其实，公务员需要务实，而不宜务虚。领导方法的根本应当放在深入实际、调查研究、直接处理问题上，而不能将一切都寄希望于举行会议，以会议代替一切。

此外，各级国家机关在会议规模和会议数量上不要互相攀比，不可人为地制造会议的"高指标"，甚至将此视为自己的政绩。

（2）**制定有关法规**

实践证明，只是号召"少开会，开短会"远远不够，与此同时还必须尽快制定有关会议的审批、管理权限，会议的岗位负责制度，会议经费的分配、使用、节约办法，以及有关会议的奖惩条例等方面的行政法规，并对其严格执行，从制度上来解决会风不正的问题。

在此类法规中，针对什么样的会议可以开，什么样的会议不能开，都必须明确地有所规定。如果能不开的会就不开，以举行会议之名而搞公费旅游的不正之风就会收敛。根据2014年9月28日中共中央办公厅、国务院办公厅所印发的《关于严禁党政机关到风景名胜区开会的通知》中的有关规定：各级党政机关一律不得到八达岭—十三陵、承德避暑山庄外八庙、五台山、太湖、普陀山、黄山、九华山、武夷山、庐山、泰山、嵩山、武当山、武陵源（张家界）、白云山、桂林漓江、三亚热带海滨、峨眉山—乐山大佛、九寨沟—黄龙、黄果树、西双版纳、华山21个风景名胜区召开会议。地方各级党政机关的会议，应一律在本行政区域之内召开，不得到其他地区召开；因工作需要确需跨行政区域召开会议的，必须报同级党委、政府批准。总之，应严禁各级党政机关以召开会议等名义组织公款旅游。

改进会风

会风，从根本上讲，是政风的一种具体反映，是国家机关及其工作人员思想作风、工作作风在会议举行过程中的具体表现。

就目前而言，会议过多，会期过长，会议讲究排场、铺张浪费而不解决实际问题，会上陈词滥调、东拉西扯、没有中心，对重点问题议而不决、决而不行、不了了之等，均属不良会风。它们不仅影响了国家行政的行政效率，而且与社会主义国家的政风也格格不入。

要真正端正会风，就要不断改进会风，并认真抓好以下几点：

（1）**破除官场习气**

就端正会风而言，破除官场习气，主要指的是不准搞会议的形式主义，不能将会议举行的多少与政绩挂钩。

（2）**严格管理会议**

要严格管理会议，对于会议的准备、议程、时间、地点、膳宿等，就要做出明确规定，并且应由专人负责，领导把关。

（3）**严肃处理滥办会议者**

端正会风，还须严格惩处滥办会议者。对于这种人，只进行批评、教育还不够，在必要时，唯有依照有关法规给予严肃处理，方能奏效。

提高效率

国家机关要改进工作作风，落实到会议问题上，就要努力提高会议效率。提高会议效率，在此处主要指的是，在举行必不可少的会议时，尽可能以更少的时间、人力、财力、物力取得最圆满的会议效果。必须指出，它也是改进会风的具体体现。

国家机关出面召集的会议，通常可分成以下两类：一类是政策的研究性会议；另一类则是行政的协调性会议。即使举行这两类必不可少的会议，也必须采取必要的措施来“开短会”，并确保提高会议效率。

（1）**集中主题**

在一般情况下，每次会议应有单一的主题。假定要把几个内容合并到一次会议上讲，亦须确保会议主题鲜明。这样操作，既便于执行会议精神，也不易使会议松散。

（2）**压缩内容**

如有可能，应围绕会议主题，将毫无实际意义的内容统统删去。有些发言，可以书面材料形式代替。不提倡领导同志出席与己无关的会议，会议的组织者也不得以此举来提升会议档次。

（3）**限定时间**

对会议的起止时间和发言时间，事先应明确地予以规定，届时还要严格遵照规定执行。这样一来，将有助于从根本上纠正会议冗长拖沓的不良风气。

（4）**改进方式**

会议的举行方式，往往也有改进的必要。只要能够解决问题，则会议的举行方式在一般情况下可以灵活多样，不必拘泥。实践证明：利用电视、电话、广播以及互联网举行会议，既节省时间、开支、人力、物力，又不会耽误工作，是一种值得积极推广的现代化的会议方式。

（二）认真筹备

平时，国家行政机关所召集的会议应当认真地做好组织准备。一次会议能否圆满成功，在很大程度上取决于会议的组织准备工作做得如何。不对会议进行必要的组织准备，而去妄谈会议的成功，只能是一种自欺欺人的态度。

按照行政礼仪规范，国家机关所召集的会议，其组织准备工作在会前准备阶段、会议进行阶段、会议结束阶段三个不同的时期，要求是有所不同的。

▌会前准备

会前准备阶段要进行的组织准备工作，大体上有如下四项：

1. 确定主题

凡属必须召集的会议，主管部门所要从事的头一项工作，就是要在了解、掌握问题的基础上，或是根据自己正面临的主要问题，来确定会议的主题。

会议的主题，即会议的指导思想。会议的形式、内容、任务、议程、文件、期限、出席人员等，都只有在会议的主题确定下来之后，才可以据此一一加以确定。例如，公务员平日接触较多的办公会、务虚会、座谈会、讨论会、对话会、代表会、报告会、交流会、庆祝会、表彰会、纪念会、发布会，等等，其会议主题显然是各有不同的。

在一些情况下，会议的主题可以直接通过会议名称体现。但更加重要的，是要始终坚持以会议的既定主题来指导会议。

2. 拟发通知

会议通知，是会议主办单位发给与会单位和个人的书面通知。通常，它应当提前一定的时间发至与会单位和个人的手中，以便对方心中有数，并早做准备。

国家机关下发的会议通知，内容应当简单明确。根据礼仪规范，它应包括以下六项：

（1）**标题**

会议通知，必须要有其标题。它的重点，是交代会议名称。

（2）**主题与内容**

会议通知，应明确其主题与内容。它实质上是对会议宗旨的介绍。

（3）**会期**

会议通知，应明确其会期。它的关键是要明确会议的起止时间。

（4）**报到的时间与地点**

会议通知，要明确报到的时间与地点。它们是会议通知中的要点之所在。对与此相关的交通路线等，特别要交代清楚。

（5）**会议的出席对象**

会议通知，要明确其出席对象。如对象需要选派，则应规定其具体条件。

（6）**会议要求**

会议通知，还要明确其具体要求。一般而言，它指的是与会材料的准备与生活用品的准备，以及差旅费报销和其他费用问题。

3. 起草文件

会议所用的各项文件材料，均应于会前准备好。其中的主要材料还应做到与会者人手一份。

要真正做到“开短会、讲短话”，无疑需要认真准备会议文件材料，其中最主要的当数开幕词、闭幕词和主题报告。

（1）**开幕词**

开幕词，是会议开始的序曲。它的主要目的，一是正式宣布会议开始，二是阐述会议的目的、任务和意义，三是介绍会议的议程与要求。

（2）**闭幕词**

闭幕词，是对开幕词的呼应，也是会议的结束语。它的主要目的，一是总结会议成绩，二是提出希望，三是宣布会议结束。

准备开幕词与闭幕词，都不宜偏离会议主题。若会议规模不大，或是为了削减会议议程，也可以不安排致开幕词和闭幕词。

（3）**主题报告**

主题报告，又称会议报告。在不同类型的会议上，其内容、体量有所不同，但它通常指的是由会议主席向全体与会人员所做的中心讲话。在起草主题报告时，应有的放矢、实事求是。如有可能，应先期为此而进行必要的调研和讨论。在文字上，应使之紧扣主题、集中凝练，不要搞没有必要的长篇大论。

4. 做好准备

要保证会议的成功，许多具体的事务性工作都不可等闲视之。要抽调专人负责此项工作。必要时，还应成立会务组，并对会务人员，尤其是其中的接待人员、陪同人员进行专门的礼仪培训。尤其需要关注下述三点：

（1）**招待工作**

对与会者的交通、膳宿、医疗、保卫，以及会议现场的引导等方面的具体招待工作，应精心、妥当地做好准备。

（2）**布置会场**

会场是会议的“硬件”，对它一定要认真选择。不应使其过大，显得空旷无人；也不可使之过小，甚至拥挤不堪。对必用的音响、照明、空调、电脑、投影仪、摄像设备，事先要认真调试。需用的文具、饮料，亦应预备齐全。

（3）**安排座次**

会议的座次，具体又分为主席台与听众席两类。

排列主席台上的座次，我国目前举行政务会议的惯例是：前排高于后排，中央高于两侧，左座高于右座。在一般情况下，在主席台上就座的人数以少为宜，但是其座次的尊卑则必须合乎礼仪规范。会议的主持人或发言人在会上讲话时，可在原座就座，也可以行至主席台正前方或右前方的专用讲台前。凡属重要会议，在主席台上每位就座者身前的桌子上，应事先摆放好写有其本人姓名的桌签。

在大型而正式的会议上，主席团成员出场或退场时，通常应以其在主席台上的视角为准，右上右下。

排列听众席的座次，目前主要有两种方法：一是按指定区域统一就座；二是自由就座。

会议进行

在会议进行阶段，会议的组织准备者要做的主要工作，大体上可分为三项：

（1）**例行服务**

在会场之外，应安排专人迎送、引导、陪同与会人员。对与会的年老体弱者，还须进行重点照顾。此外，必要时还应为与会者安排一定的文体娱乐活动。

在会场之内，对与会者的合理要求应有求必应、闻过即改，尽可能地满足其一切正当要求。

（2）**编写简报**

举行会期较长的大中型会议，依例应编写会议简报。它是对会议动态、过程以及主要内容的扼要报道。借助它，可为与会者沟通信息、交流经验、传达意见提供方便，此外还能够帮助主办单位及有关领导及时掌握会议的全局，确保会议的健康、顺利发展。

编写会议简报，应尽可能地使之准、快、新、简。具体而言，准，是要求准确无误；快，是要求讲究时效；新，是要求富有新意；简，则是要字少篇短。

（3）**做好记录**

凡重要会议，不论是全体大会，还是分组讨论，都要进行必要的会议记录。

会议记录，是由专人负责记录会议内容的一种书面材料。它不用上报或下发，仅作为参考，或是起着存档备查的作用。从内容上讲，它务求详尽。会议名称、时间、地点、人数、主持者、记录人、发言内容、讨论事项、临时动议、选举结果等，均应包括在内。

为了表示负责和备查，主持人与记录人在正式的会议记录上应分别签署本人的姓名。

会议结束

在会议结束阶段，一般性的组织准备工作主要有以下三项：

（1）**形成会议文件**

根据会议的实际需要，在会议的结束阶段，可以形成会议决议、会议纪要等专门的会议文件，以贯彻、落实会议精神。

会议决议，是指在会议上经过全体与会者的充分讨论，由法定多数所表决通过的会议决定。

会议纪要，则是用以传达会议主要精神和议定的事项，要求与会单位与个人共同遵照执行的正式公文。

在准备会议决议、会议纪要时，应注意两个要点：一是要简明准确地阐明事项；二是要对其严格把关。总之，不能把不明了、不成熟、不全面、不正确的东西写入其中，以免给下级工作造成混乱。

（2）**处理有关材料**

对于有关会议的文件材料，应做到会内会外有别。在会议结束阶段，根据工作需要和保密制度，对有关材料该汇总的要汇总，该回收的要回收，该销毁的则要销毁。

为了给今后的工作提供借鉴和依据，对每次会议的全部文件材料，诸如通知、报告、简报、决议、纪要、记录、群众来信、新闻报道等，都应当立卷归档，妥善保存。

（3）**提供返程便利**

本着互相关心、互相爱护、互相帮助的精神，在会议临近结束时，主办单位应主动过问全体与会者的返程有无困难。在必要时，可量力而行地为之安排交通工具，或提前为其代订返程的车、船、机票。

对年老体弱者和携带物品较多者，应派专人为其送行。对个别因故在会议结束后暂时滞留的与会者，要一如既往地给予关照，并尽可能地为其解决实际困难。

（三）遵守会纪

平时，公务员在出席会议时一定要严格遵守会议的有关纪律。

公务员在公务活动中，应当为人表率、严于律己。这一点是不容置疑的。会议是公务员经常参加的一种公务活动。因此在出席会议时，公务员必须以自己的实际行动，对会议表现出应有的重视。严格遵守一切有关的会议纪律，本身就是一项有针对性地端正会风的具体要求。

国家机关的会议纪律，是其为了确保会议的正常进行专门制定的条款，或是约定俗成的要求。每一名与会者，对它都有严格遵守的义务。在这个意义上，会议纪律与会议礼仪是完全可以画等号的。也就是说，要求公务员在出席会议时严格遵守会议纪律，与要求其恪守会议礼仪，实际上并无二致。

一般而言，公务员在出席会议时应当严格遵守的会议纪律，主要有以下四项内容：

规范着装

集会，是一种礼仪色彩颇浓的活动。因此，在一般情况下，会议出席者的着装必须要合乎礼仪规范。

公务员在出席各种会议时，不论其具体内容如何，都要把它看作一种重要的场合。在个人着装方面，应有意识地选择正装。例如，可以穿制服、中山装或西装套装、西服套裙，以及长袖衬衫、长裤、长裙等式样庄重、文雅、传统、保守的服装。不仅如此，会议着装的色彩与图案也应力求素雅、简洁。色彩过多、颜色过于艳丽、图案过于稀奇古怪或花里胡哨的服装，公务员在出席会议时都不宜穿着。

职位较高的公务员，尤其会议的主持人、报告人以及在主席台上就座者，在着装的规范化方面必须带头。不要对此大而化之，不要随随便便地穿着运动衫、套头衫、T恤衫、无领衫、无袖衫、健美裤、超短裙、短裤、拖鞋、凉鞋、球鞋之类的便装赴会，以免给人以极不严肃的印象。

严守时间

作为会议的出席者，每一名公务员都应当自觉地遵守会议的时间安排。

按规定应当出席的会议，必须准时参加。所谓准时到会，并非正点抵达，而是应留有一定的提前到场时间。在本地参加会议，则应至少提前5分钟到达会场，以便能有充裕的时间签名、领取材料，并找到座位。去异地参加会议，则最好是提前一天报到，争取一定的时间以熟悉有关情况。

在任何情况下，会议出席者均不得无故迟到、无故早退，或是缺席。担负领导职务的公务员应当特别注意这一点，千万不要因为个人的姗姗来迟，而让其他与会者“大家等一人”，搞得怨声载道，甚至激起公愤。

提倡正点开会。正式的会议都有起始时间，时间一到，会议就应当立即开始，而不得以任何借口迟延。

提倡限时发言。业已指出，从宏观上控制会议时间的一个好办法，就是要求每一名发言人都要限时发言。限定的时间一到，可用铃声对发言者加以提示。为了使大家养成良好的习惯，就此应不分发言人的尊卑贵贱，不对任何人网开一面。因此，公务员在准备发言时，要切记讲短话，力求少讲、精讲，并且具有明确的时间观念。不允许任何人讲长话、讲套话、讲空话，或者在限定的时间超过之后“再讲两句”。

提倡正点散会。通常，会议的全部议程都应在规定时间之内完成，不提倡轻易延长会议时间。

维护秩序

在会议举行期间，与会的每一名公务员都要以自己的实际行动来维护正常的会议秩序。这是遵守会议纪律的最重要的体现。

公务员在出席会议时，应当按照主办单位及会务工作人员的安排，在指定之处就座。不允许“擅自离队”，寻找无人之处、偏远之处就座，企图“忙里偷闲”；也不能跑去找熟人“扎堆”。

在会议进行之中，不得到处走动，更不能私自中途离开会场。

对待发言人的讲话，可在适当时以自己的掌声予以鼓励。但鼓掌要适时、适量、适当，并要合乎礼节。不要有意起哄，“鼓倒掌”。

对会议或某些人的发言如有意见，可通过正当的方式向上反映，不要在会场上借题发挥、无事生非、聚众闹事。也不能因为意见相左而与其他人在会上争执不休。不要在他人发言时站出来与之公开地唱对台戏。

不允许做出有碍视听的不良举止或制造噪声。在会上，不准让自己的手机发出声响，不准吃带壳食物、喝易拉罐饮料，不准收发短信或微信，不准刷微博，不准玩电子游戏，不准吸烟，不准与其他人交头接耳或打打闹闹。

专心听讲

出席会议时，公务员应当专心听讲，并且记好笔记，以便全面掌握、理解会议精神。在其他人发言时，专心听讲是尊敬对方的一种表现。每一名与会的公务员届时都必须这样做。

在他人发言时，不可以破坏会场的安静，或是破坏发言人的情绪。不要在他人发言时与身旁的人窃窃私语，或是煞有介事地把一张张小字条传来递去。在主席台上就座者，尤其应注意这一问题，处处为人表率。

不要在他人发言时摇头晃脑、指指点点、打哈欠、皱眉头、怪相百出、反复看表，或读书看报。做出这一类的举动，只能表明自己不尊重发言人，同时也说明自己心思不定，用心不专。

担负领导职务的公务员、在主席台上就座的公务员、已经发言完毕或将要发言的公务员，尤其要以自己的实际行动克服以上不良表现，在会上专心致志地听讲。

举行线上会议时，其基本的会议规则、会议礼仪，通常可参照线下会议的规则、礼仪执行。

三、谈判礼仪

公务员因其工作的需要，经常会同其他部门、其他单位、其他行业甚至国外的人士进行接洽商谈，以便为维护各自所代表的部门、单位、行业或者国家的利益进行讨论，抒发己见，求同存异，互谅互让，从而达成某种程度上的一致，或是争取达成某种程度上的谅解。比较正规一些的工作洽商，可以称为谈判。

谈判，从严格的意义上来说，指的是不同国家、不同地区、不同行业、不同单位、不同部门之间为了各自的利益进行有组织、有准备的正式洽商，始终坚持或反复调整各自的目标，以求最终达成某种协议的整个过程。有时，人们亦称之为会谈。

与其他各种类型的谈判相比，公务员所接触的谈判主要具有如下三个特点：

（1）**官方性**

公务员本身就是政府官员，在谈判中，又代表着一个国家的政府，并且维护着自己国家的利益。因此，公务员所参与的谈判往往具有很强的官方色彩。至少在谈判对手心目中，公务员代表着官方，代表着国家。

（2）**广泛性**

由于公务员工作涉及面甚广，因而所参与的谈判包括的范围非常之宽泛，政治、经济、军事、教育、科学、技术、文化、卫生、环保、体育、外交，等等，都可以列入其中，所以其谈判并非局限于某一领域之内，而是具有广泛性。

（3）**机密性**

公务员所参与的谈判通常事关国家利益、地方利益、部门利益，有时还会与其他单位、其他行业、其他地区甚至其他国家的利益有涉，故此应对谈判的机密严格地予以保守。

从具体操作上来看，谈判不同于普通的交谈。它不是一般的泛泛而谈，而是有备而来、方针既定、目标确定、志在必得，其策略性与技巧性极强。虽然谈判讲究的是理智、策略和利益，但这并非意味着它绝对不考虑人的思想与情感。事实上，在各式各样的谈判中，礼仪都颇受当事人的倚重。其出发点是：在谈判中以礼待人，往往会对对手的思想与感情，以及谈判的现场气氛产生一定的微妙影响。

站在礼仪规范的角度上说，公务员在参与谈判时，有必要艺术地听、有效地问、策略地谈、冷静地辩。在其具体的听、问、谈、辩等四个方面，既要讲究策略和技巧，又要不失礼貌。

（一）艺术地听

在参与谈判时，公务员有必要艺术地听。从根本上说，谈判不过是尽可能地满足有关各方的需要，而力争最后在一定程度上达成一致的一种过程。由此可见，在谈判中能否正确地了解谈判对手的实际需要，直接关系到谈判的成败。而对于谈判对手实际需要的了解，基本上都是通过在谈判桌上倾听对方的发言而实现的。离开了倾听，搞不好就会在谈判中迷失方向。

常言道："智者善听"。在谈判中认真地倾听对手的发言，有很多好处。它可以广收信息、了解对方的需求、发现事实真相、洞察对方的真实意图、缩短彼此之间的距离，进而推动谈判的进程。

更为重要的是，在谈判中认真地倾听对手的发言，还会使对方产生自尊与满足。反之，则有可能使对方认为我方用心不专而产生偏见，进而在谈判中对排斥我方，甚至"冤冤相报"地产生恶性循环。在谈判学中有一则常识："最廉价的让步，就是要让对手清楚，你始终都在全神贯注地倾听他的发言。"这一说法，实际上是很有道理的，因为它合乎礼仪上"敬人为本"的原则。

一般认为，在谈判中倾听的正确做法，是应当细心地聆听对方的发言。若有不甚明了之处，可请对方重复一次，或是自己以"您说的是不是这个意思……"等方式，代对方表述一遍刚才发言的要点。

以自己的理解重复对方发言的要点，可以透过现象看到本质，不失礼貌地迫使对方不能含糊其词、浑水摸鱼。与此同时，它还能表示我方在对方发言时听得聚精会神、听得专心致志。由此可见，这是一种值得提倡的好的谈判手法。

公务员在谈判中要表现出自己是在认真地倾听对手的发言，就应当力戒注意力不集中。不能表现出对对方发言的内容不感兴趣，不宜抢着发言，或是多次打断对方的发言。此外，还须注意：不要对对方的发言避实就虚、有意歪曲，或是任意诠释、乱加引申、牵强附会。

进而言之，公务员在谈判中要听得有效、听得艺术，既善于捕捉有益的信息，又及时地抓住谈判对手发言的要领，还须在以下几个方面多加注意：

（1）**保持耐心**

一旦参与谈判，就应采取积极的态度，永远保持必要的耐心，想方设法通过倾听去摸清对方的底细。即使对方的发言烦琐冗长，甚至说出了自己不爱听的话，也不要感情用事，不要不礼貌地直接指责对方表达不清、打断对方的发言，或是离席而去。对于对方十分重要而又有些模糊不解的观点，可以礼貌地追问：“对不起，您的意思是不是这样……”以减少双方在问题理解上的差异。

（2）**察言观色**

在谈判中，所谓倾听，不仅需要用耳朵，而且还需要用眼睛、动脑筋。要“眼观六路，耳听八方”，力求耳到、眼到、心到，对对方的表情、神态、举手投足进行全面的观察，以便由此及彼、由表及里、去粗取精、去伪存真、由小见大地掌握对方的真正动机，而不仅仅为对方的一言一语所迷惑。

（3）**关注细节**

在谈判中，对方所说的一切都同等重要，而无轻重之分。对于对方的措辞、表达方式一类细节尤其不可掉以轻心。在许多时候，更要注意的是对方说了什么，而不在于他怎么说。例如，“说真的”“坦率地说”“老实地讲”“顺便提一下”“要不我还真忘了”这些在谈判中常能听到的话，可能是对方的肺腑之言，但也极有可能是对方故作姿态，或者是为了有意掩饰什么。

（4）**及时反馈**

在谈判中应行事谨慎，对关键性的问题不宜轻易表态，因为“君子一言，驷马难追”。有时面对对手的追问，还可采用估计、猜测、暗示、模糊、转移或推诿之法加以应付。然而这并不等于是要在谈判时无所事事，或者对对方的发言毫无反响。相反，为了表示我方听得认真仔细、听得明明白白，有必要在允许的情况下及时进行反馈。进行反馈时，可以运用语言阐述己见，复述对方的发言内容，解释对方的意思，对对方的观点表示肯定、否定或予以补充。此外，还可以配合运用肢体语言，即自己的举止动作，来表达个人态度。

（二）有效地问

在参与谈判时，公务员有必要有效地问。在交谈中，正确地进行发问，与悉心倾听一样，也能够获取必要的信息，证实自己的判断，了解对方的底牌。公务员在进行谈判时，若能合“礼”而有效地对提问加以运用，同样会对自己帮助极大。

从理论上说，在谈判中适当地向对手进行提问，被认为具有以下好处：其一，可以唤起对方对自己的重视，调动其积极性。其二，可以抛弃障碍，从被动转变为主动。其三，可以透视对方的观点，加深对对手的了解。简言之，提问在谈判中是公务员所应运用的必不可少的一种重要手段。

作为公务员，在谈判中如欲正确而又有效地运用提问这种手段，必须注意以下四点：

提问的时机

在谈判中，选择提问的具体时机颇有讲究。提问唯有掌握好时机，方能既符合自己的意图，又使对方乐于配合。

提问的最佳时机有以下四个：其一，对方发言的间歇，如找材料、用饮料的时刻。其二，对方发言结束之后。其三，自己发言的前后。其四，自己发言的进行过程中。应予注意的是：自己的提问切勿是对对方发言的“半路出击”，更不要“腰斩”对方的发言。对方若询问自己“有什么需要问的”时，亦可相机提问。

提问的方式

欲使提问更好地发挥作用，就有必要学习提问的方式。仅就谈判而论，提问的方式就有多种。它们各具特点、各有其长，需要人们灵活地加以运用。

就宏观来讲，提问共有两大方式：其一，开放式。对此可在广泛的范围内自由应答。如：“您的意见如何？”其二，封闭式。对此则只能在被限定的范围内进行肯定或否定的答复。如：“您是否同意这一条件？”

具体而言，在以上两大方式的基础上，提问又可以分成以下五种：

（1）**引导式**

引导式提问，通常以反义疑问句的形式出现，其暗示性很强。

（2）**澄清式**

澄清式提问，大多是针对对方的答复，要求对方进行更确切的回答的一种发问。

（3）**借助式**

借助式提问，通常是以引经据典、借助权威的形式出现的。

（4）**探索式**

探索式提问，一般是对有关各方所讨论的问题要求进一步引申的发问。

（5）**选择式**

选择式提问，在此指的是要求对方在给定的范围内进行选择的发问。

提问的逻辑

在谈判中进行提问，务必言之有物、有益于我方，而且必须合乎形式逻辑。

在提问前，最好有所准备。必要时，还应在谈判前围绕主题精心构思，拟出腹稿，以便使自己在进行提问时显得胸有成竹，从心理上给对手制造压力。

在准备提问时，应当学会“下棋看五步”，先要进行必要的换位思考，并具体明确：“我要什么，对方要什么”；“我能给对方什么，对方能给我什么”。设想一下对手会对此如何回答，并对此有所准备。要力争使自己的提问有益无害，并使对手的反应不出自己之所料。不要因为自己的考虑不周，反而使自己的提问帮助了对手。

提问时，一般不宜跳跃性过大，不宜不着边际，否则有可能降低提问的作用。

▌提问的态度

在提问时，要表现得泰然自若、温文尔雅、彬彬有礼。不要在提问时底气不足、神色慌乱，或是咄咄逼人、傲慢失礼。

对于不同的谈判对手，应提前对其背景有充分的了解，以便在谈判中因人而异地施展自己的策略。在提问时，对对手的性格务必给予重视。一般说来，对严肃的对手，提问要认真；对暴躁的对手，提问要委婉；对开朗的对手，提问要随性；对率直的对手，提问则要简洁。

此外，在提问时，应避免提敏感、棘手、令人尴尬的问题。非提问不可的话，也要力求表述得委婉含蓄一些。在进行提问之前，还要先求得对手本人的同意。

根据礼仪规范，在提问时，一般还必须坚持如下的“十不”：

① 不让提问附加个人色彩。

② 不让提问可被做出多种多样的解释。

③ 不使提问与谈判无关。

④ 不一次提出一连串的问题。

⑤ 不提含有敌意的问题。

⑥ 不使提问直接指责对手个人。

⑦ 不令提问涉及对手或其家人个人隐私。

⑧ 不在提问时带有审问、威胁、讽刺或挑衅的口气。

⑨ 不选择对方谈兴正浓时贸然提问。

⑩ 不至于使提问暴露出自己缺乏应有的准备。

（三）策略地谈

在参与谈判时，公务员有必要策略地谈。谈判之中，最重要而又最难于把握的是一个“谈”字。谈判，首先是需要谈。在谈判之中，若不能谈得策略而又有耐心，则必定会一事无成。

和普通的谈话、谈心相比，谈判除了需要遵守基本的交谈礼仪规范之外，其一大特色，就是讲究其策略性。这一要求，是因其事关重大，牵扯利益问题，对此无可厚非。

有人说，大凡谈判，都是“谈”出来的；而不讲策略，则又是谈不出任何结果来的。这句话对于谈判时应用策略的必要性，是极好的说明。简单地讲，在谈判时所运用的策略，指的是谈判者为了实现自己的目标，而在谈判进行中随机应变地采用的方式、方法。因此，要求公务员在谈判时策略地谈，实际上就是要在谈判之中灵活地对各种方式、方法加以运用。

从总体上来说，谈判可以分为温和性争论、强硬性争论与原则性争论三种基本类型。在一定的意义上，它们都具有对抗性特征。然而，谈判又不同于两国交兵。谈判的目的，是要求得合作共赢。故此就要求同存异、互谅互让、解决问题、求得妥协，并达成共识，在一定程度上兼顾有关各方的需要。也就是说，谈判的结果，应当是有关各方各有所得、共同获胜，而不应该是“你死我活”“有我没你”，或两败俱伤、玉石俱焚。

谈判应以有关各方共同获胜为结局这一点，对于策略的运用是有着指导意义的。它告诫人们：在谈判时应用策略，需要遵守一个标准，即可以利己，但不可害人，不要片面地追求单方获胜，而应以双方或多方皆大欢喜的“双赢”“多赢”为理想目标。

依据礼仪规范，在谈判之中要想真正做到策略地谈，至少要在如下三个方面多多用心。

斟酌言辞

在谈判中，只要不存害人之心，斟酌言辞、运用自己的智慧与才学去和对手进行较量，以自己的灵活策略争取优势，是人们普遍可以接受的。

在谈判时策略地谈，可以采用的具体方式有以下三种：

（1）**用语灵活**

在谈判中，一定要用语灵活。也就是说，要“量体裁衣，看人说话”，使自己所谈之语具有弹性，而不是以不变应万变。具体来说，用语灵活，又要求牢记以下两点：第一，对不同的对手所谈的话语应有所不同，应使自己所谈的话语适应对手。第二，相同的意思可以采用不同的话语来表达，关键是要能为对手所接受，而对自己又留有余地。

（2）**转换话题**

在谈判时，适时而合“礼”地转换话题，是一种很好的策略。适于转换话题的时机有：第一，想换一个角度阐述观点，以说服对方。第二，想把问题引导到有利于自己的方面来。第三，想拖延时间，以便暂时不对某一问题做出抉择。第四，想回避于己不利的问题，免得让对手从中得益。第五，想避开争论的焦点，或是搁置毫无意义的争执。大家都知道，在谈判时，不宜直接回答于己不利的问题。此刻，运用转换话题的策略，大都能够见效。若转移话题后僵局仍不能打破，则可以提出休会。它也不失为一种好策略。

（3）**虚拟假设**

在谈判之中，运用虚拟假设的策略，往往可以诱使对手进入我方的“圈套”，使自己如愿以偿。有时，它还可以帮助对手分清利害得失，迫使对手自动让步，从而使我方“不战而胜”。

灵活耐心

在谈判之中，运用策略一定要具体问题具体分析，并要做到察言观色、话语随机。不仅自己要策略地谈，而且须认真观察对手的全部表现，不要上对手的当。

事实上，对手在谈判中也会运用策略对自己的发言进行种种的伪装，以混淆视听，好从中渔利。公务员切勿只记得自己要灵活地运用策略，而忘记了对手同样也会这么做。总之，切不要把对方想得过于简单。

在谈判中，最后的期限，也就是谈判结束的时间，被行家称作“死线”。它对于谈判的结局往往有着一定的作用。往往在临近“死线”时，人们才会最后让步。于是在这一时刻，总有人死缠硬磨，非要逼对手拱手就范不可。面临此境时，耐心就显得头等重要了。

在谈判中要保持耐心，并非是要自己“死拖”或“拖死”对手，而是有具体方法可循的。方法之一，是故作糊涂。即逼得对手耐不住性子。方法之二，则是强忍等待。即以打“疲劳战”的方法，去拖垮对手。

融洽气氛

谈判是一种不比寻常的人际交往方式。在谈判桌上，各方所维护的，主要是自己的原则与利益。一些空泛、浅薄的人情世故，在谈判中往往起不了多大作用。尽管如此，在谈判中仍应讲究礼仪，因为这样做可使有关各方和颜悦色、不失身份，并且能为谈判创造出一种融洽的现场气氛。

一般而言，具体的创造谈判融洽气氛的做法有以下几种：

（1）使用礼貌用语

在谈判时，使用礼貌用语通常是必需的。即便受到对手失礼的过激言辞的刺激，也应保持清醒的头脑。在不失国格、人格的前提下，要一如既往地使用礼貌用语来陈述自己的见解，切勿采用极端的用语。这样做，易于化解对方的抵触情绪，有助于彼此之间建立相互信任的人际关系。此乃所谓“礼多人不怪”，有“礼”不在声高或话多。

（2）善于肯定对手

在谈判中，要善于及时地、客观地肯定对手。人们都乐于别人对自己的观点随声附和，而打心底里不想听到别人对自己的主张说“不”。将心比心。在谈判中，就算难以同意对手的意见，也应少用逆耳之言，而完全可以换上另外的说法。如用“是的，但是……”或“我理解您的处境，然而……”之类的转折语句，表面上肯定对方“言之有理”，实质上则在表示对对手的理解、同情之后，委婉而巧妙地说“不”，否定对方主张之中的核心观点。此种方法，往往要有效得多。

（3）**不去评判对手**

在谈判中，尽量不要去评判对手。就算确信自己无比正确，也不要评判对手的行为或动机，尤其不要明言对手“用心险恶”，因为那样做肯定会让人难以接受。若是不明言对手不对，而换一种说法，以自我感受的方式来说“我觉得……”“我以为……”“依我看……”等等，一样可以表达自己的意思，而且听起来口吻要温和多了。

有位美国的谈判专家曾提出：谈判的核心问题是由所谓“四 P”构成的。“四 P”，即指在英文里以“P”字母开头的四个单词或词组：一是目标（purpose）；二是计划（programme）；三是进度（planned speed）；四是个人（person）。欲使谈判大获成功，就非得正视并处理好这四个谈判之中的重要问题不可。其实，将这四者在谈判之中有机地贯穿、组织在一起的，依旧是一个“谈”字。离开了“谈”，也就无所谓谈判了。

（四）冷静地辩

在参与谈判时，公务员有必要冷静地辩。在谈判中，有关各方为了对自己的观点进行论证，或是为了反驳对手的主张，进而说服对手，经常会在言语上你来我往、互不相让地进行对抗和争执。这就是所谓辩，或曰辩论。在公务员所经历的谈判中，它是一种争取达到目的的不可缺少的主要手法。

▍辩论的特点

谈判之中的辩论，大体上具有以下五个特点：

（1）**对立性**

谈判既然源于立场对立、利益不一，谈判者之间的对立便在所难免。此即辩论的对立性。

（2）**攻击性**

在辩论时，要驳倒对手，使之张口结舌，理屈词穷，就非得使自己的话具有一定的攻击性。辩论之中对对手的攻击，即辩论的攻击性。但是其攻击之点应是对手的观点，而非其他之处。

（3）**巧妙性**

辩论只有妙语惊人、出其不意，方能迅速击倒对手，并赢得支持。此即辩论的巧妙性。

（4）**及时性**

辩论是“短兵相接”，届时应迅速出击，反应敏捷，而忌讳表现迟钝。此即辩论的及时性。

（5）**精练性**

辩论时用语精确简洁，才会使对手无暇思考，难以应付。此即辩论的精练性。

掌握了辩论的上述特点，公务员对它就容易有更加全面而正确的认识。

辩论的原则

在具体的辩论实践中，必须既坚持原则，又讲究方法。这里所说的原则，主要是指辩论自身的原则，它是在辩论中制服对手的行动指南。一般来说，应当遵循的辩论原则有以下三项：

（1）态度冷静

老子说过："清静为天下正。"在辩论时，自己始终保持沉着冷静的态度，无形之中会给对手造成强大的心理压力，而且还会真实地反映出公务员自身的良好心理素质和"久经沙场"的丰富阅历。相反，若是辩论时受对手有意的"误导"或自身情绪失控，表现得不够冷静，无形之中就会棋差一着、不战自乱。

（2）事实有力

辩论可以倚仗口才、借助辞令，但不宜过分煽情。它需要摆事实、讲道理、提依据，否则就会留下漏洞，使人有机可乘。公务员在辩论时，一定要争取向对手提供有力事实这枚"重磅炸弹"，从而让对手口服心服。

（3）逻辑缜密

在辩论中，如能对形式逻辑运用自如、较为严谨而周密地考虑问题，往往可以使自己的发言更具说服力，使对手的发言自相矛盾、不攻自破。因此，应对形式逻辑的基本规律，如同一律、排中律、矛盾律、充足理由律等，加以认真研习，并适当地予以应用。

辩论的方法

在辩论中，除了要坚持原则，还必须学习、掌握一些基本的辩论方法。这样做，不仅可使自己临场时有更好的发挥，而且还能对对手更好地予以还击。

（1）基本的方法

一般而言，辩论方法有五：第一，先发制人。即先声夺人，主动进攻，扰乱对方的部署。第二，后发制人。即诱使对方首先摊牌，静待战机，以静制动。第三，求同存异。即围绕双方共同点展开辩论，以便争取对方，减少分歧。第四，排异逼入。即通过对种种其他观点的否定，而迫使对方除接受自己的观点之外，避无可避，别无选择。第五，请君入瓮。即顺从对方之意，引导出荒谬的结论，进而克敌制胜。这五种方法，在辩论中都是常用的。

以上五种辩论方法，只是举了几个例子。其实，在辩论的过程中，争、辩、论、驳均有各自的具体方法，不可胜数。在运用这些方法时，最重要的是既要求胜，又不能够失礼。

（2）失礼的做法

通常以下几种情况，都被认为失

礼之至，是在辩论时应尽力避免的：第一，独霸“辩”坛。所谓独霸“辩”坛，即辩论时喋喋不休，有意不给对手发言的机会。第二，歧视揭短。所谓歧视揭短，即在辩论之外做文章，对对手进行人身攻击，不能对其平等相待。第三，以权压人。所谓以权压人，即在辩论中不以理服人，而是滥用权势压人。第四，本末倒置。所谓本末倒置，即沉溺于正题之外的小是小非之争，远远背离正题。第五，预期理由。所谓预期理由，即以道听途说、未经证实或是想当然的“事实”为论据，而不是以客观事实为论据。

(3) **友善与客气**

如果用合乎礼仪的眼光来心平气和地看待辩论，那么不能不承认它并不总是唇枪舌剑、刀光剑影。友善与客气在辩论中同样也是需要的，因为辩论本身并不仅仅是争论，它其实也是一种观点的交流，只不过其目的在于说服对手接受自己的主张罢了。

对公务员来讲，在辩论以至整个谈判中，应当勿忘友善待人、以礼待人。当然，这样做不是要放弃原则，顺水推舟送人情，一味顺从讨好对手，而是要既坚持自己的原则，又不对对手失敬非礼。

实事求是地说，之所以再三强调在火药味十足的谈判中坚持友善待人、以礼待人，主要是因为这么做对公务员有一定的益处。简言之，在谈判中讲究礼仪，可使不必要的摩擦或较量得以避免，并使谈判对手善待我方人员。与此同时，它还易于促使对手透露一定的真实信息。

四、参观礼仪

参观，在此指的是有计划、有准备地对特定的项目所进行的实地观摩与考察。对公务员而言，参观，尤其是在公务活动中所进行的正式参观，可以使自己开阔眼界、增长知识、陶冶情操，获取有助于自己开展工作的第一手材料，并且还可以增进对参观项目的了解，促进与参观单位的相互关系的进一步发展。

概括地讲，公务员所进行的参观，首先都应当被视为工作的一种需要，而绝非娱乐或消闲。特别是因公所进行的正式参观，不论其具体项目如何，亦是执行公务。既然如此，公务员在进行参观时就应当好自为之，无论在哪里参观，无论个人参观还是集体参观，都应遵守参观的基本礼仪规范。

参观礼仪，是对公务员在进行正式的、有组织的参观时所作所为的原则性规范。它的主要内容，包括以下四个方面。

(一) 选择项目

欲进行参观，首先应当选好项目。在选择参观项目时，必须遵守的一项基本原则是：参观的具体项目，应当在一定的程度上同自己的业务范围相关。对此项目的参观，将会有助于自己目前所从事的工作。因公准备正式的参观时，这项原则是万万不能忘却的。

参观的项目，应当与自己的业务相关，并且应当有助于自己的实际工作，这是对于选定参观项目的总体要求。具体来讲，公务员在进行实际操作时，还应当兼顾如下四点：

（1）**有针对性**

需要特别强调的是，公务员参观项目的选择要具有针对性。实事求是地说，与自己的业务相关、有助于自己工作开展的可供参观的项目不可胜数，实际上没有能力也没有必要一一安排公务员对其进行参观。故在选定参观项目时，一定要优先强调其针对性。它应当是在当时情况下，对自己最重要、最有实际价值的项目。

（2）**量力而行**

对公务员而言，参观项目的选择还要量力而行。安排参观的具体项目时，不能不同时兼顾费用的高低、时间的长短、路途的远近以及当时工作繁忙的具体程度。一定要充分地考虑到各种实际困难，并且从实际可能出发，坚持量力而行，而不宜勉为其难。

（3）**兼顾意愿**

在可能的条件下，参观项目的选择要适当地照顾个人意愿。如果有可能，则选择参观项目时还应当尽可能地尊重参观者本人或者其中绝大多数人的意愿，兼顾参观者个人的特点与兴趣，适合其专业与特长。这样做的话，才能更好地调动起参观者个人的积极性，使之全身心地投入参观。

（4）**客随主便**

参观项目的选择，必须讲究客随主便。参观的具体项目，可以由参观者自己提出来，也可以由东道主，即参观的具体项目所归属的国家、单位、部门或个人首先提议。如果由参观者自行提议，须经东道主同意，才能最后确定参观的具体项目，而不可以强人所难。在一般情况下，参观项目应由宾主双方共同商定。

需要强调的一点是，公务员因公所进行的参观，意在有助于工作，因此不允许把它当成一种待遇或一种福利，不允许在公务参观与公款旅游之间进行任何变通。

（二）准备工作

欲进行参观，还应当做好准备工作。欲使参观达到既定的目标，在参观之前，必须进行充分准备。必要时，还需要制订专门的参观计划。

凡因公进行的正式参观，都要提前做好必要的计划。参观计划的主要内容，大体上包括下述几项：一是参观项目；二是参观人数；三是负责人以及工作人员；四是起止时间；五是交通工具；六是饮食住宿；七是安保宣传；八是费用预算；九是相关手续；等等。

以上有关参观计划的重点内容，在报请上级批准后，应酌情向东道主进行通报，并向全体参观人员进行传达，以便使大家做到心中有数、有备无患。

依照参观礼仪的惯例，外出参观，尤其是进行有组织的正式公务参观，实则等同于外出进行正式的公务访问，至少它也是正式的公务访问的一个有机组成部分。所以在外出参观之前，应当重点做好以下几项准备工作：

（1）**了解背景**

进行正式的参观之前，要对参观项目的有关背景进行充分的了解。为了使参观者对参观项目有进一步的认识，并且在进行参观时有的放矢，抓住重点、难点，在参观之前，应组织全体参观人员进行有针对性的学习，使大家对参观项目能够有大致的了解，避免在参观时信口开河，提出不必要、不适当甚至令人见笑的问题。

在国内进行参观之前，参观者主要需要了解的其背景材料是：参观项目的历史、现状、发展前景，参观项目的主要特色、优点与不足，参观项目在本地区、本行业以及在国内外的反响，等等。

赴国外进行参观，除对参观项目的背景要有所了解之外，还应进行外交政策与外事纪律教育，并组织参观者学习参观项目所在国的政治、经济、文化、习俗以及中国与该国关系的现状等方面的常识。

（2）**分工明确**

进行正式的参观之前，要对全体参观人员进行详细的分工。要想使参观达到目的，既尽可能多地掌握情况，又尽可能少地出现疏忽和遗漏，最好的办法，是要在参观之前对全体参观者进行必要的分工，把领队、带路、接洽、应酬、翻译以及交通、膳宿、安全、保卫、宣传、财务等各个方面的具体工作都落实到个人，使每一件事情都能有专人负责。在进行参观时，大家都按照具体分工各司其职，就容易使参观收获更多一些。

在参观之前，还可结合每位参观者的个人所长，把提问、记录、录音、拍照、摄像等具体任务分配下去。如果参观项目的具体头绪较多，还可以对参观人员的某些具体工作再细分一下，把谁负责哪一个方面，对此有何具体要求等，都进一步地明确下来。这样做，在进行参观时，全体参观人员就可以目标明确地分头深入考察，在参观之后再进行一下汇总，掌握的情况便会更为全面了。

（3）**交际应酬**

进行正式的参观之前，应对必要的交际应酬进行认真的预备。在进行参观时，参观者与出面接待的东道主之间，免不了要有一定的交际应酬。参观者，尤其是参观团体的负责人，提前要为此做好必要的预备，免得届时“只有来，没有往”，令我方失礼于对方。

在必不可少的礼仪性场合，如东道主迎送参观者时，通常一定要安排专人出面与对方进行应酬、寒暄，以免到时候无人组织或是冷场。

应确定在必要时进行即席发言的相关人选，不要届时推来推去，或是随便找人胡诌一通。

此外，要为东道主准备具有象征意义、纪念意义的礼品，以酬谢对方的盛情款待。

（4）**规定具体**

通常，应对个人的准备工作进行明确而具体的规定。在参观时，任何一名公务员代表的都是国家机关。为了维护国家机关的名声，有必要对每一位参观者的个人准备都做出明确的规定。这种规定，主要分两个方面。

其一，有关装束的规定。人们与陌生人打交道时，往往是“先看罗衣后看人”。参观者的穿着打扮，通常也左右着东道主对自己的总体印象。因此，在参观时的装束，既要充分考虑时令与行动方便，也要兼顾具体的参观项目。例如，在参观工厂、农村、部队、学校与机关时，应着正装。在参观寺庙、纪念堂时，则要遵守其各自具体的要求。而只有在参观风景名胜时，才适合穿便装。有时，还须自觉地遵守参观场合有关其参观者个人装束的某些特殊规定。

其二，有关用具的规定。在参观时，通常应预备一些必要的辅助工具。例如，每一名参观者都应携带记录工具。为了方便记笔记，应带两支以上的圆珠笔和足够使用的小型卡片纸。它们用起来既方便，又不会造成记录中断。如欲录音、拍照、摄像，还须备齐电池、充电器等用具，并提前做好相应的准备与调试。不要为此去麻烦东道主，不要动不动就找他人讨要、借用东西。

（三）客随主便

在进行参观时，必须讲究客随主便，并认真遵从东道主的有关规定。公务员在进行各种类型的参观时，都要认真遵从东道主方面有关参观的各种具体规定，绝不允许明知故犯。这是一个影响到双方关系的大是大非的问题。在参观时，公务员能否自觉地这样做，不但反映着自身素质，而且也代表着自己对东道主的真实态度。

东道主方面的有关规定，可能会具体涉及以下几点：

（1）**时间**

每个具体的参观项目，可供参观的具体时间都有一定的规定。超过规定的时间之外，通常均不会予以接待。

（2）**内容**

参观的具体内容，往往内外有别、中外有别、外外有别，有时还会季节有别、时间有别。对不同关系、不同单位、不同层次者，东道主往往会给予其各不相同的“待遇”。

(3) **路线**

各种参观，都有一定的行进路线。参观者在参观时只能按此行进，而绝对不容许独闯“禁区”去进行“探险”。

(4) **行动**

对于参观者的具体行动，如能否当场提问，是否可以触摸或试用现场的陈列物品，可否接触东道主方面的其他非接待人员，以及参观者的活动区域，等等，东道主有时也会有所规定。

(5) **服饰**

或是为了表示庄严肃穆，或是为了环境保护，或是为了方便工作，东道主对参观者的服饰有时也会有一定的要求。参观者应按规定着装，或者在现场按要求换装。

(6) **物品**

出于卫生、安全等方面的考虑，有些参观场所是限制参观者携带某些物品出入的。诸如带壳的食物、罐装的饮料、带有异味的物品、易燃品、易爆品、武器弹药、手袋书包，等等，通常被禁止带入参观场所。有的参观项目对于笔记、绘画、录音、拍照、摄像及其用具，也有明文的禁止或限制。

(7) **传播**

某些涉及专利、秘密的参观项目，不仅拒绝新闻界对此进行采访报道，而且还要求参观者在一定范围之内或一定时间之内为之保密，不公开进行扩散，不接受新闻界的采访，不向非相关人士进行传达。参观者对于此类规定须一诺千金，不要搞阳奉阴违的那一套。

(8) **人员**

极少数的参观项目，有时还会按照自己特定的标准，对参观者的身份及其具体人数做出一定的限制性规定。

公务员在进行参观之前，应当对其具体要求与规定进行全面的了解。一般而言，只要这些规定是合情合理、一视同仁的，是不含敌对、侮辱、歧视、刁难和挑衅之意的，大体上都可以接受。反之，则不能委曲求全，更不能为此蒙受耻辱。

对于东道主临时附加的参观规定，尤其是针对我方的规定，应具体问题具体分析。不过一般对此都是不宜全部接受的。对此予以拒绝，要注意有礼、有节，不要过于生硬。

(四) 全力以赴

进行参观时，公务员应当全力以赴。公务员外出进行参观访问，既然主要是为了开展工作，那么对此就应当像是平日办公一样，表现得专心致志、全力以赴。要想尽一切方法，尽一切的可能，把参观进行好。假如在思想上不重视参观，在行动上对参观马马虎虎，则必定会使参观在一定程度上受挫，甚至会进而影响到本职工作。

全力以赴，是完成好参观任务的基本保证。在参观时，公务员要真正做到全力以赴，关键是要解决好以下两个方面的问题：

集中全力

在参观时，一定要聚精会神，把自己的全部注意力集中在参观项目上，尤其是要把它集中分配给自己所应注意的重点上，切不可舍本逐末、主次不分、不务正业。

要把参观时的全部注意力都集中在参观项目上，最重要的是要看好、听好、问好、记好。

（1）**看好**

所谓看好，此处指的是要对参观项目进行全面而仔细的观察，不仅要对其全貌有一定的初步印象，而且还要对其重点进行认真而细致的考察。不要在参观时挑三拣四、跳跃式前进，也不要心神不定或是找人聊天，免得错过了观察的重点或是挂一漏万。在参观时，不要忽视自己的身后与两侧，不要忽略被他人遮挡之处。

（2）**听好**

所谓听好，此处指的是在参观时要专心聆听东道主方面人士所做的各种介绍。在参观时，东道主方面的例行介绍一共有三种：其一，参观前的概括性介绍。其二，参观时的具体性介绍。其三，应参观者之请所做的答疑性介绍。在听取介绍时，应当把握全局与把握重点并重，并且牢记必须掌握的数据、资料。在对方进行介绍时，参观者不要走神，更不宜中途退出。

（3）**问好**

所谓问好，此处指的是在参观途中有准备、有目的、合乎礼貌地向东道主方面的有关人员提出疑问，直到对方做出让自己满意的答复为止。所提问题要提前有所准备，并且简单明了，使对方易于回答。所提问题还要有针对性，不要没话找话、泛泛而问。提出问题，最重要的是应当合乎礼貌，不要提出让对方尴尬、难堪、不易作答的问题，不要提“考试式”“卖弄式”的问题，也不要为了自己的提问而中途打断他人的介绍、交谈，或是重复提问、反复追问。

（4）**记好**

所谓记好，此处则是指在东道主方面允许的前提下，参观者应尽一切可能，以笔记、绘画、录音、拍照、摄像等各种形式，为自己的参观做好记录。记录的重点，应在参观前有所规划，或列出提纲。记录的内容，应当包括东道主方面的介绍、说明，陈列的图表、模型、实物，现场的总体印象，等等。对重要的数据、资料，记录后应复核一次，或是进行“双保险式”的记录。

在进行参观之后，应趁热打铁，

把自己看、听、问、记的全部资讯进行汇总。必要时，还可举行全体会议，进行小结，发现不足，及时弥补。这样做了，将来写作参观汇报时，就不愁无处下笔了。

▌服从集体

进行参观时，公务员必须个人服从集体。在整个参观的过程中，自己都要服从命令、听从指挥，不允许随意各行其是。

在参观时，要保证完成分配给自己的具体任务，并且力争将其做得又快又好。应予强调的是：不应趁机处理个人私事。在一般情况下，不应中途擅自离队。外出要请假，归队要守时准点，尽量不要在集体外出参观时个人行动。

未经安排，不宜自行与东道主方面的任何人员私下进行接触。出国参观时，尤其需要注意这一点。不准许随意代表自己所在的单位向东道主方面提出要求，或是对参观项目擅自进行评价。

在参观期间，遇到其他参观者，可以致以问候，但不宜随对方而行，或是随便与对方进行交流。尤其应当注意，届时不要信口开河，不要对其他单位的参观者大谈特谈自己对于参观项目的负面观感。假如对方这样做，虽不必对其进行指责，或与其进行争辩，但也不宜对其随声附和。

五、条据礼仪

在日常工作与生活中出于某种需要，公务员往往会给别人留下或是要求别人给自己留下某种可以作为凭据的便条。这就是条据，俗称便条。

条据，是公务员平日接触比较多的一种应用文体。单从表面上来看，它绝无长篇大论，大都显得非常简单。尽管如此，它在礼仪上仍旧有着很高的要求，并且有着许多具体的规定。

总的说来，在条据的寥寥数语之间，依然应当体现出写作者的自尊、自爱，并且还要求写作者对于条据的接收者既谦恭友好、不失敬意，又不卑不亢。

按照用途与功能的不同，公务员平日所接触的条据可以分为许多种类。它们的具体格式与写作要求因而各有其不同。从总体来看，各种各样的条据在写作上均须遵循以下六项基本的礼仪规范：

（1）内容有所限制

条据，在本质上可以视之为对书信的一种简化。在一般情况下，通过条据来表述、传达的内容均较为简单，而且一张条据原则上只宜载明一事。凡涉及秘密内容或是意欲表述、传达十分复杂的内容，通常都不宜采用条据。

（2）**形式合乎规则**

不同种类的条据，在表现形式上有着不同的写作规则，对此一定要严格遵守。例如，在写作不同的条据时，通常都会以标题来写明其性质，像是“收条”“借条”“欠条”等，否则，就有可能使其不能正常地发挥作用。

（3）**文字简洁流畅**

书写时，条据文字一定要简明，只要把事由、事案表达清楚了即可。与此同时，条据之中所用的文字还应当准确无误，不易随便涂改或更改，以免引起误会，导致不必要的麻烦。例如，在书写金额时，应采用大写汉字，像“壹”“叁”“伍”等，而不能使用阿拉伯数字或“一”“三”“五”等汉字。

（4）**用具整洁耐用**

书写条据时，所用到的纸、笔都有一定的要求。用纸虽不必过于挑剔，但却应当整洁、干净、耐折、耐存。污损、折皱、不平整、不易书写、不易保存的纸张不得采用。用笔则应采用钢笔或毛笔，并以黑色、蓝黑色墨水或墨汁书写。笔迹不易保存的铅笔、圆珠笔以及看上去有失庄重的彩色墨水、墨汁，通常不宜使用。

（5）**对象有所选择**

一般而论，条据皆应言简意赅，从形式到内容上都力求简化，甚至可以将封文省去。这主要是因为它适用于关系密切的熟人之间，而且多用于平辈之间进行交往。一般而言，与新交往者与陌生人打交道时使用条据的情况并不多见。

（6）**态度严肃认真**

条据虽然多用于熟人之间，但因其具有“空口无凭，立此为证”的凭据性特征，因此在写作条据时，态度一定要严肃而认真。通常，在条据上应写明年月日。条据不论手写还是打印，在其署名之处署名时，均应采用写作者亲笔所签的真实姓名。在必要时，在亲笔签名之后，还应加盖私章或摁上手印，以此来表示自己的负责任。

为了方便公务员全面掌握条据礼仪，在介绍了条据写作基本礼仪之后，以下将针对具体的不同种类的条据写作进行更为详细的介绍。

根据具体用途与功能的不同，条据可以分为两大类型：凭据性条据与说明性条据。具体而言，它们各自又可分成许多不同的种类。

（一）凭据性条据

凭据性条据，通常指的是为证明某一事实或契约而出具的条据。它一般要求出具者在某一事实或契约发生之前写作完毕，并交由接收者作为一种信誉的保证和凭据加以保存。

公务员在日常生活中有可能接触到的凭据性条据，主要有借条、欠条、收条、领条、发条等几种。

1. 借条

借条，亦称借据。它是借到个人或公家的现金、财物时所写下的条据。它属于一种非正式的契约。通常在归还现金、财物之后，应将它收回，或当场予以销毁。

书写向个人借钱、借物之用的借条，一般可以只写一份，交由被借者保存。而向公家借钱、借物之用的借条，有时也被要求一式两份，由公家与借用者各自保存一份。

在借条上，可以写上“借条”这一名称，但在正文开头，仍需写明“借到”或“今借到”等字样。交代一下借了什么、借到多少即可。向公家借用钱、物时，在借条上还应写明其用途以及归还的期限。例如：

借　条

今借到财务处人民币现金伍仟陆佰圆整，作为接待新加坡政府访华团来我单位参观之用。待接待工作进行完毕后，即依照规定前来进行报销，多退少补。

此据

东江市外事办公室交际处　孙守礼（签章）

2021 年 1 月 6 日

2. 欠条

欠条，是借条的一种特殊的形式。假定借用了个人或公家的现金、财物，归还了其中的一部分，还有部分拖欠，那么为尚且拖欠的部分所写的条据，就是欠条。

有些时候，借用了个人或公家的钱、物，在事后所补写的用作凭据的条据，亦可称为欠条。

在内容、格式、份数、处理方法等方面，欠条的写法与借条都极其相似。例如：

欠　条

因工作需要，于 2022 年 2 月 10 日借机关图书室《中国现代民歌大全丛书》全套共贰拾册。现已归还其中壹拾捌册，尚需继续借用其中第六册、第二十册，定于今年 3 月 10 日之前全部归还。

此据

陈梦瑶（盖章）

2022 年 2 月 23 日

3. 收条

收条，指的是收到其他个人或单位的现金、财物之后，专门写给对方的凭据。有时也叫作收据。

书写收条，可以只是一份，并将其交付款者、付物者保存。有时，为了便于核实，亦可采用两联单或三联单的形式。其中的第一联，通常是存根。而第二联、第三联在加盖公章后，可交给付款者、付物者，由其回本单位报销或作为证明。

归还现金、财物时，若被借者本人不在场，而由其他人出面代为收下转交，按规矩应当请代收者出具一张收条。这种收条，可以称为“代收条”。

如果归还现金、财物时，被借者本人在场，而被归还的现金、财物又是由被借者亲自收取的，那么一般不应再请被借者出具收条，而只要向其讨还借条，以示还清就行了。非要对方出具收条的话，则难免会担心对方有赖账之嫌。例如：

收　条

今收到设备处全体同志为云南盈江县地震灾情所捐献的救灾款共计人民币陆万叁仟叁佰伍拾圆整。

此据

卫一帆（盖章）

2022年6月16日

4. 领条

领条，是指个人从机关、单位领取钱、物，或是一个机关、单位从另一个机关、单位领取钱、物时，领取者给负责发放者留下来保存的条据。

倘若代替他人领取钱、物，则在书写领条时，应注明“代领”，并同时具体写明是何人替何人代领。例如：

领　条

今代替黄伟同志从市文教局领到下发给我单位的《全市文教系统国家公务员年度考核暂行方案》两份。

此据

西海市滨海区文教局　唐小文（盖章）

2021年8月30日

5. 发条

发条是指机关、单位在发放钱、物时写给领取者的条据。

发条与发票有着一定的区别。发票，是指出售货物时写给购买者的单据。按照国家有关规定，在我国境内所使用的发票不得自行制作，而必须采用由国家统一印制、式样标准的通用发票。而发条则允许自行制作、书写。例如：

发　条

兹发给郑璐璐同志我市“优秀国家公务员”奖金陆佰圆整，以资鼓励。

此据

陆海省沿山市人民政府（盖章）

2022 年 1 月 10 日

（二）说明性条据

说明性条据，通常是指用来传递信息、道明缘由的条据。通常，它都是为了特意向人们说明、解释某一件事情，或是为了发出请求。因此，站在礼仪的角度来看，说明性条据的礼仪性要高于凭据性条据。这主要表现为：说明性条据在写作上，要求表现得更为礼貌、谦恭、友好。

在一般情况下，公务员经常要和说明性条据打交道。它的常见种类有：托事条、请假条、留言条、便函，等等。按惯例，它可以手写，也可以打印。但在署名之处均应手写署名。在落款时，一般不必盖章或摁手印。

1. 托事条

托事条，是指委托他人办理或照料某事时而写的条据。它主要的作用是向他人提出请求，或是希望借此可以寻求到对方的帮助。

一般来说，托事条都是托人代交的，不必以“托事条”的字样来专门说明其性质，但在具体内容上，则要把所求何人、所托何事、有何具体要求以及委托人等，写得一清二楚。

由于托事条是专门用来托人办事的，故此在文字上一定要委婉、客气，既要使之简明扼要，又不可因此而失去必要的礼仪。例如：

邹主任：

因撰写我单位远景规划，急需使用由中国大百科全书出版社出版的《中国大百科全书》之《中国历史》与《中国地理》，务请将其暂借一周与我，并即刻交与顾红同志带回我处。不胜感激。

此致

敬礼！

关景怡

2022 年 6 月 6 日

2. 请假条

请假条，是指因病或因事不能按时上班或参加某项预定的活动，而请他人转交给有关负责人说明原因的条据。

请假条的格式，略似书信。在开始时，一般应写上“请假条”字样，然后在下一行应顶格写上对有关负责人的称呼。以下，要另起一行，起头空上两格，扼要地说明告假的原因、告假的长短及其起止时间。在结束时，应礼貌地写上“请予批准”“恳请准假”等字样，并友好地祝颂对方。

因故不能亲自书写假条时，可请他人代写，并且加以具体说明。例如：

请 假 条

尊敬的曹佳琪处长：

您好。我爱人赵长山昨晚因跌跤大腿骨折，现已住进积水潭医院治疗。医嘱需要专人看护，故此请事假两天，恳请批准。

此致

敬礼！

覃宜菲

2022年1月25日

3. 留言条

留言条，是因故未能在专程拜访时与他人见面，或是不能久候他人而先行离去时，向对方加以说明，并且陈述某一事由的条据。

通常，留言条可以由他人代为转交，也可以将其张贴在公用的留言栏或是其他适当之处，但是切勿将其乱放、乱贴。

在书写留言条时，不必冠以“留言条”的名称。而在具体内容上，则需要相机多用一些礼貌用语。若对方不熟悉自己，还须在写明自己的姓名之外，再加上自己所在单位的名称。例如：

尊敬的章研究员：

您好！今日专程登门拜访，未能得见，甚憾！请您在方便之时打电话给我。我的办公室电话号码为：026－3322118。

打扰了。再会！

陆海省科技厅　郃桦

即日下午3时

4. 便函

便函，指的是内容简洁、形式简化，主要用以告知他人某一事件，或是传递某一信息的条据。

严格地来讲，便函乃是一种简单化了的书信。与书信相比，它具有仅言一事、字数较少（多则不过百字），而且不一定非要使用封文不可等特点。

在格式上，便函往往比其他条据要更为正规。与书信的笺文一样，便函也由抬头、启词、正文、祝词、署名、日期、附言等基本内容所构成，只不过并不一定要将以上基本内容全部面面俱到地包括在每一封便函之内。对于这些内容，本着删繁就简的精神，既可以全部包括，也可以有所省略，或是适度变换其具体形式。

在便函里，感情色彩不宜过分强烈，但是在正文的措辞中，礼貌语则是非用不可的。

一般而言，便函不宜篇幅过长。在正常情况下，其所言应为一事，其所用不过一纸。否则，它就不叫便函了。

六、电话礼仪

无论从哪个方面来看，电话都可以称为国家机关所使用的最重要、最频繁的通信工具。使用电话，可以说是公务员用来同外界传递信息、维持联络的一种最常规的手段。

打电话的具体方法，是人们一学就会，一点都不困难的。困难的是，尚有一些公务员对于自己乃至本单位、本部门的“电话形象”一无所知，甚至不自觉地对其有所损害。

所谓“电话形象”，在此处指的是人们在使用电话时留给通话对象以及其他在场者的总体印象。一般来说，它是由使用电话时的态度、表情、语言、内容以及时间等各个方面组合而成的。不论在工作岗位上还是在日常生活里，一个人的“电话形象”都体现着自己的修养和为人处世的风格，并且可以使与之通话者不必会面，即可在无形之中对其有所了解，对其为人处世做出大致的判断。

鉴于“电话形象”在人际交往中发挥着重要的作用，公务员有必要在使用电话时注意维护自身的“电话形象”。维护公务员的“电话形象”，最重要的是：在任何时候，都应当在使用电话时待人以礼，不忘尊重自己的通话对象，并且努力替对方着想，时刻以对方为重。

从具体的操作上来说，公务员平时在使用电话时待人以礼的“电话形象”，具体地体现为待人客气、用语简洁、态度殷勤和勿碍于人等几个方面。

（一）待人客气

平时，公务员在使用电话时一定要待人客气。打电话虽然不是面对面和别人直接交谈，然而必要的客气却是不可省略的。使用电话时需要客气，主要是要求人们在态度、表情、语言、语气等各个方面，都要对通话对象礼貌、谦恭。

在打电话时，不论发话人还是受话人，都应当面含微笑、吐字清晰、声调平和、语言文明。在一般情况下，打电话时均须暂时放下自己手头的一切工作，端坐或端立，然后拿起话筒，面带笑容地与人通话。

在打电话时，除了利用必要的参考资料和做记录之外，不可以三心二意地去做其他事情。不可以一边与别人通电话，一边吃东西、喝饮料、看文件或是与自己身边的人闲聊。若是在通话进行途中，突然去干与之无关之事，而把话筒扔在一旁，更是极不合适的。在通话期间，不宜抱着电话机四处走动、边走边说。仰坐在座椅上、歪倒在沙发里、斜靠或是趴伏在办公桌上，也是不相宜的姿态。

在拿起话筒后，使其与自己的口部保持2～3厘米的距离，是最规范的。要是口部与话筒距离过近，“吻”着话筒通话，很不卫生。而若是口部与话筒距离太远，则声音又会让对方听不清楚了。

通话时要求面含微笑，是一种常规。如果坚持这样做，既可以有效地调控自己的情绪，又可以“优化”自己的声音、语调，使之和蔼、可亲。

打电话的时候，发音要清晰，吐字要准确，切勿说话含混不清、鼻音太重。不要乱用隐语、乱打哑谜，尤其是不要采用自己生编滥造的隐语和哑谜，免得既“折磨”了对方，又让自己身边的人感到不自在。假如自己说话带口音，或是明显地感到对方听起来有困难，那么应当有意识地放慢说话的速度，千万不要为了片面地“争时间，抢速度”，而使自己所说的话令人“理解困难”。

如果对通话对象所说的话听得不太清楚，通常不宜直接责怪对方。可以委婉地告诉对方：“我们这边电话线路不太好，我听不清您的声音，请您的声音稍大一点、稍慢一点，可以吗?”当对方遵嘱“改正”后，应向其道谢。

必须注意的是，在通话时调门不要太高，不要让自己的大嗓门损害了对方的听力。通常，通话时宁肯声音低一些，待对方提出希望声音高一些的请求后再调高音量。

公务员在打电话时要表现得礼貌而谦恭，至关重要的是需要注意通话时的口气与语言。从口气上来讲，不得表现出厌烦、不满、生硬与傲慢，不宜拿腔拿调，或者随便训斥、教训别人。如果口气温和、亲切、自然一些，往往会使通话对象对自己顿生好感。

从语言上来讲，则要用词文明，多使用礼貌语。尤其是通话开始时的相互问候和通话结束时的互道“再见”，一般都必不可缺。

打电话的规则

特别需要强调的是，在通话开始时所讲的头一句话，对对方的影响是很大的。此刻，发话人不宜一张嘴就连连“喂，喂”个不停，或者询问受话的一方“有人吗”。受话人也不应该开口就问对方“你叫什么名字”“你是谁”“你找谁”，或“你有什么事”。

依据电话礼仪的规范，在打电话时，发话人所讲的头一句话，应由向对方的问候与自我介绍这两项基本内容所构成。

例如，发话人可以说："您好！我是市民政局高山。"或者说："谭主任，早上好，我是省政府办公厅秘书处戚英杰。"

如果不能确定对方就是自己要找的人时，则不妨把自己的"开场白"多说两句，让它更详细一些，以便于对方了解自己的身份，或是代为去找希望与之通话的人。例如，在这时可以这样说："小姐，您好！我是冼友直，区工商局副局长。我可以跟孙战棋先生通话吗？"

在打电话时，作为接听电话者，受话人所讲的头一句话，循例同样应由对发话人的问候和自我介绍这两项内容所构成。这样做的原因，主要是为了便于发话人了解自己所拨的电话号码是否正确，以及对方是不是自己所要寻找的人。

例如，在接电话时，受话人一般都可以直截了当地自报家门，说："您好！市政府接待处李嘉明。"或更为简单地说："我是庞丽。您好！"

若是本人所在的办公室里多人共用一部电话，或是在本单位的电话总机工作，亦可以只报出本单位或本部门的名称，并问候对方，如"您好！省人民政府"，或者"您好！市民政局秘书科"。至于"您找哪一位"，则是可说可不说的。

除此之外，发话人在所拨电话号码需要总机接转时，若话务员首先问候了自己，应立即回问对方一声好，不要有来无往。若拨错了电话号码，勿忘向被打搅的对方认真道歉。不可一言不发地挂断电话，或是态度粗暴。

（二）用语简洁

平时，公务员在其使用电话时一定要用语简洁。在工作时间内，公务员所打的理当都是公务电话。为了个人私事是不可以在上班时间内打电话，尤其是不可以打公用电话的。这既是因为它有违职业道德，也是因为它有可能会妨碍工作，并影响其他同事。

不仅如此，公务员打办公电话或是私人电话时，出于少影响别人，同时也体现出自己在工作上训练有素的原因，还须力求使通话的时间与内容越简短、越紧凑为好。

在正常的情况下，每一次打电话的时间不宜超过三分钟。除非有重要问题必须字斟句酌地反复解释、强调，一般在通话时都要有意识地简化内容，使之尽量地简明扼要。通话不得超过三分钟的这种做法，在国外被称作"通话三分钟原则"。许多国家的公务员都被要求将其当作一项制度来遵守。

一般来讲，在打电话时要贯彻"通话三分钟原则"，主要的决定权是在发话人手里，因为在通话时先拿起、先放下话筒的人往往是他。发话人要真正遵守"通话三分钟原则"，主要应当重视以下三点：

（1）**提前做好准备**

所谓提前做好准备，在此是指：打电话前，就把自己要拨的电话号码、要找的人名、要阐述的意见和要点等都写在便笺上。这样的话，电话一拨通，就可以层次分明、条理清晰、要点面面俱到地把自己所要说的话都说了，而不至于届时因为没头没尾、条理不清、反复絮叨而浪费一分一秒。

（2）**说话干脆利索**

在打电话时，说话不仅要清清楚楚，而且要"直奔主题"、言简意赅、干脆利索。不要糊里糊涂、吞吞吐吐、让人着急。

（3）**"当机立断"结束**

通话时，只要主要内容大体讲完了，那么三分钟的"法定时间"一到，就要立刻终止通话。不要总觉得还有什么没有讲完，对已说过的内容颠过来、倒过去地反复铺陈。

在通话时，切勿没话找话、不谈正题、东拉西扯，更不要在电话中跟别人玩"捉迷藏"。什么"你猜我是谁""你知道我在哪儿""想知道我在干什么吗""不想问一问还有谁跟我在一起吗""你猜一猜我现在在想什么"一类的废话，若出自公务员之口，肯定是会让人颇为反感的。

为了节省通话时间，不但通话时要长话短说，而且拨电话时也要尽量少出或不出差错。拨电话时，一定要看清、拨对。需要总机接转时，应主动告知分机号码，不要等着人家询问。若不知道分机号码，则应提供受话人的部门与姓名。对此若不清楚，则最好不要去麻烦话务员。

打电话时，受话人既要积极、热情，又不宜因自己而浪费时间。不要在电话中嘘寒问暖、说长道短、聊天说闲话。需要提出问题时，要简短而准确，而且一般不宜再三重复。就算发话人是自己的至亲好友，通常在使用公用电话通话时，也不可假公济私、东拉西扯、没边没沿地大谈特谈所谓的"悄悄话"。

（三）态度殷勤

平时，公务员在其使用电话时一定要态度殷勤。也就是说，对待自己的通话对象应当态度热情、耐心而周到。

打电话时，不要急不可耐，恨不得立拨立通，否则就要摔话筒出气，或是去骂大街。在电话接通后，至少应当等铃声响过六声左右，或是大约一分钟的时间，确信对方无人接听后，方可将电话挂断。

接电话，宜在铃声响过两声时，立即拿起话筒。通常不宜铃声才响一声就立即拿起电话筒，免得过分唐突。当然，也并不是要让铃声响得次数越多越好。倘若因故让铃声响过多次才去接电话，则在通话时宜向对方说明原因，并表示歉意。

在通话过程中，如果电话中断了，依照惯例，应由发话人立即再拨打一次。受话人不宜转做其他事情，而须稍候片刻。待电话再次打通后，发话人应向受话人说明电话中断事出有因，而并非自己蓄意而为。

接电话时，若发话人认错了人跟自己开玩笑、说知心话，应立刻告诉对方搞错了。不要将错就错，捉弄对方，也不要为此而生对方的气。

接到拨错了号码打进来的电话，不要责怪对方，而应耐心而礼貌地告诉对方自己的电话号码是什么单位的，或者本人是谁。随后，还可以语气温和地询问对方："请问您要哪里，需不需要我帮忙?"如有可能，不妨告诉对方他所要拨的正确号码，或代为查找一下。若是能够这样帮助对方一次，对于维护国家机关和公务员的形象，是大为有益的，因为它充分地体现了公务员助人为乐、与人为善的态度。

假如有两个电话铃声同时响起，应先接听其中一个，询问对方是否介意自己马上去接另外一个电话。待其同意后，才可按下电话机上的"保留"键，放下话筒，立刻去接第二个电话。接第二个电话时，若是长途，应先与之通话；若是本地电话，则应先请对方挂断电话，而由自己过一会儿打电话去找对方。之后，应立即回头去接头一个电话。不要同时接听两个甚至两个以上的电话，以防顾此失彼，搞错内容。在接一个电话的途中，又有另外一个电话打了进来，亦可参照上面的办法加以处理。

除非绝对必要，不要在打电话时要求通话对象转机。将对方的电话转来转去，会让对方觉得自己是在"踢皮球"，而且也浪费了别人不少时间。

通电话的过程中，尽可能不要放下话筒，去找别的资料或是去向其他人了解情况，因此而让通话对象久等。万一非得这么办时，可先向对方说明原因及其所需的时间，并征求对方的意见，让对方决定是先挂断电话，还是稍微等候一下。通常，这种通话中暂时"中断"的时间不应长于两分钟。

若接电话时发现对方找的不是自己，在对方提出要求后，可以帮助对方去寻找他要找的人。不可不搭理对方，或是存心拖延时间。若对方要找的人在别处，不宜在走廊、楼道或门口大喊大叫，搞得"满城皆知"。倘若发话人所找的人不在，应首先相告，然后再问一下对方是否需要帮忙，或者要不要留言。对方若有留言，应当即进行笔录，并随后再与对方核实一下。不要先问发话人是谁、找某人有什么事，然后才说某某人不在，那样的话会使对方觉得某人是有意"避而不见"。

(四) 勿碍于人

平时，公务员在使用电话时切勿妨碍别人。应当谨记：应尽量不给别人添麻烦，打电话时尤其应当如此。

在一般情况下，有关公务的电话最好在上班时间内打，而不宜在下班之后打，尤其是不应该在凌晨、深夜、午休或用餐时间随便打电话给别人。在周末与例行的节假日里，同样也要少打电话去妨碍他人的休息。通常，在没有必要的情况下，尽量不要在非办公时间内将公务电话打到私宅里去。如果在上述不宜打公务电话的时间内，有要事需要打电话通知他人，那么在接通电话后，要首先向对方或其家人表示自己的歉意。

打国际长途时，应当先计算一下此地与彼地之间的时差，并了解一下当地是否采用“夏时制”，尽量不要在时间上只图自己方便，而不顾及别人的不方便。

通话时要力争把所说的话都讲完，不要言而未尽，“且待下回分解”，成心吊对方的胃口。不要轻易要求他人拨电话尤其是拨长途电话给自己。有什么事情要讲，最好自己主动把电话打过去。

通话结束时，一般应由通话双方之中的地位较高者首先挂断电话。此即“地位高者优先终止通话原则”。例如，在工作场合，上下级之间通话，应由上级先挂电话；服务对象与公务员之间通话，应由服务对象先挂电话。在社交场合，长辈与晚辈之间通话，应由长辈先挂电话；女士与男士之间通话，应由女士先挂电话。因此，地位较低者不宜抢先挂断电话，免得让地位较高者产生不受欢迎的想法。地位较高者挂断电话时，需要用双手轻轻放下话筒，不要用力一摔，震击对方的耳鼓。

不论因公还是因私，都不宜借用他人的电话，或是带自己的熟人去单位里利用公家电话打私人长途。后者明显属于损公肥私的行为，公务员切勿那么做。

使用移动电话时，公务员也要自觉一点，少去影响别人。

在上班、开会、会见重要客人或是观看演出时，应自动将其关机，或拨到只振动而不发声的一档。不要让它随时随地狂响不已，既制造了噪声，又妨碍了他人。

使用移动电话拍照、上网或收发短信、微信，往往意在方便自己的本职工作与生活。因此，切勿使之妨碍、影响到别人。与此同时，一定要注意相关信息的合法与保密。

按照礼仪规范，公共场所与公共交通工具之中，公务员应尽量少去使用移动式电话。即使要用，亦须避免在大庭广众之前大声喧哗。在公务交往中，切勿在他人面前任意摆弄自己的移动电话。此外，携带它的最佳之处是自己随身而带的公文包，而非经常握在手里或摆放于其他任何地方。这一点也很值得注意。

七、社交媒体礼仪

步入21世纪以来，中国的经济高速地发展，社会不断地进步，我们伟大的祖国正在大踏步地走向世界的中心。在此背景下，国人的交际工具日新月异，交际范围日趋扩大，交际方式随之也不断地推陈出新。在多种崭新的交际方式中，社交媒体目前最为令人瞩目。

社交媒体，亦称社会化媒体，它一般指的是人们基于互联网及其各种软件，进行交际、沟通与互动的社交平台。在特定的社交媒体上，其参与者可以抒发见解、分享经验、讨论专题、发表评论，或者结交网友、组成圈子。目前，国内常见的社交媒体有微信、微博、QQ、抖音、快手、豆瓣、B站、天涯社区、百度贴吧，等等。它们各具特色，人们既可以选择其一，也可以同时置身于多个社交媒体。

具体而言，公务员使用任何一种社交媒体，均应自觉地在合法使用、文明使用、理性使用、适度使用等方面依规行事。

（一）合法使用

俗语有云："君子不立于危墙之下。"使用各种社交媒体时，遵守有关的法律、法规，显然是一种常识。就目前而论，《中华人民共和国民法典》《中华人民共和国数据安全法》《中华人民共和国网络安全法》《中华人民共和国个人信息保护法》等法律、法规，都是每一位社交媒体的使用者必须首先学习的。

倡导每一位使用社交媒体的公务员主动学习有关的法律、法规，意在确保其合法使用社交媒体。合法使用社交媒体，主要包括下列几个方面：

（1）**维护自身权利**

《中华人民共和国民法典》明确规定："自然人享有生命权、身体权、健康权、姓名权、肖像权、名誉权、荣誉权、隐私权、婚姻自主权等权利。""民事主体的财产权利受法律平等保护。""民事主体依法享有知识产权。"

在社交媒体上，每一位参与者都可对自己的上述权利依法予以维护。与此同时，对他人的以上权利，同样也需要依法维护，绝对不得随意加以侵害。

（2）**承担社会责任**

毛泽东同志早就指出："国家的统一，人民的团结，国内各民族的团结，这是我们的事业必定要胜利的基本保证。"

不论以何种具体方式，不论借助于哪一种具体的平台，社交媒体的参与者都要明大德、守公德、严私德，都要承担每一名公民均应承担的社会责任，任何直接或间接地危害祖国统一、国家安全、民族团结、社会稳定的话都不能说，此类的事也绝对不能做。这是大是大非的原则问题，绝对不可忽视。

（3）**行为有所规范**

不论以真实姓名还是用虚拟身份置身于社交媒体，公务员都应对个人行为有所规范。下述各点，尤其必须予以遵守。

第一，勿涉网络暴力。网络暴力，简称网暴，此处指在社交媒体上以文字、言论、图片、视频对他人进行造谣、诽谤、污蔑、辱骂、围攻，从而给对方的名誉、权益与身心健康造成严重伤害的事件。公务员对此绝对不可有所涉及。

第二，勿碰黄、赌、毒。在社交

媒体上，对传播黄色信息、组织卖淫嫖娼、聚众进行赌博、买卖或吸食毒品等违法犯罪行为，公务员既不得触碰，更须坚决与之斗争。

第三，勿传邪、恐、暴。在社交媒体上，任何传播邪教、宣传恐怖行径、煽动暴力活动的言论或行为，都明显地属于违法犯罪。

第四，勿非议先贤先烈。在社交媒体上，讥讽、嘲笑、戏说甚至公然辱骂先贤、先烈、英雄、模范，往往令人发指。

第五，勿泄露个人隐私。如上所述，个人隐私在我国依法受到保护。在现实生活中理应如此，在虚拟身份、虚拟空间众多的社交媒体上同样也应如此。任意“人肉”他人，是绝不允许的。

(二) 文明使用

使用社交媒体，务必要讲文明、有礼貌、守规矩。此之谓社交媒体的文明使用。

公务员在社交媒体上具体进行活动之际，其文明使用的要求，体现在以下几个方面：

(1) 莫贬低自我

使用头像、表情包或特定的网络用语时，都应当令其与自身的身份相符。

不要因为自己在社交媒体上使用的并非真实身份，便在那里信口开河、兴风作浪、无法无天。若如此这般，最终只会贬低了自己。

(2) 莫失敬于人

以社交媒体联络他人时，缺少礼貌用语、不做必要的自我介绍，一上来就直接询问对方“在吗”，回复他人常用模棱两可的“呵呵”或“哦”以对，张口则“亲”、闭口则“偶”，逢人便道“老大”“老板”“大神”“小哥哥”“小姐姐”等，都是失敬于人的，并有失自尊自爱。

(3) 莫强加于人

使用社交媒体上的语音电话、视频电话，或其他音频、视频信息前，务请再三斟酌：此举影响交往对象与否；对方届时方便与否。

显而易见，上述方式耗时多、限制多，并非人人适用、时时可用，故不得我行我素。

(4) 莫置疑于人

使用“朋友圈”时，在查阅的具体天数上对他人设以限制；时常以特定方式“考察”他人在线与否、“取关”本人与否、此刻属于本人的“僵尸粉”与否，乃对自己、对对方缺乏基本的信任所致。

(5) 莫勉强于人

若请求他人在社交媒体上添加自己，切莫勉强对方。若他人请求自己在社交媒体上添加其为“好友”，则通常不宜拒绝。

(6) 莫随意转发

他人的照片、与人的合影、聊

天的截图，尽量不要转发。万一需要如此，则务必要事先获得相关人士的首肯。依照礼仪，此乃尊重他人的重要标志之一。

（7）**莫乱用符号**

公务员在社交媒体上活动时，无疑可使用特定的符号、表情包、网络图片、网络用语，以表达自己特定的想法。但具体使用它们时，一是要正确地理解其含义，二是要确保不被特定的交往对象误解。

无论如何，都不要随意自选符号，不要随意使用缩写甚至自造缩写，更不能无限度地对其加以滥用。

（三）理性使用

公务员在社交媒体上参与各种活动，尤其是与他人进行交流、互动时，务必要控制自己的情绪，并保持必要的理性。不论发言、发帖、转发、评论、点赞，还是链接网址、推荐音乐、推出视频、发表网文，都应进行斟酌，三思而行。届时，务必要经过以下三个必要步骤：一是“非要这么做吗”；二是“能不这么做吗”；三是“这么做大致会有何种结果”。经过此三个步骤再去操作社交媒体，将有百益而无一害。公务员能够这样去做，绝不叫胆怯，而是应当称之为理性。

使用社交媒体时保持必要的理性，有如下几点必须予以重视：

（1）**别放纵情绪**

人有喜怒哀乐，本属正常。适当地宣泄个人情绪，亦为必要。但是，如果把社交媒体视为放纵个人情绪的平台，以为在那里可以为所欲为，便大错特错了。

在任何时候，都能够对个人情绪适当地予以控制，乃现代人所应具备的一种基本教养。

（2）**别四处“拍砖”**

在网上，“拍砖”的含义是：以文字为砖头进行攻击，有时还带有辱骂、批驳之意。

作为社交平台，社交媒体上人人平等，大家皆应“有话好好说”。热衷于“怼人”，或者吹毛求疵、小题大做、唯我独尊、不讲道理、不让别人说话，显然有失公允。

（3）**别到处“吐槽”**

有教养的人，最善于见贤而思齐；没有教养的人，则擅长揶揄、戏弄别人或四处去拆别人的台。“吐槽”，便是表达揶揄、拆台的网络专用语。

动辄“吐槽”他人，往往会令当事人难堪。此种表现，通常意味着“吐槽”者自己情绪上的某种失控。

（4）**别乞求关注**

有人耐不住寂寞，无时无刻不在社交媒体上“刷存在感”，以此乞求他人的关注。

一味沉溺于社交媒体，时刻在熟人的面前晃来晃去，往往会有意无意地骚扰于人，甚至浪费了自己的时间，耽误了正事。

（5）**别忽略光明**

在网上与线下，体现着正能量

的人与事随处可见。必须承认：这个世界上的人与事，向来都好与坏、光明与黑暗并存。但好人好事肯定多于坏人坏事，光明肯定多于黑暗，否则社会便难以维系。

毛泽东同志曾倡导：“我们的同志在困难的时候，要看到成绩，要看到光明，要提高我们的勇气。”倘若在线下网上总是眼里只有黑暗、忽略光明，往小里说是观察事物过于片面，往大里说则是心态上、情绪上皆有一定问题。

（四）适度使用

虽说社交媒体可以令人开阔视野、丰富资讯、充实生活、改进社交，平添了诸多的人生乐趣，但凡事过犹不及，切不可在使用它时放纵自我，无所节制。

所谓社交媒体的适度使用，在此的具体含义即不能在时间上或空间上将个人的生活、工作完全地与社交媒体的使用画上等号。在时间上，不能每时每刻都“在线”；在空间上，则不能放弃自己“线下”的真实人生。

欲使社交媒体的使用适度，公务员对于以下几点理当重视：

（1）**不“活在线上”**

个别人沉溺于网络、时时刻刻将自己挂在线上，这是不应该的。

在任何时候，社交媒体都只是人们的社交平台之一，而且只能视之为线下常态社交的一个配角，或曰一种补充。令其喧宾夺主，则有悖常理。

（2）**不滥发资讯**

在社交媒体上晒宝宝、晒婚照、晒美图、晒个人大作、晒旅行见闻，通常仅适合于知彼知己的小众“朋友圈”。以此对泛泛之交狂轰滥炸，则可谓之滥发资讯。滥转未经证实、危言耸听的资讯，也是不负责的。

（3）**不纠缠于人**

在社交媒体上，对他人动不动就求点赞、求转发、求投票、求赞助、求代购代售，或将广告直接发送于人，不仅辜负了自己与对方的友情，而且也是对对方蛮不讲“礼”的纠缠。

（4）**不乱用红包**

或是为了引人关注，或是无聊至极，有人活跃于社交媒体的主要方式之一，就是发红包、抢红包，时时与红包相伴。

不论发红包，还是抢红包，均应适度而为，需要明确的是：红包绝对不是而且也不可能是社交媒体上的主角。

（5）**不胡言乱语**

在社交媒体上以文字表达自己的见解，应保证其正确无误，并准确地使用标点符号。

切不可令自己在社交媒体上所上传的文字错字连篇、错用或不用标点符号，尤其是不宜乱用方言、土语、俚语、俗语、外语、流行语以及缩写，以免让人不知所云。

(6) **不“内外无别”**

使用公用的社交媒体，公务员务必要公私有别。在公用的社交媒体上要办理的是公事，在私用的社交媒体上要处理的是私事。二者不可混淆。使用私人专用的社交媒体，则一定要做到内外有别。

不论在公用的还是私用的社交媒体上，都绝对不宜将本系统、本单位、本部门或上级主管部门的领导、同事与自己有所不同的工作方式，以及由此而产生的工作中的分歧，去大张旗鼓地公之于众，更不允许公务员以此举去求围观、求评论、求支持。

在社交媒体上非议领导、同事、同行与竞争对手，亦属私德有损。

特别需要强调的是：公务员即便使用的是个人私用的社交媒体，也不要占用工作时间与过多的个人休息时间。前者直接影响工作，后者则有可能有碍于健康。

在线下面对同事、同乡、师长、领导或其他亲朋好友、故旧至交时，也不可一心二用地浏览社交媒体，此乃目中无人之举也。

思考题

1. 什么是行政礼仪，其核心思想是什么？
2. 公务员办公时的着装有何主要禁忌？
3. 公务员在从事公务活动时应如何处理好人际关系？
4. 国家机关在举行会议时应如何安排与会者的座次？
5. 公务员出席会议时需要遵守哪些会议纪律？
6. 在谈判之中应当如何“艺术地听”？
7. 在谈判之中应当怎样“冷静地辩”？
8. 选择公务参观的项目时应遵守哪些原则？
9. 进行公务参观前须做好哪些准备工作？
10. 公务员在书写条据时应遵守哪些礼仪规范？
11. 公务员在日常生活之中所接触的条据大致分为几大类型？它们具体又分为哪几种？
12. 什么是电话形象？
13. 怎样文明地使用社交媒体？

第三章 外事礼仪

外事礼仪，在此是指中国公务员参与外事活动时所必须遵守的具体行为规范。遵守外事礼仪，是对公务员参与外事活动的基本要求。唯其如此，公务员才能够在外事活动中表现得从容得体、不卑不亢。

学习目的

- 重视涉外交往。
- 掌握外事礼仪的基本原则。
- 在外事活动中规范个人的所作所为。
- 在外事活动中有意识地“发出中国好声音”。
- 避免在涉外场合贻笑大方。

本章要点

- 本章讲授的是外事礼仪。它在此是指中国公务员参与外事活动时所必须遵守的具体行为规范。遵守外事礼仪，是对中国公务员参与外事活动的基本要求。
- 第一部分讲授的是国际礼仪，具体包括：信守时间、勿碍他人、女士优先、不滥纠正、维护隐私、以右为尊、保护环境等。
- 第二部分讲授的是外交礼仪，具体包括：适用的范围、基本的原则、中国的常规等。
- 第三部分讲授的是国旗礼仪，具体包括：珍爱本国国旗、熟知国际惯例、通晓相关规范等。
- 第四部分讲授的是国歌礼仪，具体包括：通晓国歌、尊重国歌、维护国歌、遵守规定等。
- 第五部分讲授的是国徽礼仪，具体包括：了解国徽、使用国徽、维护国徽等。
- 第六部分讲授的是媒体礼仪，具体包括：了解媒体、有备而至、临场表现等。

《中华人民共和国公务员法》规定：对于“在对外交往中为国家争得荣誉和利益的”公务员，应予以嘉奖。

目前，中国正在走向世界的中心。中国不仅是中国之中国，也是亚洲之中国、世界之中国。随着国际交往的不断增加，我国各级公务员都或多或少有机会直接参与各种外事活动。

外事活动，在此特指公务员以其官方身份所参与的各种涉外交往。在外事活动中，公务员是国家的代表、地方的体现、民族的象征、国家机关的化身。代表国家机关执行公务的公务员，必须严格地执行我国的各项对外政策，与世界各国的朋友们互相尊重、平等相处、和睦相待。这一切做得怎样，在很大程度上取决于公务员对外事礼仪熟悉、运用得如何。

我国现行的外事礼仪，是在参照国际惯例的基础上，结合我国传统礼仪的精华，在长期的对外交往的实践中所形成的。具体而言，它是指我国公务员参与外事活动时所必须遵守的具体行为规范。在外事活动中对其加以遵守，不仅有助于维护我国的国际形象，而且有助于使自己为交往对象所接受和理解。

有一位苏联外交家说过：“要想唤起一个人身上的活力，只要将他安排在外交岗位上即可。在那里，他会产生一种对全体人民负责的责任感，其个人的自尊将会同全民族的荣誉融会在一起。”理解了这一点，公务员就应当把遵守外事礼仪与维护我国的国家利益联系在一起。在外事活动中，因为代表国家、代表地方、代表党和政府、代表整个中华民族，公务员无论如何都必须尽心竭力地把本职工作做好，并且努力地“发出中国好声音”，为国争光、为地方服务、对人民负责、为党和政府尽忠职守。

一、国际礼仪

国际交往，讲究的是“智者求同，愚者求异”。在国际交往中，人们为了避免因为各自的文化、历史差异而产生误会、隔阂所共同采用并遵守的一些通用的沟通技巧，或者说与礼仪相关的国际惯例，就是所谓的国际礼仪。在国际社会中，国际礼仪实质上是人们在一切国际交往中所必须遵守的行为准则和行为规范。

从某种意义上说，国际交往实则是跨国的文化交流。所谓文化，本质上属于一种习惯。例如，地方文化，亦即地方习惯；民族文化，亦即民族习惯。在国际交往中，不同国家的习惯不同，其文化自然大相径庭。国际礼仪，作为国际惯例，完全可被视为各国不同文化或习惯的最大公约数。

在国际交往中，采用国际礼仪作为人们彼此之间进行交往的行为准则和行为规范，具有以下两大优点：

（1）便于沟通

在国际交往中，人们由于受到多重因素的制约，对于同一问题往往会有不同的看法，或是抱有不同的态度。人们出于自尊的考虑，还往往不容他人对自己的所作所为有所质疑。如此一来，难免就会人为地增添许多麻烦。假如国际交往的参与者能够以国际礼仪来约束自己的行为，知同明异、求同存异、聚同化异，那么将有助于使自己尽快地为交往对象所理解和接受。

（2）**易于操作**

从某种意义上说，国际礼仪作为国际社会各成员在礼仪方面所达成的共识，好比是一种普遍流行、广为知晓的礼仪“世界语”。在国际交往中，倘若以它来规范自己的言行举止，往往就要简单易行得多。除此之外，由于日积月累的实践的检验与修正，国际礼仪在形式上早已自成体系，而且删繁就简。它没有过多的繁文缛节，实用性与可操作性极强。

根据适用范围的不同，国际礼仪主要分为国际政务礼仪、国际商务礼仪与国际社交礼仪，等等。国际政务礼仪适用于不同国家、不同地区之间的政府与政府之间的官方交往；国际商务礼仪适用于跨国家、跨地区的商界人士之间的商务交往；而国际社交礼仪则适用于不同国家、不同地区、不同民族之间的民间人士所进行的各种非官方的民间交往。在一般情况下，人们所说的国际礼仪，通常指的是国际社交礼仪。

就国际社交礼仪而论，它虽然较为简单和规范，但涉及面较宽，包括仪容仪态、穿着打扮、言谈话语、举止行为在内的日常生活的各个方面。

为了便于掌握和应用，考虑到公务员在国际交往中的实际需要，下面将对普遍适用的国际礼仪的七项基本原则进行概括性的介绍。公务员如能对此认真地加以遵守，那么在涉外交往中就可以表现得得心应手、举止有度。在一般情况下，就不会因为自己的无知、过错而失礼或见笑于人。

（一）信守时间

国际交往中，在人际交往方面公务员一般均应遵守“信守时间”原则。

此项原则的基本含义是：在与人交往时，必须严格地遵守时间。在与他人约会时，既要有约在先、如约而至，也要适可而止。

在跨国家、跨地区的人际交往中，取信于人，既是自我表现的一大目标，也是奠定交往对象彼此之间良好关系的基石。根据国际礼仪规范，信守时间、遵守约会，就是取信于人的一种基本做法。在现代社会中，时间就是金钱，时间就是效率，时间就是生命。因此，每一个懂得尊重自己、懂得尊重别人的人，都不可以轻易地浪费别人的时间，否则必定会为此而失信于人。在国际交往中，不遵守时间的人，就是不尊重交往对象的人。关于这一点，在国际社会中，人们早已达成了共识。

然而令人遗憾的是，我国有极个别的公务员时间观念较差。他们不论参加什么活动总是姗姗来迟，最后才会露面，好像不如此，就不足以显示出自己的尊贵与威严。可是，从国际礼仪来看，这种做法其实是极其失敬于他人的。

要遵守此项原则，公务员最重要的是要具体做好以下几点：

① 在有关时间的问题上，不可以吞吞吐吐、含含糊糊、模棱两可。

② 与他人交往的时间一旦约定，即约会一经订立，就应无条件地对其予以遵守，而不宜随便加以变动或取消。

③ 对于双方之间约会的时间，只有“正点”到场方为得体。早到与晚到，都是不正确的做法。

④ 在约会时不允许早退。

⑤ 万一失约，务必向约会对象尽早通报，解释缘由，并为此而向对方致歉。绝不可以对此得过且过，或者索性避而不论，显得若无其事。

（二）勿碍他人

国际交往中，在公共场合中公务员一般均应遵守“勿碍他人”原则。

此项原则的基本含义是：人们在公共场所活动时要讲究公德、善解人意，切勿因为自己的言行举止不够检点，从而影响或妨碍了当时在场的其他人士，或是因此而使他人感到别扭、不安或不快。

根据这项原则，在公共场合活动时，公务员绝对不可以忘乎所以、为所欲为。无论有无熟人在场，均须严于律己。

例如，在公共场合中，不可以放声谈笑，也不可以利用手机高谈阔论。道理很简单，自己所谈论的或许都是正经事，可是对于当时在场的其他人而言，却是无关紧要的。非要“胁迫”对方“旁听”的话，就是对旁人的一种打扰。

在大庭广众之前，特别是在陌生的异性面前，不可以整理衣饰、化妆或补妆。

在公共场所，不宜打量、窥视或者围观与自己不相干的陌生人。指点、议论对方，甚至不邀而至地自动加入对方的谈话，也会对对方构成影响或妨碍。

在正式场合，包括乘坐公用的交通工具时，不允许高声接打手机；不允许吃吃喝喝，尤其是不宜享用气味刺鼻的食物。

（三）女士优先

国际交往中，在社交活动中公务员一般均应遵守“女士优先”原则。

该原则的本意，是要求每一位成年男子，在社交场合里，都要尽自己的一切可能来尊重女士、体谅女士、帮助女士、照顾女士、保护女士，并且随时随地地、义不容辞地主动挺身而出，替女士排忧解难，使其避免处于尴尬与难堪的境地。

女士优先

在英文里，“女士优先”的本意，乃是“女士第一”。在国际社会里，人们早已普遍认为，在社交活动中，遵守“女士优先”原则的男士才称得上是绅士，反之，就是没有教养的人。

公务员需要注意的是：在现实生活里，“女士优先”原则是通过一系列的具体做法来贯彻和体现的。例如，在女士面前，男士是不许说脏字、开无聊低俗的玩笑的。

在发言开始时，讲话者提及听众，必须以“女士们、先生们”作为合“礼”的顺序。在问候其他人时，男士必须优先问候当时在场的女士。在女士面前，男士必须脱下帽子，而且未经允许不得擅自吸烟。

在同行时，男士应自觉地请女士先行一步，以便将选择行进方向的权利留给女士。有必要并排行走时，出于安全方面的原因，男士应主动走在外侧，而请同行的女士走在内侧。当通过房门时，男士有义务为女士开门或关门。

乘坐由专职司机驾驶的轿车时，通常不应当听任女士在安全系数较低的前排副驾驶座上就座，或是坐在后排中座，夹在他人中间。

向他人致意时，男士若面对的是女士，必须起身站立，而女士若面对的是男士，则不必如此。

需要指出的是：“女士优先”原则仅仅适用于社交场合，在某些场合则未必适用。在一些国家，它也并不适用。

（四）不滥纠正

国际交往中，在与人相处时公务员一般均应遵守“不滥纠正”原则。

中国人之间彼此相处，一向讲究待人以诚。遇到亲朋好友做得不太妥当的事情，当面提出批评，或者犯颜直谏去做诤友，才会被视为对对方真正的关心与爱护。

可是在国际交往中，却不能够随随便便地对自己的交往对象的所作所为予以品评或指正。这是因为中外的文化习俗存在着诸多差异、各国人民为人处世的标准多有不同，所以中国人与外国友人对于同一事件的看法，在许多方面都是不一样的。国内司空见惯的事情，到了国外却未必尽然。

例如，两位男同事在国内出差时，为了节省开支，经常会合住于酒店的同一个房间。但在欧美许多国家里，可别指望能够照此办理。在那里，两名同性同居于一室，往往会被人看成同性恋者。

由此可见，立场往往决定着观点。在国际交往这种跨文化交流中，国内外人士在许多问题的看法上，“是”与“非”的界限是不大一致的。

再者，在国际交往中，讲究的是互相尊重。以自己的标准去评判或要求他人，当面甚至当众指出对方的过失，既会让人难以下台，受到伤害，又会显得自己做人过于刻薄，因而是不足取的。

《礼记》曰：“君子行礼，不求变俗。”“不滥纠正”原则的本意，是要求公务员在同外国友人打交道的过程中，尤其是在国内接待外宾时，只要对方的所作所为不危及生命安全、不有违伦理道德、不触犯法律、不损害我方的国格人格，在原则上都可以悉听尊便、接受对方，而不必予以干涉与纠正。换言之，“君子不言他人之非”，“客人往往是正确的”。遵守此项原则，通常是尊重对方的最重要的体现。

（五）维护隐私

国际交往中，在言谈话语上公务员一般均应遵守“维护隐私”原则。

照理说，关心别人是一种美德，被人关心则是一种福分，所以国人一向看重的是“关心他人比关心自己为重”。然而凡事皆有分寸，关心亦应有度。要是对他人的关心过了头、走了样，使人感到的绝对不是温暖而是厌烦。在国际交往中尤其需要牢记这一点：过分关心别人，其实对对方也是一种负担。

在国外，人们是普遍讲究崇尚个性、尊重个性的。其基本做法，就是主张个人隐私不容干涉。个人隐私，泛指一个人不想告之于人或不愿对外公开的个人情况。在许多国家，它受到法律的保护。要是不了解这一点，在国际交往中口无遮拦，对外国友人的关心过了头，很可能会由于无意之中侵犯了对方的个人隐私权而使对方恼羞成怒。维护个人的隐私，就是要记住关心有度。对许多外国朋友而言，对其过分的关心，往往会被其视为一种伤害。

由于文化、习俗的不同，中国人所爱谈论的许多内容，都被外国人视为个人隐私。例如，在国外，有“莫问小姐芳龄，莫问先生收入”一说；还有所谓“绅士只记得女士的生日，却记不清女士的年龄”的说法。究其原因，就是因为它们均与个人隐私相关。

中国人平日在交谈中时常涉及的“忙什么呢”“想什么呢”“要去哪里”等纯属寒暄的问题，跟外国友人是谈论不得的。在他们心目中，提及这种问题，并不是关心，而是存心要将他人的个人隐私统统曝光。换句话说，就是要在一定程度上剥夺对方的个人自由。

“维护隐私”原则的含义是：在国际交往中，应当尊重他人的隐私，保护他人的隐私，切勿侵犯他人的隐私。因此，在跟外国友人打交道时，千万不要没话找话，不宜信口打探对方的个人情况。尤其是发现对方不愿回答时，就应当适可而止。总之，“维护隐私”原则在国际交往中永远都是不能遗忘的，都是必须遵守的。

（六）以右为尊

国际交往中，在位次排列上公务员一般均应遵守“以右为尊”原则。

国际交往与国内交往一样，但凡正式的活动，对于位次排列都有一定的规矩，并讲究以此来区分尊卑与主次。在国际交往中，对于这一点应当注意。

国际交往中排位“以右为尊”

在国际活动中，有一些人感到有关位置的尊卑与主次的具体规定太多，又烦琐，又难以记忆。其实，它还是有基本规律可循的。一般地说，只要记牢了“以右为尊”原则，并且将它付诸实践，有关位置的种种疑难问题，就会迎刃而解了。

简言之，“以右为尊”原则，意即在国际交往中，一旦涉及位置的排列，原则上都讲究右尊左卑、右高左低。也就是说，右侧的位置在礼仪上总要比左侧的位置尊贵。此种惯例，恰恰与我国位次排列的传统习惯“吉事尚左”截然相反。

例如，宾主正式会晤时，主人往往会安排来宾在自己右侧的尊贵位置上就座。

大家一同用餐时，做东的主人均会请主宾坐在自己的右侧。

并排行走或搭乘轿车时，右侧的位置亦非同行者之中的贵宾莫属。

唯独在佩戴勋章时，才有一个例外：勋章通常应被佩戴于左侧的衣襟上。据说，它原本也是佩戴在右侧衣襟上的。在拿破仑统治时期，有一名元帅的勋章太多，右边衣襟佩戴不下了，就在左边佩戴了一枚。没曾想，在战斗中它竟然挡住了一枚射向他的子弹，救了元帅一命。拿破仑获悉此事后，便命令将勋章统一佩戴于左侧了。这一做法，一直流传至今。

关于前后的位置排列，具体的情况要复杂一些。大体上来说，是讲究居前为尊的，即前尊后卑、前贵后贱、前高后低，前排的位置要较后排的位置尊贵。

（七）保护环境

国际活动中，公务员遵守“保护环境”原则是极为重要的。环境，是人类生存的外部条件，也是社会赖以存在和发展的基础。在国外，对待环境的态度，是被同文明程度的高低联系在一起来看待的。

一般而论，“保护环境”原则具体包括以下三重含义：

其一，要保护人类的生存环境。

其二，要爱护地球的自然环境。

其三，要维护公共场所的卫生环境。

作为与环境荣辱与共、唇齿相依的人类社会的一名成员，公务员对于保护环境是责无旁贷的。

遵守此项原则，不仅要具有保护环境的意识，不得有意或无意地损害环境，而且还要在日常生活中严格要求自己，努力建设利己利人的生态文明。不在他人面前吸烟，不随手乱丢废弃物品，不采折花卉，按规定将垃圾分类后投放于指定之处，等等，都是保护环境的具体表现。

此外，在国际交往中，还应当切记爱护动物。

动物是自然界生态平衡不可缺少的成员，它与农、林、牧、渔、医等各方面关系非常之密切。它为人类衣食住行提供了宝贵的资源，同时也为美化人们的生活提供了丰富的内容。所以应当爱护动物，遵守各国有关动物保护的规定或条例。必须明确，在许多国家，“动物非物”早已成为一项基本的立法原则，对此必须予以尊重。

在西方，狗、猫、鸽子一类的宠物是备受青睐的。与西方人交谈时，“狗肉味道好极了”一类的话语，或是建议其品尝鱼翅、燕窝、乳鸽、青蛙，显然都是很不合适的。

二、外交礼仪

就传统意义而言，外交是指国与国之间正式的、官方的交往。外交礼仪，通常指的就是适用于官方的正式对外交往活动的国际政务礼仪。与国际礼仪相比，二者的定义域并不完全相同。一般说来，国际礼仪的适用范围要比外交礼仪的适用范围更为广泛。

外交礼仪，是在各国政府之间的长期的官方交往中逐渐形成、发展和完善的。目前，它作为一种国际上公认的规范性做法，受到各国的普遍重视，并且在各国政府之间官方交往的实践中得到了广泛的应用。当然，世界各国在具体应用外交礼仪时，通常也会结合本国的具体状况，尤其是要参照本国的国家礼制，在遵循国际惯例的同时，一定程度上保持本国的礼仪传统与自己的民族特色。

从总体上讲，外交礼仪具有规范性、严肃性和礼宾性三大特征。

（1）**规范性**

外交礼仪的规范性，此处是指它由一系列的标准化做法构成。外交礼仪的规范性，在各类礼仪中是最强的。所谓“宾至如归”，因其事关一个国家所给予其他国家的来宾的礼遇，因此各国政府大都对此有明文的规定，以免无“法”可依，失礼于外国来宾。显而易见，中国公务员在其国际交往中遵守外交礼仪，有助于更好地发出中国好声音、讲述中国好故事、维护中国好形象。

（2）**严肃性**

外交礼仪的严肃性，是指它往往在形式上显得庄严与崇高，借以维护国家的尊严，并且使人对国家产生敬畏之心。就外交礼仪而言，轻松、活泼往往与其整体风格是格格不入的。

（3）**礼宾性**

外交礼仪的礼宾性，则意味着它所关注的重点主要是在各国政府之间的官方交往中的外宾的接待方面，即如何以礼待客、给予来宾以适当的礼遇的问题。

周恩来同志在谈到外交工作时，曾谆谆教导中国的外事干部：外事无小事，事事是大事，事事要重视。在学习和应用外交礼仪时，重温他的这句至理名言，自然是非常有意义的。

（一）适用的范围

在跨国交往中，一定要明确外交礼仪的适用范围。外交礼仪的适用范围，如前所述，主要指的是在各国政府之间所进行的官方交往中，特别是在那些官方的、正式的礼宾活动之中，才适宜采用外交礼仪。

明确外交礼仪的这一“定义域”，是至关重要的。这是因为，一方面，在它的适用范围之内，就非得运用它不可，不然就是有意怠慢来宾，失礼于人；另一方面，在它的适用范围之外，则完全没有必要去应用它。例如，在国际商务交往和国际民间交往中，若小题大做、煞有介事地采用外交礼仪，就容易让人见笑，并且会因此使其严肃性大大地“贬值”。

（二）基本的原则

在跨国交往中，一定要掌握外交礼仪的基本原则。虽然在各国采用的外交礼仪中，国际惯例与本国惯例所占的比重各不相同，因而各国的外交礼仪各有不同、各具特色，但是从本质上来剖析，它们都是以两项相关的基本礼仪原则来作为指导思想的。

▍不卑不亢

外交礼仪的基本原则之一，不卑不亢。外交礼仪在一定程度上反映着一个国家的文明程度和社会风尚，同时也体现着一个国家对待其他国家的基本态度。在国际交往中，任何国家之间的关系，都应当是平等的和相互尊重的。因此，在外交礼仪上，既不能唯我独尊、盛气凌人、以强欺弱；也不允许卑躬屈膝、妄自菲薄、自我贬低，以致丧失民族气节。这就是不卑不亢的原则。在应用外交礼仪时，倘若置这项原则于不顾，就必然会损害国家和国家机关的形象。

遵守此项原则，将能够确保公务员在涉外交往中大节无亏，并且不失礼、不错位。应用这项原则时，最主要的，是要与交往对象在国格与人格上保持真正的平等，并努力克服“亢”与“卑”这两种置交往对象或自身于不平等地位的错误态度。

具体而言，若一味地“亢”，并不一定总会使自己扬眉吐气、“扬我国威”，却反而会给人以虚张声势之感，甚至会伤害交往对象的自尊心。若一味地“卑”，也并不一定真能委曲求全、讨好交往对象，却反而有可能使之得寸进尺、欲壑难填，同时也会严重地危害自己的国家利益。因此，唯有不卑不亢，才是自尊自爱、平等待人的正确做法。

▍礼遇适度

外交礼仪的基本原则之二，礼遇适度。它的含义是：在具体应用外交礼仪时，务必在礼宾的规格、档次、待遇方面采取统一的标准，对不同的交往对象必须给予适当的合情合“礼”的待遇。

遵守此项原则，需要重视以下四点：

（1）**一视同仁**

所谓一视同仁，在此即对外交活动中的交往对象，原则上均应完全平等地、一视同仁地以礼相待。

（2）**有其依据**

所谓有其依据，在此指的是给予不同的交往对象以不同的礼遇时，应有一定的出自本国礼制的依据，切不可无凭无据、随意而为、意气用事。

（3）**相对稳定**

所谓相对稳定，在此指的是：国家有关礼宾方面的规定，应相对地保持稳定，不可频繁变化，让人捉摸不定。万一有变，则应立即将其公之于世。让交往对象先期有所了解，届时对方就不会因为“无知”而挑礼了。

（4）**过犹不及**

凡事过犹不及。所谓过犹不及，在此的具体含义是：在外交场合，不仅不讲究外交礼仪不妥，而且在讲究外交礼仪时不到位或随便破格亦为不妥。

换言之，遵守外交礼仪必须把握好具体的分寸。

在外交活动中，礼遇适度的原则在礼宾序列与身份对等两项具体的规则中得到了很好的体现。

1. 礼宾序列

礼宾序列，又称礼宾次序或礼宾排列，是指在外交活动中，依照国际惯例与本国的习惯做法，对于应邀而至的众多国家、团体或个人的尊卑顺序所进行的合乎礼仪的排列。在多边外交中进行必要的礼宾序列排列，是外交礼仪规则之一。

礼宾序列

当前，在各国的外交实践中，礼宾序列主要有以下六种具体排列方法：

（1）**按照来宾职务高低的顺序进行排列**

在接待来自不同国家的多个代表团时，可以按照各代表团团长的职务高低顺序，由高到低来排列各代表团的礼宾序列。在官方活动中，大多采用此种排列方法。

（2）**按照外交活动参加国国名的拉丁字母的先后顺序由先而后地进行排列**

在国际组织进行活动，或者举行国际会议时，大都采用这种排列方法。在举办国际体育比赛时，基本上也是这样做的。

（3）**按照来访国告知东道主该国组成代表团，或是决定派遣代表团的日期的先后顺序由先而后地进行排列**

在多边性的国际交往中，尤其是在各方的身份、规格不相上下时，可采用这种排列方法。

（4）**按照有关各方正式抵达活动地点的具体时间的先后顺序由先而后地进行排列**

此种排列方法，实际上就是人们常说的“先来后到”。在一般性的国际活动中，均可采用此种排列方法。目前，驻某一个国家的其他各国大使的位次，即采用此法排定。

（5）**按照东道国的民俗或其惯例、规定进行排列**

在多边接待中，有时可本着“客随主便”“入乡随俗”的精神，采用东道国的民俗、惯例或规定来进行排列。

（6）**不进行明确的尊卑顺序的排列**

在难以排列礼宾序列时，索性不进行排列，也是一种行之有效的方法。国际上通行的“圆桌会议”，所借鉴的其实就是这种方法。

除上述六种排列方法外，某些在我国举办并可由我方主导其礼宾序列具体选择的外交活动，亦可按照有关国家名称汉字笔画排序规则进行排列。

在大规模的外交活动中，依照约定俗成的礼宾序列办事，既公平、省事，又不易招致非议。

2. 身份对等

身份对等，也是外交礼仪中应用甚多的一项规则。它的含义是：东道主在外交活动中接待来宾时，所给予来宾的礼遇，一定要与对方的实际身份相称。与此同时，还应考虑到我方人员前往对方所在国进行访问时所受到的礼遇，以及我方给予其他国家来访的、与来宾身份相似者的礼遇。打破常规或是不够规格，都是非同寻常的，而且也未必适当。

根据此项规则，主方迎送或会晤来宾的主要人员，在职务、地位上应与对方大致相当。如果宾主双方职务、地位相差悬殊，身份根本不对等，又无任何合理理由，就会有轻视来宾之嫌。

根据此项规则，主方在迎送或会晤来宾时，在人数上也应基本上与对方相近。人数多了毫无必要，人数少了也不应该。

根据此项规则，主方在为来宾安排膳宿与活动时，亦须使之在档次上与来宾尤其是与主宾的身份相符。

（三）中国的常规

在国际交往中，一定要了解外交礼仪的常规做法。严谨、庄严而规范的外交礼仪，都是通过一系列具体的可操作的常规做法来体现的，并且主要适用于各类正式的礼宾活动。

由于各国国情有所不同，因此尽管在礼宾活动中各国所采用的外交礼仪在步骤与程序上大体相仿，但是它们各自的常规做法是各有特色的。

以下简单地介绍目前中国在接待重要国宾时所采用的外交礼仪的一些常规做法，其中包括迎送国宾、宾主会见、欢迎宴会、向人民英雄纪念碑敬献花圈、参观活动，以及外国使节递交国书的活动，等等。

迎送国宾

所谓国宾，在此一般是指在任的、正式前来我国进行访问的国家元首或者政府首脑。迎送国宾时，先要确定迎送的规格。我国现行的做法，主要是根据国宾来访的性质、目的、两国关系的现状以及主宾的身份来加以确定。一般而言，迎送国宾的主要人员应与对方的身份对等。遇到特殊情况时，也可由职位相当者，或是对口部门的副职出面。例如，在我国首都举行欢迎一国政府首脑的正式仪式时，应由我国国务院总理出席。当外国政府首脑前往外地参观访问时，应由当地的省长、市长，或者是代表省长、市长的副省长、副市长出面接待，同时还应由担任我国政府陪同团团长的某位国务院部长或副部长陪同始终。

依照我国礼宾惯例，当正式来访的外国国家元首或政府首脑抵达我国首都北京时，要为之举行专门的欢迎仪式，并邀请该国驻我国使节到场。其他各国驻华使节一般不会受到邀请。

当此类重要国宾抵达首都机场时，通常将受到我国政府陪同团团长的欢迎。陪同团团长通常应为我国政府的一位现任的部长或者是一位副部长。随后，我国政府陪同团团长将陪同贵宾一同乘坐专车，由国宾摩托车护卫队进行护卫，前往钓鱼台国宾馆下榻。

在许多国家，对于乘坐飞机前来正式访问的国宾，还会举行表示热烈欢迎的护航仪式。为国宾护航的是若干架战斗机。它们通常应飞到距本国首都100公里处迎宾。当国宾乘坐的专机飞抵时，护航仪式开始。护航机队的队长，要首先向国宾乘坐的专机发出致敬信号，然后护航飞机开始编队护航飞行，飞临本国首都机场上空。待国宾所乘的专机着陆后，护航机队须围绕机场上空飞行一周，以示敬礼，随后方可飞离。目前，我国不举行护航仪式。

在国宾抵达北京后的当日或次日，我国政府将正式在人民大会堂东门外，或人民大会堂内的北大厅，为其举行隆重的欢迎仪式。欢迎仪式通常由我国国家元首、政府首脑，或作为其代表的副职亲自主持。在现场，一般均铺设红色地毯，并悬挂两国国旗。

国宾抵达现场后，循例我国国家元首或政府首脑在我方礼宾人员的陪同下，当即上前与主宾握手，并互致问候。然后主宾伉俪将接受我国少先队员向他们敬献成束的鲜花。接下来，我国元首或政府首脑将陪同主宾同前来迎接的我方其他人员见面。其后，主宾将同我国国家元首或政府首脑与其随行人员见面。

欢迎国宾的正式仪式，内容主要包括三项，分别是奏国歌、鸣礼炮和检阅仪仗队。

在此之前，我国元首或政府首脑将陪同主宾登上检阅台立正站立。接着，军乐团将依照先宾后主的顺序演奏两国国歌。

在演奏两国国歌的同时，应鸣放礼炮。而且必须做到国歌声起，礼炮声鸣；国歌声止，礼炮声停。两者应一丝不差，同步进行。

按国际惯例，鸣放礼炮响数的多少，应根据受礼人的身份的高低而定，而且只能取在国外普遍象征吉祥的单数。欢迎元首时，通常应当鸣礼炮21响；欢迎政府首脑时，则应鸣礼炮19响。欢迎其他身份者，鸣礼炮的响数一般都要根据其具体身份依次递减。在我国，通常只为外国元首或政府首脑鸣放礼炮。

当国歌与礼炮声止后，由我军陆、海、空三军战士组成的仪仗队开始受阅。目前，受外国元首或政府首脑检阅的我国三军仪仗队，由 151 名男女士兵组成。受外军高级将领检阅的我国三军仪仗队，由 127 名男女士兵组成。受外军单军种司令检阅的我国三军仪仗队，则由 101 名男女士兵组成。

外国元首或政府首脑检阅我国仪仗队的正规程序是：国歌与礼炮声止后，仪仗队队长向前一步，向左，并下达“向右看—举枪”的口令。随后，他将以正步行至检阅台前，向主宾敬礼，并报告：“某某阁下，中国人民解放军仪仗队列队完毕，请您检阅。”接着，他将向左跨一步，待我国元首或政府首脑陪同主宾走下检阅台后，在其右后侧一米左右之处随行检阅。

检阅完毕之后，仪仗队队长将下达“枪放下”的口令，我国元首或政府首脑将陪同主宾重新登上检阅台，检阅我军仪仗队列队通过检阅台受阅的分列式。

在一般情况下，我军仪仗队只用以欢迎来访的外国元首、政府首脑或者外国军方高级将领。

在国外，举行欢迎外国贵宾的正式仪式时，往往还会安排双方领导人发表讲话，或是沿国宾行经的路线组织夹道欢迎。这两项内容，在我国现行的欢迎国宾的仪式上均不安排。

有时，外国元首或政府首脑途经我国时，我国政府均会派遣中央政府或地方政府的高级官员前往贵宾过境的机场进行迎送，但不举行正式仪式。

▍宾主会见

依照国际惯例与我国的习惯做法，重要国宾抵达北京后的当日或次日，应正式拜会我国领导人。拜会的对象，首先应当是与之身份对等或出面接待对方的人士。例如，外国元首应拜会我国元首，外国政府首脑则应当拜会我国政府首脑。然后，东道主往往还会安排上一级的领导人与之会面。例如，当外国政府首脑拜会我国政府首脑后，我国元首还将会见对方。

我国领导人与国宾的会见，通常均安排在人民大会堂、中南海或钓鱼台的会客厅内举行。为了便于摄影、摄像，在会见时，主人与主宾均正面并列而坐。届时应以宾主二人并列就座时的具体视角而论，主人居左，主宾居右。双方的其他人员，均依照职务高低为序，分别在其左右两侧就座。

在会见前，通常会安排双方一起合影留念。在合影时，双方人员均须站立。主人居中，主宾居于其右侧，其他的双方人员皆间隔排列。若人数较多，可以排成数行。

在会见中，正式谈话一旦开始，进行采访的记者与我方的工作人员，皆应退场。

▍欢迎宴会

为了欢迎外国元首或政府首脑，我国通常会在对方抵达北京的当晚或次日晚上，在人民大会堂宴会厅里，为之举行由与国宾身份相对等的我国领导人出面主持的国宴。

我国在举行国宴时，均提前发出请柬，并认真排定桌次、位次与菜单。在请柬、座位卡与菜单上，均加印了我国国徽。在宴会厅内，正面还应当悬挂两国国旗。

当宴会开始，两国领导人就座后，我国军乐队将演奏两国国歌。接着，我国领导人与外国贵宾将先后致辞。在宴会进行中，宾主应频频祝酒，乐队要演奏席间乐。根据我国现行的惯例，宾主一旦入席，即开始致辞。致祝酒词之后，再开始用餐。

举行国宴，重在热烈、隆重与体现民族特色，而不宜追求人数的众多与菜肴的奢华。就菜肴的具体品种而言，宜精、宜简、宜少，通常不安排骨多、壳多、刺多、筋多、渣多的菜肴或核多的水果。目前，我国的国宴也已经呈现出小型化、简单化的特点。我国现在一般只为国宾举行欢迎宴会，而不举行欢送宴会。

在我国，外国来宾若非国家元首或政府首脑，则为之举行的欢迎宴会不称国宴，而叫作正式宴会。正式宴会除不悬挂国旗、不演奏国歌之外，其他方面的安排均与国宴略同。

本着务实从简的精神，在一般性的外交活动中，我方均不安排正式宴会。例如，自 20 世纪 80 年代中期起，我驻外使领馆在庆祝我国国庆时，均以酒会作为款待来宾的形式。

其他活动

目前，在重要国宾接待中，往往还要安排一些其他活动。

外国元首或政府首脑在访问我国期间，通常会前往天安门广场，专程向人民英雄纪念碑敬献花圈。届时，我国政府陪同团团长将陪同对方前往，在现场还应安排军乐队与仪仗队。仪仗队队员一般应为 24 人。

具体的做法是：仪式开始，军乐队奏乐，礼兵抬着花圈自北而南登上台阶，走向人民英雄纪念碑。外国领导人由我国政府陪同团团长陪同，随行于后。仪仗队队员分列于两侧，持枪致敬。当礼兵把花圈放置于碑前时，外国领导人应上前扶持，或对其进行整理。随后，他应后退几步，肃立致敬。礼毕之后，他还应以顺时针方向绕场一周，以示敬意。

外国领导人在我国访问期间，经双方协商，我方通常可以为之安排一定的参观、游览活动。在安排此类活动时，应照顾对方的兴趣与意愿，并使之具有一定的针对性。在外宾进行参观、游览时，我国政府陪同团团长应一起陪同前往。若国宾前往外地进行参观、游览，当地最高行政首长亦应出面作陪。

当来访的外国元首或政府首脑结束访问，离开我国首都北京时，我方一般不为其举行正式的欢送仪式。同时，也不会通知各国驻华使节为之送行。

我国的例行做法是：在对方离开北京之前，我方与对方身份对等的领导人，将前往钓鱼台国宾馆与之话别，并在那里为其送行。随后，将由我国政府陪同团团长陪同对方一起乘车，在国宾摩托车护卫队的护卫下前往首都机场，并在那里送别对方。若对方还将前往我国其他城市进行参观访问的话，我国政府陪同团团长将陪同对方一起前往。

送别其他外国贵宾的具体做法，与此大致相似。

外交使节递交国书

按照国际惯例，被称为特命全权大使的各国驻其他国家的最高代表，是由一个国家的元首向另一个国家的元首直接派出的。也就是说，大使是一国元首的正式驻外代表。所以，当新任驻华大使抵达我国和递交国书时，我方均应给予其一定的礼遇。这也是外交礼仪的常规做法。

当外国新任驻华大使抵达北京后，我外交部礼宾司司长或副司长将前往机场迎接。之后，我外交部礼宾司司长与部长将先后会见对方，并为对方开始工作、递交国书提供一切方便。

我国的常规是：各国驻华大使抵达北京后，即可开始其外交活动，但其到任的日期，则以递交国书之日为准。在许多国家，到任日期的先后是排定外国大使的礼宾序列的一项依据，通常都讲究先到任的大使应排列于后到任的大使之前。因此，各国新任大使都会争取尽早递交国书。

我国现行的接受外国大使递交国书的仪式是：首先，我外交部礼宾司司长或副司长乘坐礼车前往对方所在的外国大使馆，迎接对方一同乘车前往人民大会堂递交国书。在人民大会堂大门入口处，两侧专设的礼兵须向大使行举手礼致敬。大使及其他大使馆的参礼人员，应由礼宾司司长或副司长领入大厅。

其次，我国国家主席或副主席，将在我外交部部长或副部长的陪同下，正式接受新任驻华大使递交的国书。随后，双方人员将依礼握手，一同合影，并进行礼仪性交谈。

最后，将由我礼宾司司长或副司长，陪同已正式到任的大使乘坐礼车返回使馆。

在大使抵达人民大会堂时，将奏派遣国国歌。在大使离去时，则将奏接受国国歌。

我方人员出访时，许多具体的做法与上述做法有颇多相似之处。目前，最重要的规定有：规范出访活动的规模与次数、天数；控制出访随行人员的构成与人数；限定出访时适宜乘坐的交通工具与适宜下榻的酒店的标准；不安排送行仪式与当地华侨华人迎接；等等。

三、国旗礼仪

在世界上，任何一个主权国家都会通过立法的形式，在其本国的宪法或法律中规定一些特定的有关自身的象征和标志。例如，国旗、国歌、国徽、国花、国树、国鸟、国兽、国石、国色、国菜、国球、国家箴言，等等。通过它们，能够唤起本国国民的爱国主义热情，培养全体人民对待祖国的责任感与荣誉感，增强国家与民众之间的相互联系。

此外，一些国家还会将国人所爱戴的某位开国元勋视为“国父”。在国际交往中，对一国“国父”尊重与否，通常等同于对该国尊重与否。

国旗，就是最为常见的一种世界各国都拥有的本国的象征与标志。准确地说，所谓国旗，乃是一种经由国家法律明确规定的、具有一定形式和规格的旗帜。它由国家的正式公告和通报确立，得到国家与国家之间的相互认可，因而在国际法上得到普遍的承认。

为了维护国家的尊严，加强我国公民的国家观念，发扬爱国主义精神，根据我国宪法的有关规定，我国于 1990 年 6 月 28 日通过了《中华人民共和国国旗法》，并于当年 10 月 1 日起开始施行。

《中华人民共和国国旗法》明确规定：“中华人民共和国国旗是五星红旗。”

根据权威的解释：在五星红旗上，旗面的红色象征着革命。旗上的五颗五角星及其相互关系，象征着中国共产党领导下的革命人民大团结。五角星之所以使用黄色，是为了在红地上显出光明，而且黄色比白色更为明亮、美丽。而四颗小五角星各有一个角正对着居于其中央的大五角星的中心点，则既是为了在形式上显得美观紧凑，也是为了表示围绕着一个中心而团结一致。

既然我国国旗是中华人民共和国的象征与标志，既然我国法律明确规定每个公民和组织都应尊重和爱护国旗，那么每一名代表国家执行公务的公务员，都非常有必要掌握基本的国旗礼仪。所谓国旗礼仪，就是对国旗表示敬意和使用国旗时应遵守的习惯做法。

从国家礼制方面来讲，公务员在学习国旗礼仪时必须注意的问题有如下三点：

（一）珍爱本国国旗

《中华人民共和国国旗法》明文规定：“中华人民共和国国旗是中华人民共和国的象征和标志。”因此公务员一定要尊重并珍爱本国国旗。国旗通常是应当悬挂的，而我国对于本国国旗的悬挂，则有着极为详尽的规定。

①北京天安门广场和新华门，中国共产党中央委员会、全国人民代表大会常务委员会、国务院、中央军事委员会、中国共产党中央纪律检查委员会、国家监察委员会、最高人民法院、最高人民检察院，中国人民政治协商会议全国委员会，外交部，出境入境的机场、港口、火车站和其他边境口岸，边防海防哨所，应当每日升挂国旗。

② 中国共产党中央各部门和地方各级委员会，国务院各部门，地方各级人民代表大会常务委员会，地方各级人民政府，中国共产党地方各级纪律检查委员会、地方各级监察委员会，地方各级人民法院和专门人民法院，地方各级人民检察院和专门人民检察院，中国人民政治协商会议地方各级委员会，各民主党派、各人民团体，中央人民政府驻香港特别行政区有关机构、中央人民政府驻澳门特别行政区有关机构，应当在工作日升挂国旗。学校除寒假、暑假和休息日外，应当每日升挂国旗。有条件的幼儿园参照学校的规定升挂国旗。图书馆、博物馆、文化馆、美术馆、科技馆、纪念馆、展览馆、体育馆、青少年宫等公共文化体育设施应当在开放日升挂、悬挂国旗。

③ 国庆节、国际劳动节、元旦、春节和国家宪法日等重要节日、纪念日、各级国家机关、各人民团体以及大型广场、公园等公共活动场所应当升挂国旗；企业事业组织，村民委员会、居民委员会，居民院（楼、小区）有条件的应当升挂国旗。

④ 民族自治地方在民族自治地方成立纪念日和主要传统民族节日应当升挂国旗。

⑤ 举行宪法宣誓仪式时，应当在宣誓场所悬挂国旗。

⑥ 举行重大庆祝、纪念活动，大型文化、体育活动，大型展览会，可以升挂国旗。

国旗及其图案至高无上，因此不得随意升挂、使用，不得用作商标、授予专利权的外观设计和商业广告，不得用于私人丧葬活动等不适宜的情形。在公共场合故意以焚烧、毁损、涂划、玷污、践踏等方式侮辱我国国旗的，依法追究刑事责任；情节较轻的，由公安机关处以十五日以下拘留。

破损、污损、褪色或不合规格的国旗，均不得升挂。

在升挂国旗时，应将国旗置于显著位置。列队举持国旗和其他旗帜行进时，国旗应处于其他旗帜之前。国旗与其他旗帜一同升挂时，应将国旗置于中心、较高或突出的位置。

升挂国旗，一般应于早晨升起，傍晚降下。遇上恶劣天气时，可以不升挂国旗。

在升挂国旗时，可举行升旗仪式。举行升旗仪式时，应当奏唱国歌。在国旗升起的过程中，在场人员应当面向国旗肃立，行注目礼或者按照规定要求敬礼，不得有损害国旗尊严的行为。北京天安门广场每日举行升旗仪式。学校除假期外，每周举行一次升旗仪式。

在升旗仪式举行的过程中，在场人员不得交头接耳、忙于他事，或随便走动；不准嬉皮笑脸、怪模怪样。

升降国旗时，通常有一定的要求。在直立的旗杆上升降国旗，应当徐徐升降。升起时，必须将国旗升至杆顶；降下时，不得使国旗落地。

下半旗，一般是为了向某些人士志哀。我国规定：在中华人民共和国主席、全国人民代表大会常务委员会委员长、国务院总理、中央军事委员会主席、中国人民政治协商会议全国委员会主席、对中华人民共和国做出杰出贡献的人、对世界和平或者人类进步事业做出杰出贡献的人逝世时，可下半旗志哀。

举行国家公祭仪式或者发生严重自然灾害、突发公共卫生事件以及其他不幸事件造成特别重大伤亡的，可以在全国范围内下半旗志哀，也可以在部分地区或者特定场所下半旗志哀。

依照以上规定下半旗的日期和场所，由国家成立的治丧机构或国务院决定。

下半旗的具体做法，有其一定之规。下半旗时，应当先将国旗升至杆顶，然后降至旗顶与杆顶之间的距离为旗杆全长的三分之一处；降下时，应当先将国旗升至杆顶，然后再降下。

在某些国家，国丧不下半旗，而代之以在国旗上方加挂黑纱的方法志哀。我国无此做法。

（二）熟知国际惯例

在涉外交往中，公务员应当熟知并遵守国际上有关国旗的国际法。所谓国际法，是由各国政府相互协商、共同认可或约定俗成的调整国际关系的各项准则。在国际交往中，各国政府都必须依照国际法来约束自身的行为。在国际法上，关于国旗有着一系列的习惯做法。作为国际惯例的一个部分，必须对其熟知，并加以遵守。

在国际法上，目前有关国旗的习惯做法有如下八个要点：

（1）**对各国国旗均须表示尊重**

在国际交往中，必须对各国国旗表示应有的尊重。故意损坏或侮辱外国国旗，通常将被视作侵犯该国荣誉与尊严，得要求赔偿损失或公开道歉。

（2）**为了表示礼遇或道歉可悬挂国旗**

在一般情况下，在国际交往中，为了对国宾表示礼遇，或是对涉外性的侮辱事件表示歉意，可以升起或降下本国国旗，亦可向对方的国旗致敬或致歉。

（3）**在战时所悬挂的国旗具有一定的特殊含义**

依照国际法，在交战时悬挂国旗，可以表示自己处于中立或敌对状态。在陆战与海战之中，作为战时的一种策略，允许交战国暂时悬挂其他敌国或中立国的国旗。但战斗一旦开始，即必须悬挂本国国旗。在内乱或战乱等非常时期，应允许外国人在其住所与办公场所悬挂该国国旗。

（4）**对外国人悬挂国旗有着特别的规定**

基于国际上通行的相互尊重与相互礼让的原则，准许外国人在该国国庆日或传统民族节日等特定的日子里悬挂该国国旗。除此之外，在任何一个主权国家的领土上，平时都不得任意升挂他国国旗。

（5）**外交使节可以升挂本国国旗**

外交使节是一国派驻他国的代表，对外代表着自己的国家，因此各国的使领馆及其人员的寓邸，以及各国使团团长所使用的交通工具之上，可以常年升挂其派遣国国旗。

（6）**常驻国际组织的各国代表团可以升挂本国国旗**

各国派遣的常驻国际组织的代表团或代表处，在理论上自然也是代表自己的国家的。因此，可参照外交代表机关的办法，在代表团或代表处的住所、代表团团长或代表处负责人的寓邸及其执行公务时所乘用之交通工具上，可以悬挂派遣国国旗。

（7）**各国商船可以升挂本国国旗**

在公海上行驶时，各国商船均有义务升挂本国国旗，以此来表示船籍国拥有对它的管辖权。除特别征用或者其他特定的场合之外，各国商船都不得使用他国国旗，也不准许让他国商船使用本国国旗。

（8）**军舰可以升挂本国国旗**

军舰是本国武装力量的一个组成部分，因此必须升挂本国国旗。不论是在公海上，还是在外国领海上，对军舰的管辖权永远都属于船旗国。军舰之所以必须升挂本国国旗，就是为了表明这一事实，同时也是为了接受外国船只的敬意。在外国领海上，为表示无害通过，军舰升挂本国国旗是非常必要的。

（三）通晓相关规范

在必要时，公务员应当通晓有关国旗的外交惯例以及我国有关国旗的外交规范。在国际交往中，对于国旗的升挂及其方式、方法，都有具体的规定。它们有些是国际上所通行的国际惯例，有些则属于各国独特的外交礼仪。鉴于国旗的升挂涉及各国的尊严以及对待他国的态度，因此从事国际交往的公务员，不仅需要掌握有关国旗的基本规范，而且还应当把有关国旗的外交礼仪，尤其是本国有关国旗的外交礼仪，作为自己掌握的重点。

在所需要通晓的有关国旗的外交礼仪中，应予重视的有以下三个方面：

掌握基本知识

经常参与外事活动的公务员，必须具备有关各国国旗的基本知识。世界各国的国旗，在色彩、图案、文字、形状、尺寸及比例方面，都有着严格的规定，对此不加重视而肆意妄为，是外交上的严重的失礼行为。

各国国旗的色彩多种多样，它们各自还有一定的含义。例如，红色象征着为国家独立而斗争，绿色象征着吉祥与胜利，蓝色象征着海洋和天空。红、绿、蓝三色，通常在各国国旗中出现得最为频繁。有的国旗则具有多种色彩，其中以三色旗最为常见。

在各国国旗上，常有一定的图案。例如，阿拉伯国家的国旗上多有星星与月亮，日本国旗上有一轮红日，韩国国旗上有太极图，中、朝、越等国家的国旗上都有五角星，英国与英联邦各国的国旗上都有“米”字图形，等等。它们均有一定的寓意，不得随意乱做解释。

在有些国家的国旗上，还有一些文字。例如，在沙特阿拉伯王国的国旗上，就用阿拉伯文写着伊斯兰教的“清真言”。

世界各国的国旗，多为长方形，也有个别国家的国旗，在形状上有其特殊之处。例如，尼泊尔的国旗，就是两个上下相叠的三角旗。

对于国旗的尺寸，国旗本身以及图案与色彩的比例，各国往往也有所规定。例如，我国国旗的长与宽之比，就被规定为3∶2。而荷兰的国旗，则是由三个不同色彩的平行相等的长方形所组成。

有的国家的国旗极为相似。例如，法国与荷兰的国旗都是红、白、蓝三色旗，比利时与德国的国旗都是黑、黄、红三色旗，意大利与匈牙利的国旗都是红、白、绿三色旗，但其排列的具体方式却不一样。法、比、意三国的三色旗是垂直竖排的，而荷、德、匈三国的三色旗则是平行横排的。因此在悬挂外国国旗时，是万万不可马虎大意的。

了解有关规定

平时，公务员必须了解在涉外活动中何处允许悬挂外国国旗。在一般情况下，在每个主权国家的领土上，均不得随意升挂外国国旗。不过出于给予外宾的一种礼遇，或是为了遵守国际法，有时也可以升挂外国国旗。

除了国际法的有关规定外，在我国以下几种场合可以升挂或使用外国国旗：

① 当外国元首、政府首脑或其他重要领导人正式来访时，为了表示礼遇，通常在其住所以及乘坐的交通工具上，可以升挂该国国旗。有的外国国家元首拥有特制的元首旗，应准予其在寓所与座驾上升挂。

② 在外国贵宾正式访问我国期间所举行的各种重大礼仪活动中，如欢迎仪式、签字仪式、迎送宴会等，应同时升挂该国与我国国旗。

③ 在我国举行的国际会议的会场，以及到会的各国政府代表团团长的驻地，准许升挂各与会国国旗。

④ 在我国举行展览会、博览会、经贸洽谈会、国际体育比赛以及其

他经济、科技、文化、体育、卫生等方面的重大国际活动时，可升挂参加国国旗。

⑤ 在我国进行国际经济合作的重要项目奠基、开工、落成、开业、剪彩、揭幕以及举行其他重大庆典时，可升挂我国与有关国家的国旗。

在除此之外的其他情况下，不得自作主张或容许外国人擅自升挂外国国旗。当外国人提出这方面的要求，而自己又难以决断时，应立即向各级政府的外事部门请示。升挂与我国未建交国的国旗，亦须如此事先进行请示。

熟知具体做法

在涉外活动中，有关的公务员必须掌握升挂外国国旗的具体做法。在涉外活动中，不论升挂我国国旗，还是升挂外国国旗，或者是同时升挂中外各方国旗，在礼仪上均有极为详尽的规定。

一般情况下，在正式场合升挂国旗，皆应以其正面面向观众，即旗套应居于国旗的右方。

我国规定：在中国国内举办双边活动需要升挂中国和外国国旗时，凡中方主办的活动，外国国旗置于上首；对方举办的活动，中国国旗置于上首。此外，我国还规定：在各国国旗并列升挂时，所有旗杆应高度相等，在同一旗杆上不得升挂两个或两个以上国家的国旗。当各国国旗并列升挂时，应使之保持各自的长宽比例，不过同时亦应使各国国旗在面积上大致相等，以示相互平等。

我国规定：在中国国内，中国国旗与多国国旗并列升挂时，中国国旗应当置于荣誉地位。具体方法是：一列并排时，以旗面面向观众为准，中国国旗在最右方；单行排列时，中国国旗在最前面；弧形或从中间往两旁排列时，中国国旗在中心；圆形排列时，中国国旗在主席台或主入口处对面的中心位置。中国国旗与外国国旗一同升挂时，必须首先升挂中国国旗；降落时，则应最后降中国国旗。

并排升挂两面国旗，在方位上通常讲究右高左低，并应以旗身自身的面向为准。在轿车上并排悬挂两国国旗，则以驾驶员右手为上、左手为下。

并排升挂三面或三面以上国旗，仍可以右为尊、自右而左，依次将其升挂。不过在举行国际会议时，循例不分主宾，故国旗的升挂可参照礼宾序列排列其具体的先后次序。

任何国旗均不得倒插、倒挂，但可以竖挂。在竖挂两面国旗时，可使之均为正面；亦可使居于右侧者为反面，居于左侧者为正面。

由于文字、图案等原因，有的国家的国旗不得竖挂或反挂。在墙壁上升挂国旗时，均不得竖挂或交叉悬挂。

遇有需要夜间在室外悬挂国旗时，必须将国旗置于灯光照射之下。

四、国歌礼仪

如同国旗、国徽一样，国歌也是国家的主要标志与象征之一。热爱国歌、尊重国歌、自觉地维护本国国歌的尊严，在世界各国都被视为每一位公民的一项义不容辞的基本义务。

在涉外交往中，作为国家标志与象征之一的国歌，在礼仪上和正式的活动中，有着至高无上的、神圣不可侵犯的崇高的地位。任何一个国家的国歌，都代表着这个国家。如果要对一个国家表示自己的尊重之意的话，最好的办法之一，就是以自己的实际行动，去表明自己对该国国歌的敬重。反之，若是对一个国家的国歌大而化之、掉以轻心，甚至有意对其表示不恭、不敬，通常会被理解为是对该国的失敬、对该国的蓄意挑衅，或是对该国国家尊严的存心冒犯。

鉴于国歌在对内、对外交往中都具有极为尊崇的重要地位，为了使公务员在日常生活中以身作则，更好地维护国歌的尊严，维护我国的国际形象，有必要系统地对国歌礼仪进行认真学习。

（一）通晓国歌

平时，公务员应当通晓国歌。世界各国的国歌，通常都是由国家的立法机关以正式立法的形式加以规定的，因而国歌具有一定的法律意义。所以，每一名公务员，都应当认真地、充分地对国歌有所了解。

首先，应当对本国的国歌了解得一清二楚，记清每一句歌词，熟悉每一个音符，对它完完全全地了然于胸。在世界上的不少国家里，都有这样一个规定：每逢在正式场合演奏本国国歌之际，在场的所有本国公民，均须紧跟着它的旋律，一丝不苟地轻声应和，或是放声高唱。在我国，目前也是这样操作的。

其次，当参与涉外活动时，还必须对交往对象所在国的国歌有一定程度的了解。这样做，既可以开阔眼界，增长知识，在涉外活动中避免产生那些不必要的困扰与麻烦，也可以更好地、更为充分地、更加合乎礼仪地向交往对象表达自己的友好与敬意。

世界上绝大多数的国家，对本国国歌都有明文的规定，公务员对此是有据可查的。

例如，我国国歌是《义勇军进行曲》。2017 年 9 月 1 日通过，并且自 2017 年 10 月 1 日起施行的《中华人民共和国国歌法》明确地规定："中华人民共和国国歌是《义勇军进行曲》。"

在世界上，有些国家的国歌一经制定，就再未发生过变化。例如，1931 年 3 月 3 日被美国国会确定为美国国歌的《星条旗》。

有些国家的国歌，由于政局的变动发生过这样或那样的变化。例如，日本国歌《君之代》，虽出现于1869年，但直至1999年8月9日才正式成为日本国歌。

还有一些国家，例如，波黑、西班牙、圣马力诺等国，因为特殊的原因，其国歌有曲而无词。

许多国歌都采取了进行曲的曲调，以其庄重、雄浑去代表国家博大宽广的气度，充当激发国民奋进的号角，但其长短却多有不同。例如，卡塔尔的国歌仅可演奏约30秒钟，在升国旗时，就须反复演奏，直至其国旗升到旗杆杆顶为止。

由于种种原因，有的国家国歌是代用的，或者是同时拥有两首国歌。例如，澳大利亚就拥有两首国歌，它在英联邦内活动时，须演奏英国国歌；而在英联邦之外活动时，则须演奏其另外一首国歌《前进，美丽的澳大利亚》。

在世界上，还有多国共有一首国歌的情况。当前，英国国歌《神佑女王》，就被多个属于英联邦成员的国家当作自己的国歌或准国歌使用。

在国际交往中，错用外国国歌，或者将其张冠李戴，都是不应发生的重大事故。

（二）尊重国歌

平时，公务员应当尊重国歌。《中华人民共和国国歌法》规定："中华人民共和国国歌是中华人民共和国的象征和标志。"因此公务员应当对国歌认真地表示尊重。不论身在何时何地，公务员均应以自己的实际行动，来对国歌表示应有的尊重。

在各类活动中，公务员在奏国歌时，应当起身肃立，以此举来向国歌致敬。在演奏国歌时，不允许坐着而不起立，不允许四处走动，更不允许同他人进行交谈、嬉笑喧哗或者打打闹闹。

公务员在演奏国歌时起身肃立，务必姿势端正，神态严肃。通常，应当采取立正的姿势，双手须沿着裤缝自然下垂，不能稍息，不能双手插兜、提拿物品、扶持他物或是端起双臂。

在演奏国歌时，除按规定可戴帽子者之外，其他人士皆应脱下自己的帽子，同时也不准戴太阳眼镜。着外套者，届时亦须将其脱下。

公务员在奏国歌时，一般应当目视正前方，以示聚精会神。若在奏国歌的同时升挂国旗，则公务员应目视徐徐上升的国旗，向其行注目礼。按照我国惯例，此刻身着制服的公安人员以及军人和少先队员，同时还应面向国旗行举手礼。不论怎样，都不许在奏国歌时东张西望、瞻前顾后或者左顾右盼。

在许多大型集会上，我国有着要求全体与会者一同起立，共同高唱国歌的习惯做法。公务员在按照要求齐唱国歌时，应与其他人保持一致、吐字清晰、节奏适当、演唱准确。不可自由发挥、随口瞎唱、含混不清、丢三落四，不允许怪声怪气、洋腔洋调，不可以有意改变其节奏或是拖腔，也不能在唱国歌时鼓掌、击节或是摇头晃脑、手舞足蹈。

在国际交往中演奏他国国歌时，公务员本着互相尊重的精神，原则上也应注意以上问题，不准举止失礼。

（三）维护国歌

平时，公务员应当维护国歌。《中华人民共和国国歌法》规定：“一切公民和组织都应当尊重国歌，维护国歌的尊严。”因此公务员应当对国歌的尊严自觉地加以维护。如前所述，在国内外的大型活动之中演奏国歌，往往象征着国家的尊严与荣誉。

例如，在重大的国际体育比赛中，按惯例应为荣获冠军的运动员举行演奏该国国歌、升挂该国国旗的仪式。它表示该运动员在赛场上所取得的胜利是国际公认的，同时也是该运动员所代表的国家的胜利。所以，奏国歌、升国旗就是对该运动员及其所代表的国家的一种严肃、庄重和振奋人心的褒奖。

又如，在欢迎国宾的仪式上，通常应演奏中外两国国歌。奏国歌时，一般要先演奏外国国歌，随即再演奏我国国歌。这一做法，就是我国对外国国宾所代表的国家的尊重。

基于这种原因，公务员有必要自觉地维护国歌的尊严。

各国对于国歌的曲调与配器都有不少严格的规定，我国国歌也是如此。因此，在演奏国歌时，不许对其擅自更改，不得为国歌的乐曲乱配歌词，也不得以戏谑的方式演奏或演唱国歌。在这些方面，公务员均应自觉遵守。

在非正式场合、娱乐场合以及其他不够严肃的场合，按国际惯例，均不得演奏或演唱国歌。例如，在商业活动、舞会与联谊会等娱乐活动以及婚丧庆悼活动之中，演奏或演唱国歌，都是应当予以禁止的。

特别需要在此强调的是，《中华人民共和国国歌法》明文规定：中华人民共和国国歌“不得作为公共场所的背景音乐”。

除了自觉维护我国国歌尊严之外，公务员对于外国国歌的尊严也应加以维护，以免因小失大，挑起国际纠纷。

（四）遵守规定

平时，公务员应当对国歌的演奏规定严格地加以遵守。

关于演奏或演唱国歌的场合，世界各国都有自己的具体规定。

在一般情况下，在一个主权国家的管辖范围以内，只能演奏或演唱本国国歌，对于其他任何国家的国歌都是不准随随便便地进行演奏或演唱的。

我国规定，可演奏或演唱本国国歌的场合有如下几类：其一，全国人民代表大会会议和地方各级人民代表大会会议的开幕、闭幕，中国人民政治协商会议全国委员会会议和地方各级委员会会议的开幕、闭幕；其二，各政党、各人民团体的各级代表大会等；其三，宪法宣誓仪式；其四，升国旗仪式；其五，各级机关举行或者组织的重大庆典、表彰、纪念仪式等；其六，国家公祭仪式；其七，重大外交活动；其八，重大体育赛事；其九，其他应当奏唱国歌的场合。平时，公务员必须严格地遵守以上规定。

按规定，在我国领土上演唱外国国歌，只有以下几种情况是被允许的：其一，官方进行的正式外交活动；其二，举行重要的国际会议；其三，举行形式严肃的文艺演出；其四，进行国际性的体育比赛或举办国际性体育运动会。除如上几种情况之外，我方均不得随意演奏或演唱其他国家的国歌。公务员应当对此规定谨记不忘。

在他国领土上，中国公务员应当遵守当地对于演奏或演唱国歌的有关规定，坚持入国问禁、入乡随俗，切不可肆意而为。

五、国徽礼仪

与国旗一样，国徽也是每一个主权国家的最为重要的象征和标志。在世界上，每个国家基本都拥有本国的国徽，并且依照国际惯例，在国际交往中对其广泛地加以运用。一般而言，公务员在国际交往之中不仅要尊重本国国徽，而且也必须遵照互相尊重的国际惯例，对交往对象所在国的国徽表示同样的尊重。在正式的政务往来中，此点尤为重要。

公务员在正式场合如欲维护国徽的尊严，就必须认真地学习并遵守有关国徽的礼仪。所谓国徽礼仪，指的主要是制作、使用国徽时所必须恪守的各种成规或戒条。在世界上的许多国家里，为了体现国徽的尊严，通常会以立法的形式，专门对本国的国徽礼仪进行正式的、明确的规范。例如，《中华人民共和国国徽法》，就是依照我国宪法于 1991 年 3 月 2 日通过，并于 1991 年 10 月 1 日起正式施行的。

对我国公务员来说，要学习并遵守国徽礼仪，重点需要掌握的主要有下述三个方面的问题。

（一）了解国徽

所谓国徽，指的就是由国家正式规定的，用以代表本国的标志。具体而言，它是由一定的形状、一定的图案所构成的。对于本国国徽，各国的权力机关往往会做出权威的说明和解释，并且将其公告于天下。任何个人或社会团体，均不得拟制国徽，或是对其任意进行说明、解释。

中华人民共和国国徽的图案以及图案的说明、使用方法，是在 1950 年 9 月 20 日正式对外公布的。此后，与此有关的内容，又被正式载入我国宪法和我国国徽法。

《中华人民共和国国徽法》明文规定：“中华人民共和国国徽是中华人民共和国的象征和标志。一切组织和公民，都应当尊重和爱护国徽。”“中华人民共和国国徽，中间是五星照耀下的天安门，周围是谷穗和齿轮。”根据权威解释，我国国徽象征着中国人民自五四运动以来的新民主主义革命斗争和工人阶级领导的以工农联盟为基础的人民民主专政的新中国的诞生。

为了维护我国国徽的尊严，并且正确无误地使用之，《中华人民共和国国徽法》还专门规定：“中华人民共和国国徽按照1950年中央人民政府委员会通过的《中华人民共和国国徽图案》和中央人民政府委员会办公厅公布的《中华人民共和国国徽图案制作说明》制作。”

在其他国家，国徽的图案及其来历，往往也有一定的典故。

例如，美国的国徽，是在1782年6月20日由美国国会所正式批准的。它的主要图案为一只白头海雕。白头海雕的顶冠，象征着世界上新独立的美利坚合众国的诞生。顶冠上饰有13颗星，代表着最初组成美国的13个州。在白头海雕的胸前有一个盾形图案，图案上半部为蓝色长方形，下半部为红白相间的竖条。白头海雕的嘴上衔着一条黄带，上书拉丁文“合众为一”，意即美国是一个完整的国家，并由许多州所组成。白头海雕一爪抓着橄榄枝，一爪抓箭，则象征着和平与武力。

法国没有正式的国徽，但其传统上采用的徽号的中心图案，是古罗马高级执法官所使用的权标——束棒，用以代表权威。在束棒的顶端有一柄斧头，在束棒的两侧则饰有橄榄枝与橡树枝叶。整个图案由带有古罗马军团勋章的环状圈所围绕，构成椭圆形。在图案中间的带子上，以法语书写着法国的国家箴言：“自由、平等、博爱”。

世界上有极少数的国家，例如，土耳其等，目前没有本国国徽。此外，还有一些君主制国家，则以本国的王徽或皇室徽记作为国徽。例如，英国、日本等。

英国的王徽，其中心图案为一枚盾徽。在盾面上的左上角和右下角，各有三只红地金狮，象征着英格兰。在盾的右上角有代表苏格兰的半站立的金地红狮，在其左下角则是代表北爱尔兰的蓝地金色竖琴。在盾的上端，饰有代表主权的王冠。在盾的左右两侧，各有一只头戴王冠代表英格兰的狮子和代表苏格兰的独角兽相扶。在盾的周围，用法文写着“心怀邪念者可耻”的字样。在盾下所悬挂的嘉德勋章的飘带上，则写着“天有上帝，我有权利”的字样。

许多国家的国徽，其主体图案，往往还采用了本国的其他象征性标志。例如，韩国的国徽以在该国被称为“无穷花”的木槿花为主体图案。墨西哥的国徽，则以其国鸟雄鹰和国花仙人掌为主体图案。

在涉外交往中，熟悉国徽，是维护国徽的尊严，并正确无误地使用之的前提。因此，参与对外交往的各级公务员均应对本国国徽和交往对象国国徽加以熟悉。

（二）使用国徽

作为国家的象征与标志，国徽的尊严是不言而喻的。公务员在对内、对外执行其国家公务时维护国徽的尊严，既是自己的责任，也是自己的义务。要真正做好这一点，至关重要的就是要根据国徽礼仪的有关规定，认真地、正确地使用国徽。

对于理应使用国徽的机构、场所、印章、文书和出版物，各国均有明确的规定，并且有着种种特殊的限制。对于这类一定之规，只能遵守，不能违反。这是大是大非的重要问题，公务员切勿对此疏忽大意。

目前，依据有关规定，我国的下列机构应当悬挂中华人民共和国国徽：

① 各级人民代表大会常务委员会。

② 各级人民政府。

③ 中央军事委员会。

④ 各级监察委员会。

⑤ 各级人民法院和专门人民法院。

⑥ 各级人民检察院和专门人民检察院。

⑦ 外交部。

⑧ 国家驻外使馆、领馆和其他外交代表机构。

⑨ 中央人民政府驻香港特别行政区有关机构、中央人民政府驻澳门特别行政区有关机构。

我国的乡、民族乡、镇的人民政府，均可悬挂中华人民共和国国徽。其具体办法，由省、自治区、直辖市的人民政府根据自己的实际情况加以规定。

当以上机构悬挂中华人民共和国国徽时，必须遵守《中华人民共和国国徽法》的明文规定："国徽应当悬挂在机关正门上方正中处。"

下列场所应当悬挂中华人民共和国国徽：

① 北京天安门城楼、人民大会堂。

② 县级以上各级人民代表大会及其常务委员会会议厅，乡、民族乡、镇的人民代表大会会场。

③ 各级人民法院和专门人民法院的审判庭。

④ 宪法宣誓场所。

⑤ 出境入境口岸的适当场所。

为了体现权威性与神圣感，依照有关规定，我国的下列机构的印章应当刻有国徽图案：

① 全国人民代表大会常务委员会、国务院、中央军事委员会、国家监察委员会、最高人民法院、最高人民检察院。

② 全国人民代表大会各专门委员会和全国人民代表大会常务委员会办公厅、工作委员会，国务院各部、各委员会、各直属机构、国务院

办公厅以及国务院规定应当使用刻有国徽图案印章的办事机构，中央军事委员会办公厅以及中央军事委员会规定应当使用刻有国徽图案印章的其他机构。

③ 县级以上地方各级人民代表大会常务委员会、人民政府、监察委员会、人民法院、人民检察院，专门人民法院，专门人民检察院。

④ 国家驻外使馆、领馆和其他外交代表机构。

根据规定，在我国，下列文书、出版物等应当印有国徽图案：

① 全国人民代表大会常务委员会、中华人民共和国主席和国务院颁发的荣誉证书、任命书、外交文书。

② 中华人民共和国主席、副主席，全国人民代表大会常务委员会委员长、副委员长，国务院总理、副总理、国务委员，中央军事委员会主席、副主席，国家监察委员会主任，最高人民法院院长和最高人民检察院检察长以职务名义对外使用的信封、信笺、请柬等。

③ 全国人民代表大会常务委员会公报、国务院公报、最高人民法院公报和最高人民检察院公报的封面。

④ 国家出版的法律、法规正式版本的封面。

（三）维护国徽

既然国徽代表着国家，关系到国家的尊严，那么公务员在其日常工作和生活中，就必须认真地维护我国国徽，同时也要给予交往对象国的国徽以必要的尊重。

为了维护国徽的崇高地位，世界各国对于国徽的使用范围、使用方法都有一定的、严格的限制。任何组织、任何个人都不得随意滥用国徽，或是对其乱做解释。

《中华人民共和国国徽法》明确规定："在本法规定的范围以外需要悬挂国徽或者使用国徽图案的，由全国人民代表大会常务委员会办公厅或者国务院办公厅会同有关主管部门规定。"除此之外，任何组织、任何个人都不拥有此项权力。

国家为确保国徽的严肃性，往往还会专门地划定国徽的禁用范围。对违反有关规定者，将依法予以惩处。我国目前正式规定，中华人民共和国国徽及其图案不得被随意使用于以下四种场合：一是商标、授予专利权的外观设计、商业广告；二是日常用品、日常生活的陈设布置；三是私人庆吊活动；四是国务院办公厅规定不得使用国徽及其图案的其他场合。

对用以悬挂的国徽的规格和国徽图案的着色、比例，各国都有专门的规定。

在各种重大的国内外活动中使用国徽及其图案时，要予以高度的重视。

例如，《中华人民共和国国徽法》就明确地规定："悬挂的国徽由国家指定的企业统一制作，其直径的通用尺度为下列三种：（一）一百厘米；（二）八十厘米；（三）六十厘米。需要悬挂非通用尺度国徽的，应当按照通用尺度成比例适当放大或者缩小，并与使用目的、所在建筑物、周边环境相适应。"

在一切正式场合，均不得悬挂破损、污损或者不合规格的我国国徽。当有必要悬挂外国国徽时，亦应重视此类问题。公务员万万不可对此马虎大意。

依照我国有关法律的规定：在公众场合故意以焚烧、毁损、涂划、玷污、践踏等方式侮辱中华人民共和国国徽的，依法追究刑事责任；情节较轻的，由公安机关处以十五日以下拘留。

在国际交往之中，我国公务员亦应对外国国徽尊重有加。任何焚烧、毁损、涂划、玷污、践踏外国国徽的行为，不仅有可能受到法律的制裁，而且还有可能由此而引发国际性的争端，严重地损害中国与有关国家的相互关系。

特别应予指出的是：我国公务员在国际交往中涉及我国与交往对象国的国徽使用问题时，务必谨慎行事，切莫任意而为。

《中华人民共和国国徽法》规定：我国"外事活动和国家驻外使馆、领馆以及其他外交代表机构对外使用国徽图案的办法，由外交部规定，报国务院批准后施行"。公务员对于此类具体规定，亦应照章办事。

依照现行的国际惯例，任何一个主权国家出于维护本国尊严方面的考虑，都不会允许外国组织、外国公民随意在本国领土之内悬挂外国国徽，或是任意使用外国的国徽图案。不仅如此，世界各国也不会随随便便地悬挂外国国徽或使用其图案，或者任意在涉外场合悬挂本国国徽或使用其图案。

在一般情况下，每一个主权国家通常只有在举行重大外交活动时，尤其是在举行国事活动时，才有可能在某些特定的场合悬挂本国国徽或使用其图案。

同样的道理，在一个主权国家的领土之内，只有在驻该国的外国大使馆、领事馆以及其他外交代表机构悬挂本国国徽，或是在正式的外交活动之中采用本国国徽的图案，才能够被接受。超出这一特定的范围而滥用外国国徽及其图案，往往会被视为对别国主权的有意冒犯。

六、媒体礼仪

当今的世界早已步入信息化时代，大众传播与公共媒体的作用日益重要。正所谓"传播力决定影响力，话语权决定主导权"。在国内外，目前大众传播媒介越来越发达，并且在现实生活里几乎无处不在、无孔不入，发挥着十分重要的作用。

公务员在人际交往中，特别是在从事其涉外公务期间，自然难以回避媒体。应对媒体时，公务员既要掌握政策、遵守纪律、注意分寸，又要沉着机智、落落大方、举止得体，即必须遵守相关的礼仪规范。

媒体应对的技巧

需要明确的是：应对媒体，不是与媒体处于对立面，不是与媒体为敌，而是积极、主动地与媒体合作。一般而言，在应对媒体（或曰与媒体合作）时，公务员主要应当在了解媒体、有备而至、临场表现等三个方面倍加注意。

（一）了解媒体

《孙子兵法》曰："知彼知己，百战不殆"。在应对媒体，尤其是应对境外媒体时，公务员亦须如此，要尽一切可能，提前对自己即将面对的媒体有所了解。

此处的所谓媒体，特指各种大众传播媒介。要了解媒体，对公务员而言，主要是要着重了解其政治倾向、实际影响、具体特征，以及其他一些与之相关的具体问题。

（1）**政治倾向**

应对媒体时，公务员一定要"讲政治"，即时时、事事以国家利益为重，以社会稳定为重。对各种媒体的政治倾向，必须予以高度的重视。

特别应当强调的是，尽管某些外国媒体一向都标榜自己"政治中立"，但在现实生活中，它们却无一例外地都会在一定程度上表现出自己的政治倾向。在接触境外媒体时，公务员主要应当了解下述三点：

第一，合法与否。由于许多国家的媒体都有合法与非法之分，因此在涉外场合接触国外媒体之前务必对此有所了解。切勿与非法媒体接触。对合法媒体，则不必再三回避。

第二，所属势力。毋庸讳言，任何媒体的发展都离不开一定的财力支持，所以在各国各式各样的媒体背后，都有一定的政治势力或党派作为其后台或靠山。各种媒体就其本质而言，往往是一定的政治势力或党派的喉舌。一旦疏忽此点，就犯了应对媒体的大忌。

第三，新闻检查。由于媒体在现代生活里影响巨大，各国都对其进行着一定程度的管制。为此，许多国家还专门制定了自己的新闻检查制度。出访之际，若能够对访问国新闻检查制度有所了解，将会深化公务员对该国各种媒体政治倾向的认识。

（2）**实际影响**

在任何国家、任何地区、任何时候，各种媒体所发挥的实际影响通常都不尽相同。各种媒体的实际影响主要受制于其社会认知度、受众人数以及自身实力等因素。而在境外，媒体所属国的政府及其新闻主管部门的支持与否，往往也发挥着一定的作用。

在接触各国国内外媒体前，公务员对其实际影响所进行的了解，主要应侧重如下两个方面：

第一，了解其属于主流媒体还是非主流媒体。所谓主流媒体，一般是指社会认知度较高、受众人数众多、自身实力强大的媒体。所谓非主流媒体，则是指社会认知度较低、受众人数较少、自身实力较弱的媒体。接触各种媒体时，自然应当优先接触主流媒体，但对非主流媒体亦不应予以轻视。

第二，了解其属于官方媒体还是非官方媒体。所谓官方媒体，通常是指属于官方、由官方支持或控制，具有官方背景或反映官方倾向的媒体。所谓非官方媒体，则是指没有官方背景、不受官方支持或控制，以及不直接从属官方的媒体。相对于官方媒体而言，非官方媒体有时亦称民间媒体。在世界各国，官方媒体与非官方媒体所发挥的实际作用往往相去甚远。

(3) **具体特征**

媒体的具体特征，从不同角度来看，可进行不同描述。在此，它是指各种大众传播媒介在传播信息的过程中所客观体现出来的长处与不足。

第一，电视。在各种传统的媒体之中，电视对受众的实际影响最大。其主要优点有：真实感强，娱乐性强，艺术性强。其主要不足之处则是：图像瞬间即逝，不宜记录与保留；受时空限制较大，观众选择余地较小；需要专门的接收设备，所需费用不菲。

第二，报纸。报纸，亦称新闻纸。报纸作为一种印刷媒体，在传统媒体中的作用仅次于作为电子媒体的电视。报纸的长处主要有：信息容量较大，获取信息便利，选择范围较广，便于储藏查阅，有一定针对性。它的不足之处则主要有：不够生动形象，感染力较差；读者需要一定的文化知识，读者范围受限制；印刷发售需要时间，信息传播速度较慢。

第三，广播。作为一种电子媒体，广播有其独特的存在价值，它的主要优点有：传播速度快，鼓动性强，受限制较少，费用较低廉。它的主要缺点则是：收听受到时间限制，听众难以选择节目，内容难以反复品味。

第四，期刊。期刊，俗称杂志。作为印刷媒体之一，期刊具有其他媒体所不能比拟的优点：种类繁多，形式多样；内容丰富，系统性强；印刷精美，富有感染力。与此同时，期刊也有下列不足之处：出版周期长，时效性差；较之电子媒体，稍显死板；有专业要求，读者群有限。

第五，互联网。近年来，迅速崛起的互联网对传统媒体构成挑战。它的主要优点有：信息量巨大，传播速度甚快，信息内容与来源众多，形式较活泼。它的主要缺点则是：资讯碎片化，渠道多元化，需要专用设备，需要专门知识，需要较高的鉴别能力。

（二）有备而至

作为一名训练有素、见多识广的公务员，在其各种人际交往中，尤其是在参与各种正式活动，特别是在面临公关危机时，必须正视媒体人员无处不在、大众传播至关重要这一事实，做好必要而充分的准备工作，以求有备而至，在应对媒体时发挥正常，表现出色。

具体而言，为应对媒体而提前着手进行的主要准备工作大致包括下述三项：

（1）**联络媒体**

不论在什么情况下与媒体人员相处，公务员均应多交朋友、广结善缘。需要主动与媒体人员打交道时，则更应如此。

在不违背国家法律、制度与新闻纪律的前提下，公务员在必要时应主动与媒体进行联络，并在双方都便利的情况下，与之保持经常性的有效沟通。

主动与媒体保持联络，至少有以下三重好处：

第一，可在一定程度上得到媒体的理解与支持。

第二，可经常性地与媒体进行良性互动。

第三，可主动而及时地向媒体传播信息。

需要明确的是，唯有主动地与媒体保持联络，公务员才有可能真正地提高其所在本国、本地区、本单位、本部门的影响力与公信力，才有可能真正地掌握对外传播的主导权。

（2）**方便媒体**

想要真正赢得媒体的支持，为其提供各种方便通常是必不可少的。一般而言，方便媒体的具体措施有以下三点：

第一，主动提供有益信息。在条件允许的情况下，应经常向与自己关系密切的媒体提供正确无误、时效性强的信息，以实际行动支持其工作。

第二，为其提供采访便利。在力所能及的前提下，一定要诚心实意地为前来对自己进行采访的媒体提供种种便利，在人员、设备、时间、场地诸方面，包括免费 Wi-Fi（无线网络）的提供等，给予其必要的支持。至少，也不应为之设置不必要的限制。

第三，充分地尊重媒体人员。对于辛劳工作的媒体人员，公务员理当表示应有的尊重。必须指出：对媒体人员的尊重，实际上就是对媒体的尊重，同时也是对全社会的尊重。一旦忘记了这一出发点，方便媒体就会变成一句空话。

（3）**统一口径**

在本单位的各种活动中，尤其是在其各种对外交往中，公务员应对媒体时的一言一行均事关重大，不可不慎。因此，公务员在应对媒体时必须统一口径，并欢迎正常的媒体监督。具体而言，主要有下列五点要求：

第一，保守秘密。在应对媒体之际，公务员必须遵守国家法律、政府规定与社会公德，绝对不允许擅自向外泄露国家秘密与工作秘密，更不允许口无遮拦地违法乱纪，或有悖于社会公德。

第二，统一行动。对于一些重大问题，应对有可能接触媒体的全体人员，尤其是被外界视为政府具体化身的公务员，明确地规定其届时“什么当讲”“什么不当讲”“应当如何讲”“不应当如何讲”，以便统一本单位全体人员的行动与口径。

第三，专人发言。在重要的公关活动中，特别是在面临本单位的公关危机时，应专门指定本单位的某一位爱岗敬业、经验丰富的公务员担任本单位的“新闻发言人”，由其在必要时出面应对媒体，统一回答对方所感兴趣的问题。这样一来，本单位的其他人员就不至于在媒体面前“众说纷纭”或表现失当了。

第四，提供文稿。在正式接受媒体采访时，为了防止对方曲解或误解我方所传递的信息，按照常规，均应向对方提供一份认真准备的、经过斟酌的、具有一定新闻价值的新闻稿，以供其发稿时核对与借鉴之用。

第五，事先请示。若非职责之所在，公务员在接受境外媒体采访前，务必要向其所在单位的主管部门进行报备、请示。未经同意，则通常不宜擅自行事。

（三）临场表现

应对媒体时，公务员要检点自己的临场表现。在实事求是的前提下，应主动地、及时地、正面地、客观地发出自己所在部门的“好声音”，讲好它的“好故事”，有意识地对其进行必要的传播与推广。具体而言，公务员在媒体面前的表现，主要应当符合下列具体要求：

（1）**泰然自若**

不论是“初出茅庐”，还是“久经沙场”，公务员在应对媒体时都应努力做到泰然自若。

第一，不慌不忙。应对媒体时，切勿手忙脚乱、手足无措、胡言乱语、自毁形象。一般而言，在媒体面前不慌不忙的人，往往都会赢得媒体与公众的好感。

第二，不骄不躁。不论求助于媒体，还是媒体有求于自己，公务员在应对媒体时，都应当力戒骄傲自大、目中无人，切勿急躁盲动、自乱阵脚。

（2）**谨言慎行**

在应对媒体时，公务员应当对自己的一言一行倍加注意，力求谨言慎行、不出差错。如下几点，尤其值得公务员高度重视。

第一，有问必答。应对媒体时，自然少不了回答其各式各样的问题，公务员必须做到有问必答。即使遇到回答不了的问题，亦须换一种方式作答。一般情况下，均不可答之以“不清楚”“不了解”“不能答复”。

第二，诚实无欺。具有应对媒体经验的人都知道，在主动或被动地披露事实时，任何一个机关、一个部门、一个人的“公信力”，通常都取决于其“透明度”。在回答媒体的提问时，公务员必须坚持讲真话、不讲假话，力戒自欺欺人，力求真实无欺。有些问题难以正面回答，亦应委婉应对，而不能代之以假言假语。一个讲假话的人，永远都不会为他人所信任。

第三，巧妙作答。在回答问题时，虚张声势或吞吞吐吐，都会令人反感。善于巧妙回答媒体问题，是公务员必须练就的一项基本功。

第四，行为得当。由于目前大众传媒已经渗透到生活的每个角落，因此在出访之际，公务员对自己的行为务必多加检点。不论是当众演讲还是私人行动，都要对自己的一切行为负责。不要忘记，自己的一举一动，都可能成为媒体所关注的“新闻”。

(3) 善待记者

在应对媒体时，每一位有教养的人士都懂得应当善待其工作人员，尤其是辛劳的新闻记者们。对对方待之以礼，往往会有投桃报李之效。

具体而言，现场应对媒体时，善待记者的最佳表现主要有四：

第一，主动合作。应对媒体，本质上就是与媒体进行合作。在应对媒体时，有经验的公务员往往会变被动为主动，主动接近对方，并认真与对方合作。这样一来，对方自然会对己方产生良好印象。

第二，重视时效。对媒体而言，任何信息的时效性均被其看作头等大事。对公务员而言，不论其主动还是被动地披露信息，该信息的有效性通常取决于其时效性。有鉴于此，公务员在具体应对媒体时，必须对相关信息的时效性予以高度重视。

第三，态度友善。回答记者提问时，公务员切勿打断对方，或以表情、举止、语气对对方表达不满。即便对方的问题带有偏见或挑衅意味，亦不应为此而激动或发怒。

第四，平等待人。不论在什么场合，公务员与媒体人员在人格上都处于平等的地位，因此理应对其平等相待。

(4) 弥补失误

公务员在现场应对媒体时，一方面应当一丝不苟，避免失误；另一方面则应在出现失误时尽力弥补。弥补应对媒体时失误的具体做法主要有以下几种：

第一，当场弥补。在现场应对媒体时，一旦发现自己出现某种失误，应当想方设法尽快当场予以更正。切勿置之不理、一拖再拖，进而酿成事端。

第二，事后弥补。假如事后发

现自己或己方应对媒体时有误，亦应在力所能及的前提下，采取一切可能的措施进行补救。

第三，吸取教训。每次应对媒体后，一定要认真收集相关媒体的报道，并对其进行分类分析。对于所发现的问题，要探究原因并设法予以弥补；对于失误与不足，则应及时地总结其教训，力求“不贰过”。

思考题

1. 公务员因何要学习外事礼仪？
2. 在国际交往中遵守国际礼仪有何必要性？
3. 什么是“勿碍他人原则”？
4. 什么是“维护隐私原则”？
5. 何谓外交礼仪？外交礼仪有哪些主要特征？
6. 什么是“不卑不亢原则”？
7. 什么是礼宾序列？它有哪几种主要的排列方法？
8. 什么是身份对等？
9. 哪些外宾才属于国宾？为何要给予国宾最高的外交礼遇？
10. 有关国旗悬挂的外交惯例有哪些？
11. 我国国旗礼仪的基本内容是什么？
12. 演奏我国国歌时，礼仪上有哪些注意事项？
13. 在哪些特殊情况之下，才准许在我国境内演奏外国国歌？
14. 应当如何正确地使用国徽？
15. 公务员应当怎样维护国徽的尊严？
16. 临场应对媒体时有哪些基本注意事项？

第四章 接待礼仪

接待礼仪，在此指的是公务员以其官方身份出面接待到访的宾客时所应当遵守的具体行为规范。遵守接待礼仪，不仅可令来宾有宾至如归之感，而且也有助于宾主双方关系的进一步密切与发展。

学习目的

- 重视接待工作。
- 规范并简化接待工作。
- 掌握规范化的接待礼仪。
- 在接待工作中礼待宾客。
- 避免在接待工作中怠慢客人。

本章要点

- 本章讲授的是接待礼仪。接待礼仪，在此指的是公务员以其官方身份出面接待到访的宾客时所应当遵守的具体行为规范。遵守接待礼仪，有助于宾主双方关系的进一步密切与发展。
- 第一部分讲授的是迎宾礼仪，具体包括：前期准备、现场操作等。
- 第二部分讲授的是招待礼仪，具体包括：时空条件、现场布置、座次安排、具体表现等。
- 第三部分讲授的是交通礼仪，具体包括：遵守规定、精心准备、安全至上、排定座次、照顾帮助等。
- 第四部分讲授的是膳宿礼仪，具体包括：来宾的饮食、来宾的住宿等。
- 第五部分讲授的是送别礼仪，具体包括：道别、话别、饯别、送行等。

《中华人民共和国公务员法》规定：中国公务员应当“忠于职守，勤勉尽责”。

在各级国家机关所从事的诸项日常工作之中，接待工作是既平常琐碎，而又严谨重要的。对于广大公务员来说，在政务交往之中，你来我往、迎来送往，虽然仅仅是通常所从事的大量日常性事务之一，然而因其涉及面甚广，故此普遍受到各级政府、各个部门的广泛重视。

接待，在一般情况之下，所指的是正规的政务接待，亦即公务员以其公职身份对于前来接洽工作、参观学习、巡视检查或是进行访问的团体与个人表示欢迎，给予其照顾，安排其活动，以及在此期间给予对方以应有的礼遇。就各级政府而言，接待工作做得好坏，往往是同本地区、本单位、本部门留给来访者的第一印象的优劣直接挂钩的，并且还会对宾主双方日后的交往与合作产生相当重要的影响。

接待工作要真正做得好，公务员在接待工作中所表现出来的对来访者的敬意与善意要想为对方所接受，只有一个好的办法，那就是在整个接待过程中所做的一切都必须按照接待礼仪的具体规范来进行操作。

各种不同行业，都有各自约定俗成的接待礼仪。国家机关所适用的接待礼仪，也叫作政务接待礼仪或官方接待礼仪。所谓政务接待礼仪，简称接待礼仪，是指公务员在以其官方的身份出面接待来访的宾客时应遵守的具体的行为规范。为了方便起见，以下所说的接待礼仪，指的都是政务接待礼仪。

与公务员所应遵守的其他礼仪规范比较而言，接待礼仪的一大特征，就是要求专司其职的接待人员在接待工作之中，首先应当明确地树立起礼宾的意识。

所谓礼宾，简而言之，主要是要求接待人员在从事接待工作的整个过程中，自始至终都要对自己的一切来宾以礼相待。要知道，对公务员来说，在接待工作中，仅仅开口说上一句“有朋自远方来，不亦乐乎”，是远远不够的。公务员对来宾的尊重、友好、照顾与关心，统统都需要落实在自己所从事的接待工作的各个具体环节之中。礼宾，就其实质来看，就是待客以尊重、友好、照顾与关心，并且能够为对方所接受的一种必不可少的实际行动。

若总揽全局，一定会发现接待礼仪包罗万象，礼宾也应具体体现于一系列不可胜数的细枝末节之中。但是，这并不意味着接待礼仪杂乱无章、无序可循。实际上，与其他一切礼仪规范一样，接待礼仪本身也有一个“纲”。抓住了这个“纲”，就可以“纲举目张”，做好接待工作。

具体来说，接待礼仪的这个“纲”，就是它的两项基本原则。公务员在从事接待工作时，务必牢记并遵守以下两项原则，将其学以致用、付诸实践，就一定能够游刃有余，圆满地完成接待任务。

（1）**节俭务实**

从根本上说，接待工作的目的，是为了维护国家机关的形象，进一步搞好政府的对外交往，更好地为人民服务。为此，既要遵守必要的操作规程，更要注意反腐倡廉，不搞形式主义。接待礼仪中的节俭务实的原则，就是要求各级国家机关在其接待工作中，务必以务实为本、节俭为要、简化程序。不允许搞花架子，不允许铺张浪费，不允许慷国家之慨去拉关系、送人情，不允许耗费民脂民膏。要落实贯彻此项原则，关键是要适应当前新形势的需要，认真遵守党和政府的相关规定，大力简化接待礼仪。在接待工作中，必须始终坚持不摆阔、不务虚、重质不重量、重友谊而不重讨巧。

（2）**与人方便**

任何接待工作，都是双向的、互动的，而且需要根据特定的接待对象不断地调整其具体的内容。接待礼仪中的与人方便的原则，就是要求公务员在其接待工作中务必时刻谨记“主随客便”这一基本要求，处处以接待对象为自己关注的重心，想方设法地方便对方、照顾对方、体谅对方、关心对方。要想对方之所想，急对方之所急，尽自己的一切可能满足对方合乎情理的正当需求。无论如何，都不允许成心为难接待对象、漠视接待对象、冷落接待对象，不允许对对方不理不睬。

一、迎宾礼仪

在接待工作中，迎宾不仅必不可少，而且通常还处于一种举足轻重的特殊位置。就政务接待而言，它尽管存在着一定的特殊性，却依旧不可对其疏忽大意。虽说将迎宾工作搞得过了头是不可取的，然而连必要的迎宾工作都略去不做，也是不负责任的表现。

迎宾，亦称迎接、迎迓或者迎候。它所指的是：在人际交往中，在有约在先的情况下，由主人一方出动专人，前往来访者知晓的某一处所，恭候对方的到来。有时，东道主一方为了表示对来访的重要客人本人的敬意，或是为了表示对对方光临本地一事的高度重视，往往还会在迎宾时举行一种程序约定俗成的仪式，此即所谓迎宾仪式，亦称欢迎仪式。

在非常隆重而正式的情况下，迎宾仪式大抵包括如下四项内容：

（1）**宾主双方热情见面**

宾主双方热情见面，是迎宾仪式的正式开启。此时此刻，面对抵达现场的客人，主人应当迎上前去，握手致意，热情问候。

（2）**向来宾献花**

献花者通常应为女青年，或少先队员。若来宾不止一人，可向每位来宾逐一献花，也可以只向主宾或主宾夫妇献花。向主宾夫妇献花时，可先献花给女主宾，也可以同时向男女主宾献花。

（3）宾主双方其他人员见面

依照惯例，应当首先由主人陪同主宾来到东道主方面的主要迎宾人员面前，按其职位的高低，由高而低，一一将其介绍给主宾。随后，再由主宾陪同主人行至主要来访人员的队列前，按其职位的高低，由高而低，一一将其介绍给主人。

（4）主人陪同来宾与欢迎队伍见面

在一般情况下，欢迎队伍大都由身穿民族盛装、手持花束的各界群众组成。当宾主一道通过欢迎队伍时，欢迎人员应以右手摇动鲜花，面带笑容，高呼"欢迎，欢迎，热烈欢迎"等口号。

在绝大多数情况下，欢迎仪式都在外地来宾抵达本地的现场举行，例如车站、码头或者机场，等等。

目前，本着简化接待礼仪的基本精神，为了廉政务实、提高办事效率，在一般性的人员往来中，尤其是在各级、各地的国家机关之间所进行的相互往来中，均不允许组织专门的迎宾仪式。即使上级领导到基层巡视、检查、调研工作，也不能有所例外。

但是，在极其例外的情况下，诸如接待重要外宾、宗教界人士、少数民族同胞或是海外华人时，在双方达成一致的前提下酌情安排迎宾仪式，则是许可的。

对于政府接待工作来讲，迎宾不仅是其"开场锣鼓"，而且也是整个接待工作中的一场关键的"重头戏"。这主要是因为，在人际交往中，公务员必须高度注意：做任何事情，都应力求善始善终。迎宾工作之于接待工作而言，就是其"始"。在接待工作中，把迎宾工作做好了，令来宾倍感东道主的尊敬、友好与重视，就会令对方对东道主方面产生良好的印象。这个"头"如果真正开好了，此后的接待工作做起来往往就会相对容易许多。

根据接待礼仪的规范，迎宾工作在一般情况下主要分为前期准备与现场操作两个方面。

（一）前期准备

在迎宾工作中，进行必要的前期准备，以求有备而行、有备无患，是绝对不可省略不做的。公务员为迎宾工作所要进行的前期准备，大体上重点应当放到下列三点上。

掌握状况

准备迎宾时，一定要充分掌握迎宾对象的基本状况。迎宾，顾名思义，自然指的是公务员在正式交往中对到访的重要宾客的热烈欢迎。显而易见，对于本单位的同事、相距甚近的同行，大可不必煞有介事地为之安排专门的迎宾活动。即使有必要安排迎宾活动时，对于本地客人与异地来访的客人、常来常往的客人与初来乍到的客人、同行业同部门的客人与跨行业跨部门的客人、职位相同的客人与职位不同的客人、本民族的客人与其他民族的客人、国内的客人与国外的客人，显然也有必要分别加以对待，而不应对其不加区分地一概而论。可见，要做好迎宾工作，就必须对迎宾对象的基本状况有一定的了解。具体说来，它又分为如下四个方面：

（1）**来宾的个人简况**

对来宾尤其是主宾的个人简况，诸如姓名、性别、年龄、籍贯、民族、单位、部门、职务、职称、学历、学位、专业、专长、性格、偏好、著述、知名度、美誉度，等等，一定要预先有所了解。必要时，还需要了解其婚姻、健康状况，以及其政治倾向与宗教信仰。

（2）**来宾的具体人数**

在了解来宾的具体人数时，不仅要务求准确无误，而且应着重了解对方由何人负责、来宾中有几对夫妇，等等。

（3）**来宾此前的来访记录**

如果来宾，尤其是主宾此前前来进行过访问，则在接待规格上要注意前后协调一致。若无特殊原因，一般不宜随意在迎宾时升格或降格。

（4）**来宾自身的计划**

对来宾所通报的自己一方的计划，例如，来访的目的、来访的行程、来访的要求等，应尽早有所了解。在力所能及的前提下，应当在迎宾活动中兼顾来宾一方的特殊要求，尽可能地对对方多加照顾。对于对方的意见、建议，包括以前来访时的意见、建议，要予以高度重视。

制订计划

准备迎宾时，一定要详尽地制订迎接来宾的具体计划。在接待来宾，特别是在接待重要的来宾之前，有必要预先制订专门的接待计划。这样做的话，可有助于使接待工作避免疏漏、减少波折，更好地、按部就班地顺利进行。

拟订接待计划，必须从简务实，一切从实际出发。切记：不摆阔气，不讲排场，不进行攀比。通常，接待计划应由各级国家机关的专管部门，例如接待处、交际处、民委、外办、侨办、台办、港澳办，或是办公厅、办公室负责制订，并报本部门或上级主管负责人核准。

在一般情况下，一项接待计划不一定非要面面俱到不可。但是，根据常规，它至少要包括迎送方式、交通工具、膳宿安排、工作日程、文娱活动、观光游览、会谈会见、礼品准备、经费开支，以及接待、陪同人员等各项基本内容。

单就迎宾而言，接待方亦应有备在先，提前制订好具体计划。在迎宾计划之中，最为重要的有六项内容，即迎宾方式、迎宾人员、迎宾时间、迎宾地点、交通工具、日程安排。在上述迎宾计划的常规内容里，至关重要的是第一项。

迎宾方式，指的是以何种具体方法迎接来宾的到来。进而言之，在政府迎宾活动中，迎宾方式这一具体问题，又可以分为以下三个不同的侧面：

（1）**有无必要安排迎宾活动**

国家机关的迎宾活动，一定要力求少而精。能够不搞的，就坚决不要搞。非搞不行的话，则要求其既要热烈、隆重，更要简朴、务实。

（2）**如何安排迎宾活动**

即使准备搞迎宾活动，也一定要有意识地控制其档次、规模，千万不要为了刻意追求现场效果或博得来宾的欢心，而以大把金钱堆积出毫无实际意义的“人如海，花如潮”的场面。切记：在一般情况下，不得随意进行交通管制，不得随意封路，不得随意清场闭馆。当“有朋自远方来”时，只要有人前去恭候、迎接，对方同样也会感到“不亦乐乎”。

（3）**怎样进行好迎宾活动**

假如决定安排迎宾活动，就务必全力将其做好，而不能敷衍了事。不能只顾奉命行事、交差了事，或只是讲形式、走过场。要进行好迎宾活动，关键是要有责任心，并且在事先要努力将迎宾活动的各个步骤、各个环节考虑周全，并布置周到。例如，除非万不得已，否则千万不要只顾自己省事，而同时、同地、同场为来自不同地区或不同单位的人举行迎宾活动。那样一来，搞不好就会使之产生亲疏远近之分，从而授人以柄，使整个接待工作功亏一篑。

精选干员

准备迎宾时，一定要精心选择迎接来宾的迎宾人员。迎宾活动，说到底，最重要的，是要由东道主方面派遣专人，前去迎候来访者，以示给予对方一定的礼遇。显而易见，倘若离开了迎宾人员，就无所谓迎宾活动了。由此可见，要做好迎宾工作，就要善于选员择将。

从总体上来说，选择迎宾人员时，尤须关注下述三点：

（1）**人数应严格限制**

在一般情况下，迎宾人员在总数上要以少为佳。重要的是要派出精兵强将上阵，而大可不必排出庞大的阵容，大搞“人海战术”。

（2）**身份应大致相仿**

在较为正式的迎宾活动中，特别是在正规的迎宾仪式上，迎宾人员，尤其是其中扮演主要角色的迎宾人员，应在身份上、职位上与来宾特别是主宾大体相似，或是在专业、部门上对口。在迎候贵宾，尤其是迎候正式前来本地进行访问的外国贵宾时，更是要注意这一点。遇有重要来宾到访，东道主方面与之身份相仿者因故不能参加迎宾活动的话，应委托专人代表本人前往。此后，还应在适当之时前去拜会对方，或打电话表示问候。

（3）**职责应划分明确**

要做好迎宾工作，就应将各项具体工作划分清楚，并且包干到人。

通常，参与迎宾活动的人员，主要是由负责人员、对口人员、礼宾人员、陪同人员等几种人所构成的。所谓负责人员，指的是领导者。所谓对口人员，指的是与来宾单位、部门对口的人员。所谓礼宾人员，指的是专门从事接待、典礼、司仪之人。所谓陪同人员，则指的是在接待来宾的整个过程中负责陪伴、照顾对方者。有时，翻译亦可为陪同人员。他们的任务不尽相同，只有划分明确了，才能真正做到各尽其职。此外，参与迎宾活动的人员有时还包括司机、安保、摄影、摄像等服务人员。

（二）现场操作

在迎宾工作中，现场操作进行得是否得当，乃是关键的一环。在具体操作迎宾工作时，有下述五个方面的微观问题绝对不可掉以轻心。只有处理好这些问题，才能使迎宾的宏观计划真正落到实处，使迎宾活动进行得圆满。

斟酌时间

迎宾的时间问题，具体而言又可分为下列三点：

（1）**预先约定**

在宾主双方就来宾到访一事达成协议后，务必在两相情愿、主随客便的前提下，首先确认来宾正式到访的具体时间。随后，在征得对方同意的情况下，还应诚恳地向对方表示，届时将派员前往约定地点，迎候对方的到来。

（2）**再次确认**

由于种种因素制约，来宾到访的具体时间往往并非在约定之后一成不变。有的时候，来宾到访的具体时间受到来宾健康状况、紧急事务缠身，或是天气变化、交通状况等的影响，难免会有较大的变动。为了确保迎宾人员不至于在迎宾时望穿秋水，务必在对方正式启程前再次与对方确认对方抵达的具体时间是否正确无误。除此之外，在对方启程后、抵达前，有可能的话，还须与对方所在单位或交通管理部门保持联系，以便及时地了解对方临时有无时间变化。

（3）**提前到达**

为确保迎宾活动不受影响，迎宾人员，尤其是在其中扮演主要角色的人物，务必提前一刻钟左右到达迎宾地点，以恭候客人们的到来。千万不要迟到，或是根本不到。要是客人们来了之后见不到迎宾人员，或是在迎宾地点久久等候迎宾人员，不但是迎宾人员的失职、迎宾活动的失败，而且往往还会使客人们由此而对东道主一方产生不良印象。迎宾人员在约定的时间内没有接到客人，除与对方所在单位或交通管理部门及时进行联系，以确认详情之外，还务必要坚守岗位，直至接到客人为止。绝不允许在情况不明时擅离职守，也不许临时委托他人代劳。

明确地点

对于不同情况的来宾，迎宾地点往往会有所不同。在一般情况下，国家行政机关用以迎宾的常规地点大致有以下几类：

（1）交通工具停靠站

接待的常规之一，是可在交通工具停靠站迎宾。比较而言，此类地点尤显郑重其事。例如，机场、码头、火车站、地铁站、高铁车站、轻轨车站、长途汽车站，等等。

（2）来宾临时下榻之处

接待的常规之二，是可在来宾临时下榻之处迎宾。此类地点较为方便，但不太正式。例如，宾馆、饭店、旅馆、招待所，等等。

（3）东道主一方用以迎宾的常规场所

接待的常规之三，是可在东道主一方用以迎宾的常规场所迎宾。此类地点最为正规。例如，大型广场、迎宾大厅，等等。

（4）东道主的办公地点门外

接待的常规之四，是可在东道主的办公地点门外迎宾。在此类地点迎宾，往往简单易行。例如，政府大院门口、办公大楼门口、办公室门口、会客厅门口，等等。

前三类地点，多用以迎接异地来访的客人。其中的第三类地点，主要用以迎接贵宾。第四类地点，则大多用以迎接本地来访的客人。在许多情况下，上述四类迎宾地点往往还可以交叉使用。例如，在接待异地来访者时，可先派礼宾人员或陪同人员前去交通工具停靠站迎接对方，而东道主一方的主要负责人员则可在稍后恭候于自己的办公地点门外或来宾的临时下榻之处，以欢迎对方的光临。

东道主一方在酌情确定迎宾地点时，一要看对方的身份，二要看双边的关系，三要看自身的条件。一定要注意的是，确定迎宾地点，尽管讲究的是客随主便，然而一旦将其确定，就要尽快地、准确地通报给来宾一方。与此同时，还须对迎宾地点稍事整顿，不一定非要张灯结彩，披红挂绿，但一定要确保其干净整洁、交通便利、有利安全。

确认身份

迎接来宾时，尤其是在人来人往、车水马龙的交通工具停靠站迎接素不相识的来宾时，一个不可忽略的问题是，务必首先确认来宾的身份，以防张冠李戴，使宾主双方错过。

确认来宾的身份，通常有以下四种方法可行：

（1）使用接站牌

使用接站牌时，牌子要正规、整洁，字迹要大而清晰。不要随便用纸乱写。尽量不要用白纸写黑字，不要让人感到晦气。接站牌的具体内容，有四种主要写法：一是“热烈欢迎某某同志”；二是“热烈欢迎某单位来宾的光临”；三是“某单位热烈欢迎来宾莅临指导”；四是“某单位来宾接待处”。其中，第一与第二种写法，分别适用于迎接某一个人或某一单位的人；第三与第四种写法，则有意识地“淡化”了具体的迎接对象，适用于迎接众多单位或众多个体的来宾。

（2）**悬挂欢迎横幅**

在迎接重要来宾或众多来宾时，此法比较适用。其具体内容，多与接站牌的内容相似。通常，欢迎横幅应以黑色毛笔字书写于红纸之上，或是将写在黑纸上的字迹以一定规格剪贴在红色布帛之上。欢迎横幅一定要书法精美、剪贴端正、悬挂于醒目之处，切勿写错来宾的单位名称、名字，切勿使之出现错别字，或是缺字、掉字、脏兮兮，或是挂得歪歪扭扭。目前，本着简化接待礼仪的精神，此种方法已基本不用。有时，亦可使用电子显示屏显示相关的欢迎内容，以替代欢迎横幅。

（3）**佩戴身份胸卡**

身份胸卡，在此特指迎宾人员在迎宾现场所采用的，以供来宾确认本人身份的一种标志性胸卡。其内容主要为本人姓名、工作单位、所在部门及现任职务等。迎宾人员所使用的身份胸卡，一般应统一制作。它的大小，多与名片的大小相仿，即应为长 9 厘米、宽 5.5 厘米。它多为在白卡纸上打印黑色字体，然后覆膜，或装入塑料套。可将其别在左胸前，或套在脖子上，但对此应进行统一要求。

（4）**进行自我介绍**

迎接来宾，如不能确认其身份，为了万无一失，可主动上前“毛遂自荐”、自报家门，让对方通过你的自我介绍，确认一下自己是不是你所要寻找的对象。在此情况下进行自我介绍，大都应当首先介绍本人的单位、职务和姓名，然后方可询问对方“从何而来”，或者“来系何人”。倘若将这一合理顺序前后倒置，或是只询问对方的身份而不做自我介绍，则未免显得过于唐突无礼。

在方便、务实的前提下，上述四种确认来宾的方法，可以交叉使用。

施礼致意

毫无疑问，来宾在抵达之初，对于迎宾人员的态度是极其介意的。因此在迎宾之时，迎宾人员务必表里如一、言行一致地表现出对来宾的欢迎之意。此刻，施礼致意无论如何都是不可或缺的。

在迎宾之时向来宾施礼致意，最重要的是要做到下列四点：

（1）**热情握手**

与来宾相见之初，迎宾人员一定要主动伸手与对方相握。若宾主双方当时在场者不止一人，与来宾握手时，务必采用合乎惯例的顺序。行握手礼时，勿忘面含微笑、热情洋溢。

（2）**主动寒暄**

与来宾相见后，切勿一言不发、漠然视之。得体的做法，是要与之略做寒暄。例如，应对来宾逐一表示“欢迎，欢迎”，或是“路上辛苦了”。对于老相识，可以说“很高兴再次相见”，或是问候其家人安好。对于初次见面者，则可以说：“您好，欢迎光临！”应当注意的是：对于远道而来、旅途劳顿的来宾，一般不宜深谈。对于熟人与生人、同性与异性、本地来人与外地来人、本民族人士与其他民族人士、同胞与外宾、职务高者与职务低者，均应一视同仁，切勿表现得亲疏有别。

（3）**有问必答**

在某些情况下，来宾难免会有一些疑问，需要迎宾人员予以解答。遇到此种情况，不仅不允许避而不答、一问三不知，而且在回答问题时还要尽量地详尽、准确、耐心。万一当时遇上了难于作答的问题，也要想办法给予对方合理的答案。一时解答不了的话，应先向对方说明，然后尽早答复对方。对于来宾所关心的工作日程、膳宿安排、交通工具、行李运送等常规问题，迎宾人员还可以主动地向对方进行尽量详尽的介绍。

（4）**服务周到**

接到来宾后，在步出迎宾地点时，迎宾人员应主动为来宾拎拿行李。届时，切勿令来宾的行李离开其视线。对于来宾手中的外套、坤包或是密码箱，则没有必要为之“代劳”。有专车接送时，迎宾人员应将来宾送至车上，在来宾所乘车辆离开自己的视线之后，方可离去。必要之时，应安排专人陪车。若无专车迎接，则迎宾人员应负责为来宾找寻出租车。对其不理不睬，而听任对方自带行李、自找车辆，是一种失职的表现。

引导来宾

来宾的引导，指的是迎宾人员在接待来宾时，亲自为之带路，或是陪同对方一道前往目的地。在迎宾活动中，引导来宾既是一桩例行公事，同时也是东道主方面给予来宾的一种礼遇。

在引导来宾时，引导者的身份、引导中的顺序、引导时的提示是最主要的三个礼仪问题。下面，将分别对其加以介绍。

1. 引导者的身份

在引导来宾时，引导者系何身份，通常与东道主一方对来宾的重视程度直接相关。

在一般情况下，负责引导来宾的人，多为来宾接待单位的接待人员、礼宾人员、专门负责此事者，或是接待方与来宾单位对口的办公室人员、秘书人员。

如果来宾较为重要，则可由接待方与来宾单位对口的负责人员出面引导来宾。

倘若贵宾到访，或是为了对来宾表示东道主一方的特殊的尊敬，则还可由东道主单位的最高负责人，甚至其上级单位的主要负责人亲自上阵，充任引导者。

需要强调的是：引导来宾，重在表示对来宾的重视，而不宜强调引导人员人数的多寡。为来宾引导时兴师动众、前呼后拥，是毫无必要的。

2. 引导中的顺序

引导中的顺序，具体所指的是引导者为来宾引导时，宾主双方所处的前后左右的具体方位。在引导来宾时，这一问题礼节性最强。对迎宾人员而言，明确引导中的顺序，其实是人人需要重视的一项基本功。

在引导来宾时，具体到顺序问题上主要会遇到下列五种情况：

（1）**宾主并排行进**

宾主双方并排行进时，引导者应主动在外侧行走，而请来宾行走于内侧。若三人并行，通常中间的位次最高，内侧的位次居次，外侧的位次最低。宾主之位，此时可酌情而定。

（2）**宾主单行行进**

不宜并行时，一定要自觉遵守交通规则，单行行进。在单行行进时，循例应由引导者行走在前，而使来宾行走于其后，以便由前者为后者带路。

（3）**出入房门**

出入房门时，引导者须主动替来宾开门或关门。此刻，引导者可先行一步，推开或拉开房门，恭请来宾首先通过。随之再轻掩房门，赶上来宾。

（4）**出入电梯**

出入无人控制的电梯时，引导者须先入、后出，以操纵电梯。出入有人控制的电梯时，引导者则应后入、后出，以示对来宾的谦让。

（5）**出入轿车**

如果引导者与来宾乘车出行，宾主不同车时，一般应为引导者车辆在前，来宾车辆居后；宾主同车时，则大都讲究引导者后登车、先下车，来宾先登车、后下车。

3. 引导时的提示

在引导来宾时，引导者除了与来宾进行正常的交谈之外，往往还会就某些必要的情况，对来宾进行介绍或提醒。此即所谓引导时的提示。

引导时对来宾所进行的提示，主要涉及如下五种情况：

（1）**提示其前往何处**

引导来宾进入大院、大楼、写字间、会客室、休息室前，应向对方主动说明此系何处。

（2）**提示其会晤何人**

引导来宾前去会晤某人，而宾主双方此前并未见过面的话，须提前告知来宾“我们现在前去张市长的办公室”，或者“李副局长正在会客室恭候各位”，以便让对方思想上有所准备。

（3）**提示其注意方向**

引导来宾上下楼梯出入电梯、进出房间、通过人行横道或需要拐弯时，须提醒来宾："请各位这边走。"

（4）**提示其所乘车辆**

引导来宾乘坐车辆时，务必告知对方："请各位上某某号车。"

（5）**提示其关注安全**

引导来宾经过拥挤、坎坷或危险路径时，必须叮嘱一下对方："请各位留神"或"请注意某处"。

进行引导时，相关人员还要做到"话到""手到""意到"。

其一，"话到"。所谓"话到"，是不要忘记在必要时告知来宾"各位请""请这边走"。

其二，"手到"。所谓"手到"，在此指的是在"话到"的同时，应辅以必要的手势，即以一只手掌心向上，五指并拢，伸直后为来宾指示方向。

其三，"意到"。所谓"意到"，则是要求相关人员专心致志、聚精会神、表里如一；切不可三心二意、心不在焉。在引导来宾时，切勿一味沉溺于高谈阔论，免得令来宾走神，致使其当众跌跤丢人。

二、招待礼仪

在接待工作中，对来宾的招待乃是重中之重。要做好接待工作，最重要的是要以礼待客。而礼待宾客与否，又主要地体现在东道主对来宾的招待方面。

招待，在此特指公务接待中的现场接待。招待礼仪，亦称待客礼仪。它所指的，主要是在来宾正式前来登门拜访时，主人所给予对方亲切而热情的欢迎和接待中所涉及的礼仪规范。对各级国家机关而言，招待礼仪，具体是指在招待因公前来拜访的来宾时所应当遵守的礼仪规范。

具体操作招待礼仪时，公务员必须自觉地遵守以下三项规则，否则便可能会劳而无功。

其一，遵法守规。从事招待工作的公务员，必须遵守与此相关的法律、法规、纪律，切勿违法违纪违规。

其二，量力而行。招待任何人，都必须兼顾本单位、本部门的实际状况，一切从实际出发，务必量力而行。招待工作倘若超出了自身能力，则显然毫无必要。

其三，过犹不及。招待他人，不论总体的态度还是具体的细节，均应以对方的感受为第一，切记过犹不及。

在现实生活里，公务员所从事的招待工作往往牵涉面甚广。其中最为关键的礼仪问题，当数招待的时空条件、现场布置、座次安排、具体表现等四点。

（一）时空条件

与从事其他任何具体工作一样，公务员在招待来宾时，不能不优先考虑时间与空间方面的具体条件是否符合要求。

▍时间条件

招待来宾的时间条件，在此主要涉及两个基本问题。一是来宾何时正式抵达；二是来宾将要停留多久。对于上述两点，绝对不容许有所忽略。如果在来宾正式登门拜访时，因为接待人员的考虑不周，而让对方吃闭门羹，被抛在一旁，或者遭到驱赶，无疑会伤人至深，并且有损于政府形象。

得知有人将要登门拜访，或是与他人商议邀其上门做客时，有经验的人一定会预先与对方商定对方正式抵达的具体时间和将要停留的时间长度。在具体商定时间问题时，既要讲究主随客便，又要注意顾全双方。假如感觉到来宾所提出的适合于对方的时间确有不便，主人不妨直言相告，而大可不必勉为其难。假如没有特殊原因，主人一方通常不宜以节假日、周末、午间、夜间作为招待来宾的时间。

目前，有的国家机关及其具体部门为了便于为社会服务、为群众服务，公开承诺以某一固定的时间作为“群众接待日”或“领导接待日”。如欲使之发挥良好的功效，务必以告示的形式将其张榜正式公布，或借助于媒体向社会发布。

招待来宾的具体时间一经商定或公布，便不宜再做变动。唯有对此严加恪守，才会取信于人。

▍空间条件

招待来宾的空间条件，此处指的是公务员待客时的具体地点的选择。一般而言，公务员在公务活动中待客的常规地点，有办公室、会客室、贵宾室、接待室等。接待一般的来访者，可在自己的办公室进行。接待重要的客人，可选择专门用来待客的会客室。接待身份极其尊贵的来宾，有时还可选择档次最高的会客室——贵宾室。至于接待室，则多用于接待就某些问题专程来访之人。

选择待客地点时，应当量力而行，并且以务实为本，切勿贪大求洋或本末倒置。与此同时，还需要尽可能地对待客活动的特殊性予以兼顾。在有可能的情况下，应当使待客地点尽量保持安静，并且不宜受到外界的打扰。有鉴于此，就应尽可能地避免以大楼底层的房间、临街的房间、面对机关大门的房间、紧邻中央空调的房间、临近电梯或楼道的房间、接近公用卫生间的房间作为待客的地点。相反，楼层高的房间、背街的房间、远离机关大门的房间、不邻中央空调的房间、距离电梯或楼道较远的房间、远离公用卫生间的房间，往往是待客地点的最佳之选。

不论选择何处作为待客地点，均须提前告知来宾。必要时，还须安排专人迎候、引导来宾。假如待客地点在一定的时间之内固定不变的话，则还须在其门上悬挂醒目的标志。必要时，还须设置指引客人之用的“指向标”。

（二）现场布置

招待来宾的地点确定之后，往往有必要对其室内进行必要的布置。接待礼仪要求，在布置招待来宾，尤其是招待重要来宾的现场时，必须认真兼顾以下七点：

（1）**光线**

招待来宾，一般宜在室内进行。室内的光照，应以自然光源为主，以人造光源为辅，切勿使光线过强或过弱。无窗的房间，通常不宜作为正式的接待室。可能的话，招待来宾，尤其是招待贵宾的房间最好面南。如担心阳光直射，则可设置百叶窗或窗帘予以调节。使用人造光源时，最好使用顶灯、壁灯，尽量不要使用台灯或地灯，特别是不要以之直接照射来宾。使用彩灯、漫光灯或瀑布灯，则是毫无必要的。

（2）**色彩**

招待来宾的现场，通常应当布置得既庄重，又大方。在这一原则下，要将房间之内的色彩，特别是主要装潢、陈设（例如桌椅、窗帘、台布等）的色彩，有意识地控制在一两种之内，并且最好不要令其超过三种。否则就会让来宾眼花缭乱，感觉无所适从。在选择招待现场的主色调时，应优先考虑浅蓝色、浅绿色，不要选用过于沉闷的白色、灰色、黑色，不要选用过于热烈的红色、黄色、橙色，也不要选用易于给人以轻浮之感的粉色、金色或银色。令人眼花缭乱的花色，亦不宜选用。

（3）**温度**

有条件的话，要对用以招待来宾的房间之内的室温加以调控。考虑到正式场合来宾通常会穿套装、套裙、制服，故此室温以24℃左右为最佳。因为它是人体体温的“黄金分割点”，令人最为舒适。室温低于18℃，往往令人寒冷难耐。室温高于30℃，则又可能会令人燥热不堪。与此同时，还需要注意：室外气温较高时，室内外温差不宜超过10℃。调控室温的最好方法是使用空调。使用空调时，夏季的室温通常不应低于26℃，冬季的室温则不应高于20℃。不具备条件者，亦可利用电风扇或电暖器。使用电风扇或电暖器时，切勿令其距离来宾过近，或对着来宾直“吹”。使用空调等调节室温的工具时，须兼顾节能与环保问题。

（4）**湿度**

湿度，又称相对湿度，指的是空气之中水分含量的多少。一般认为，相对湿度为50%左右最是舒适宜人。相对湿度过高，往往会令人感到憋闷压抑，甚至呼吸不畅。相对湿度过低，则又会让人觉得干燥不堪，并且易生静电。因此，在布置专门用以待客的房间时，对湿度问题应予以一定的重视。必要之时，应装设换气扇或加湿器。前者用来在相对湿度过高时通风换气，后者则用来在相对湿度过低时增湿润气。

（5）**安静**

为了使宾主的正式会谈不受打扰，待客地点的安静与否至关重要。除了其具体地点的选择有一定之规外，在进行室内布置时，亦须注意下列几点：地上可铺设地毯，以减除走动之声；窗户上可安放双层玻璃，以便隔音；茶几上可摆放垫子，以防安置茶杯时出声；门轴上可添加润滑油，以免关门或开门时噪声不绝于耳。在现场服务的接待人员或其他人员，均不宜穿行走时易于敲击地面的硬底、硬跟鞋。

（6）**卫生**

有位礼仪专家尝言：“一个单位的会客室、接待室、贵宾室与卫生间，既是其脸面，又是其窗口，往往会先入为主地给来宾留下难以磨灭的深刻印象。”对于这一点，接待人员不可不知。说实话，因为国家行政机关财力有限，没有可能也没有必要将自己的待客之处布置得犹如上市公司与星级宾馆一般。但是，对于自己的力所能及之事，例如室内卫生，绝对不可予以忽略，或是凑合了事。在待客的房间之内，一定要保持空气清新、地面爽洁、墙壁无尘、窗明几净、用具干净。除每日打扫室内卫生、保证空气流通外，必要时还可在接待室内安放空气净化器。

（7）**陈设**

房间内部的陈设，往往可以直接地反映其主人的情趣与品位。在布置专门用以待客的房间时，其室内的陈设一定要注意下列三点：第一，务求实用。一般来讲，在待客的房间之内放置必要的桌椅和音像设备即可。必要时，还可放置一些盆花或插花。诸如奖状、奖旗、奖杯等奖品，绘画、挂毯、壁挂等装饰之物，是没有必要摆放或悬挂在其中的。在一般性的招待场所，鲜花通常也不必摆放。第二，以少为佳。即使必要的陈设用品，也不要摆放或悬挂过量。不然的话，就会给人以杂七杂八、凌乱不堪之感。第三，完整无缺。待客之处所使用的用品陈设，一般不应为残、破、次、损、坏、废之物。非要以次充好，或是任其残破不堪，往往得不偿失。

（三）座次安排

会客时的位次排列

在招待来宾时，特别是在专门的会客室、贵宾室、接待室之内招待来宾时，宾主双方的具体座次（也即位次）问题，往往令人十分敏感。在处理这一问题时，接待方倘若稍有误差，则难免会失礼于人。

按照接待礼仪的约定俗成之法，公务员在招待来宾、排列宾主之间的具体座次时，主要有如下六种规则可行：

是主人的顶头上司，或者尊长。

（1）**面门为上**

有时宾主双方会采用“相对式”就座，即宾主双方面对面而坐。它意在显示双方公事公办，并保持适当的距离。采用“相对式”就座时，依照惯例，通常以面对房门的座位为上座，应将其让与来宾；以背对房门的座位为下座，宜由主人自己在此就座。此即“面门为上”规则。

（2）**以右为上**

有些时候，宾主双方在正式会面时，为了显示彼此之间关系平等或亲密无间，往往会“平起平坐”，即宾主双方并排就座。这种座次的排列之法，可称为“并列式”。“并列式”排位的标准做法是：宾主双方共同面对正门并排就座。此时，须以并排而坐的宾主双方的视角为准，以右侧为上，应请来宾就座；以左侧为下，应归主人自己就座。此即“以右为上”规则。若宾主双方参与会见者不止一人，则双方的其他人员可分别按照各自身份的高低，由近而远地在己方负责人一侧依次就座。有时，宾主双方的其他人员也可以分别面对着己方负责人就座。

（3）**居中为上**

如果来宾较少，而东道主一方参与会见者较多，往往可以由东道主一方的人员以一定的方式围坐在来宾的两侧或者四周，而请来宾居于中央，呈现出“众星捧月”之态，这就是所谓“居中为上”的排位规则。毋庸置疑的是，此刻的上座乃是位居中央之处。此时，来宾通常

（4）**以远为上**

受主客观条件的限制，有时宾主双方并排就座时，并非面对房间的正门，而是居于房内左右两侧之中的某一侧。在此情况下，一般以距离房门较远的座位为上座，应请来宾就座；而以距离房门较近的座位为下座，应由主人本人就座。此即“以远为上”规则。道理十分简单：离房门近者易受打扰，离房门较远者则受到的打扰较少。

（5）**佳座为上**

在某些情况下，座次的尊卑难以由其所处的具体方位而决定，而是取决于座位的好坏。单以座位的好坏来确定座次的尊卑，即所谓“佳座为上”规则。一般认为，长沙发优于单人沙发，沙发优于椅子，椅子优于凳子，较高的座椅优于较低的座椅，宽大舒适的座椅优于狭小而不舒适的座椅。在上述几种情况之中，前者显然较后者为佳，故可视之为“佳座”。

（6）**自主为上**

接待同时来自不同单位、不同部门、不同职务的多方来访者时，若无特殊的必要，可不必为对方安排具体的座次，而任其自主择座。这样做，既不会给来宾以厚此薄彼之感，又会令对方免受拘束。这就是所谓“自主为上”规则。有时，未及主人让座，来宾便自行选择了座位，并且已经就座，此刻主人亦应顺其自然。不到万不得已，一般没有必要再请来宾挪动座位。既然主

人讲究的是“主随客便”，那么客人爱坐哪里就坐哪里；客人坐在哪里，哪里便是上座。此为择座时“自主为上”规则的另外一层含义。

(四) 具体表现

在客人登门拜访之时，身为主人的公务员应使自己临场的一切表现都中规中矩。具体来讲，作为一名公务员，在其公务接待中，最重要的是要使自己的所作所为既符合礼仪规范，同时又不失自己的身份。有鉴于此，下列五个方面的具体表现尤其应当特别加以注意。

专门恭候

有许多时候，前来国家机关登门拜访的客人，往往是有约在先，并且如约而至的。在这种情况下，负责招待来宾的有关人员一定要恪守约定，准时在宾主双方先期约定的地点恭候对方的到来。在一般情况下，为了防止来宾来访时“吃闭门羹”，负责招待对方的有关人员须至少提前 10 分钟抵达双方所约定的地点。必要之时，还应专门在约定地点的正门之外迎候来宾。倘若负责招待来宾的有关人员一时因故难以脱身，可临时请求本单位、本部门的其他人员代劳，并且要请其向来宾转达自己的歉意，解释本人临时不能到场的具体的缘由。

无论如何，主人一方都不应当迟于客人抵达约会地点，尤其是不允许让对方久久地在那里等候自己。至于将约会置诸脑后，或者擅自取消约会，则更是属于非礼之举。

起身相迎

应当明确的是：凡登门拜访自己者，都是自己的客人，都有理由受到自己热情的欢迎与合“礼”的招待。切不可对熟人与生人、外国人与中国人、本地人与外地人、本单位的人与外单位的人、异性与同性、职务高的人与职务低的人、求之于己的人与自己有求于对方的人，有亲有疏、有厚有薄，有时以礼相迎，有时则无礼相对。

在一般情况下，凡客人登门之际，主人均须起身相迎。即使正在忙于公务，也要暂停片刻。不仅如此，主人与客人见面之初，还须面含微笑，主动伸出手去与对方一一握手，并且对来宾一一表示“欢迎”。然后，应立即请来宾进入室内就座。此时，主人若坐而不起、忙而不停、不苟言笑，或者不与来宾握手、打招呼并且为对方让座，则明显地会给人以怠慢客人的印象。

盛情款待

公务员在自己的工作岗位之上，对于任何登门拜访的客人，不论对方是自己的顶头上司还是平头百姓，都要在力所能及的范围之内给予对方亲切而热情的招待。其中特别重要的有如下四点：

(1) **让座于人**

有关宾主座次排列的具体规则，前面已有介绍，在此不再赘述。需要指出的一点是：主人应请客人首先就座，至少也要与之同时入座。若主人在客人之前就座，则为失礼之举。

(2) **代存衣帽**

有不少知书识礼的客人，在登门之初往往会主动地摘下自己的帽子，脱下自己的大衣、外套，此举意在表明对主人的敬意。遇到这种情况时，主人不妨援之以手，将对方的衣帽接过来，然后将其放置在衣帽间内，或是悬挂在专用的衣帽架、衣帽钩上。

(3) **斟茶倒水**

敬茶，是中国人自古以来待客时不容缺少的礼数之一。在公务接待中，亦须照此办理，主动地为来宾斟茶倒水。需要强调的是：为来宾准备饮料时，最好是能够满足对方的具体要求，区别对待。例如，中国人爱喝热茶，外国人则大多爱喝咖啡、矿泉水，彼此的偏好便不好一概而论。此外，为来宾上饮料时，还须确保其干净卫生与保障足量的供应。

(4) **殷勤相助**

当来宾有求于自己时，在合乎规章制度，并且力所能及的条件下，应当尽心竭力地帮助对方。不要虚与委蛇，更不要一推了事。

认真专注

在客人前来拜访时，主人的头等大事，就是要做好接待对方的工作。为此，自己在现场的一切表现都要让来宾感觉到一心一意、全神贯注。

与来宾交谈时，务必认认真真地洗耳恭听、聚精会神。切不可一心二用、所答非所问。那样做，必定会得罪于人。

公务员务必切记：不要在招待来宾时忙于处理其他事务。例如，届时切莫打电话、发传真、刷微信、看微博、批阅文件、寻找材料、收发电子邮件，或是与其他同事交谈，等等。万一非得中途暂时离开一下，或是去接一下电话，事先别忘记要向来宾表示歉意。

最好不要在同一时间内在同一地点接待来自不同地方、不同单位的人士。要是遇上了这种情况，可按“先来后到”的顺序接待，也可以安排其他人员分别予以接待。

略加挽留

在一般情况下，不论宾主双方会晤的具体时间的长度有无约定，客人的告辞均须由对方首先提出。主人首先提出来送客，或是以自己的动作、表情暗示厌客之意，都是极其不礼貌的。

当来宾提出告辞时，主人通常应对其加以热情挽留。可告知对方自己“不忙”，或是请对方“再坐一会儿”。

若来宾执意离去，主人可在对方率先起身后起身相送。通常，主人至少应当在客人起身之后再起身，随后将登门拜访者送至门外，并且与对方握手话别。在此刻握手，切记应当由来宾首先伸出手来才对。主人倘若在来宾之前伸出手来，则难免有逐客之嫌。必要时，主人应在来宾离去时相送一程，至少也要等到对方走出自己的视野之外，方可转身离去。

三、交通礼仪

在各种类型的公务接待活动之中，接待方往往有必要为来访之人安排专门用来供对方使用的交通运输工具。所谓交通礼仪，在此是指接待方在正式的公务接待活动之中，在为来宾安排、准备、挑选专供对方使用的车辆、船只、飞机时所需要遵守的礼仪规范。遵守交通礼仪，是做好接待工作的题中应有之义，也是接待方为来访者提供良好服务的主要内容之一。

就一般情况而言，接待人员所应当遵行的交通礼仪，主要涉及遵守规定、精心准备、安全至上、排定座次和照顾帮助五个具体的方面。

(一) 遵守规定

孟子说过：“不以规矩，不能成方圆。”在公务接待中，接待方在为来宾安排、准备、选择交通工具时，不仅要尽可能地对对方有所关心、照顾，而且也要严守国家机关在此方面相关的制度和政策规定。

具体而论，接待人员在公务接待活动之中为来宾安排、准备、选择交通工具时，特别需要注意下述三点：

(1) 费用不得超标

为来宾安排、准备、选择交通工具，既要求舒适为要，也要强调勤俭节省。在具体操作时，务必严格遵守国家有关公务往来中费用支出与报销的具体规定，坚决不准违纪超标。即使按照协议有关费用由接待对象自理时，亦须注意此点。此外，也不要在为对方代办时花费过高，从而让对方为难。

(2) 档次不得违规

目前，国家机关对接待来宾的交通工具的档次都有明文的规定。与此同时，人们因公外出时所选乘的交通工具，在档次上也有明确的限制。什么时候该乘飞机，什么时候该乘客轮，什么时候该乘火车，什么时候该乘汽车，往往不是个人一厢情愿之事。

不仅如此，就是在选乘或安排某种交通工具时，到底需要选择何种具体类型，例如，需要选择几等舱，需不需要选择带有空调设备者，需要软卧、硬卧抑或硬座，需要商务座、一等座还是二等座，等等，同样也必须遵守有关规定。

宾主双方在对待这一问题时，一定要以工作为重、以节俭为重，不要为了讲究排场或贪图安逸而慷公家之慨去享私人之乐。

（3）**操作不得造假**

接待人员在受命为来宾安排、准备、挑选交通工具之后，必须公事公办、专款专用。绝对不允许在操作之中阳奉阴违、假公济私。

不准将用作公务接待的交通工具挪作他用，或是将专门用以支付公务接待中所使用的交通工具的费用挪作他用。不允许随意以公务接待之名征用、租用甚至无偿占用社会各界的交通工具，不允许擅自将以公务接待之名购买、租用或商借的交通工具供本单位私用，或是供个人私用。

（二）精心准备

为来宾安排、准备、选择交通工具时，接待人员通常有大量的准备工作要做。其中最重要的，是要兼顾如下四点：

（1）**日程安排**

为来宾安排、准备、选择交通工具时，必须优先考虑对方的日程安排。在一般情况下，无论如何都不要因为接待方的考虑不周而打乱对方的既定日程。在此方面，重要的是，要与来宾一方多沟通，对对方的既定日程要有充分的了解。千万不要对此不理不睬，或是自作主张，从而给对方的活动增添许多不必要的麻烦。

（2）**方便舒适**

如有可能，在为来宾安排、准备、选择交通工具时，要优先考虑便利指标优、舒适程度高、服务质量好、社会声誉佳者。注意此点的最大好处，是可以防患于未然，并且使来宾高兴而来、满意而去，旅途愉快开心。如果忽略了此点，使来宾在旅途之中多受周折、劳顿或者感觉不快，往往会直接影响到对方对接待方的整体评价。

（3）**顺畅快捷**

为来宾安排、准备、选择交通工具时，在兼顾上述两点的同时，还须考虑其方便快捷的程度。一般而言，应当为来宾选择时速较快，并且直达目的地的交通工具。尽量不要让对方在交通工具上白白地浪费过多时间，也不要无缘无故地令对方在途中多次换乘其他交通工具。还须注意的是：最好不要让来宾在凌晨或子夜动身上路，也尽量不要让对方在清早或深夜抵达目的地。否则，会给对方平添不少麻烦。

（4）**专人负责**

接待方在对来宾的接待工作进行全盘安排部署之时，一定要确定专人负责对方的交通工具的安排、准备与选择。从事此项工作的人，不仅要业务好、经验丰富、责任心强，而且还要具有较强的协调能力与组织能力。此外，此人还应当善于进行沟通，并且善于随机应变。因为在接送、派车、订票、购票、改签或确认等一系列的具体工作上，若非具有如此素质者，往往难当此任。

（三）安全至上

俗话讲：走马行车三分险。人在旅途，安全第一。接待方在为来宾安排、准备、选择交通工具时，对此不可不察。在有关安全的具体注意事项方面，接待方对下列三点特别应当加以重视：

（1）**树立安全意识**

要树立安全意识，重要的是要时时、处处、事事把交通工具的安全与否当作头等大事对待，要把它放在心里，并且认真地将其落实于具体行动之上。在公务接待活动开始之前，一定要对全体接待人员进行一次专门的安全教育，使安全意识切切实实地深入每一名接待人员的脑海之中，并使其在整个接待工作中能够自始至终绷紧这根弦，从而杜绝隐患和事故，防患于未然。

（2）**采取安全措施**

对接待者而言，仅有安全意识，还是远远不够的。要真正地做好安全工作，重要的是要有一系列行之有效、相互配套的安全措施来将安全意识具体落到实处。在一般的公务接待中，对于交通路线、交通工具，接待方不仅要提前精心选定，而且还须认真加以核查。对于交通工具的驾驶人员以及其他工作人员，亦须认真选拔身心健康、业务精良、责任心强、政治上可靠者。在重要的公务接待中，为了确保来宾的生命安全，接待方除了要采取常规的安全措施之外，还应采取必要的保密措施。采取安全措施，不仅要有一整套的规章制度可循，更为要紧的是使每一名接待人员都能够自觉地、主动地遵守相关的安全措施。

（3）**遵守安全规章**

不论乘坐本单位的交通工具，还是乘坐公共交通工具，都要严格地遵守有关的安全规章。这是确保交通安全的一项根本措施。有关人员对如下几个方面的安全规章尤须认真了解、认真遵守：

第一，负责为来宾驾驶交通工具者，一定要严守交通规则。在通过拥挤、危险或状况不明之处时，切记“一慢，二看，三通过”。千万不要自以为是，或是为了逞英雄而与其他的交通工具“争先恐后”。尤其是不要为了抢时间而违规行驶、疲劳行驶或超速行驶。此外，还应严格忌酒，并且禁止在驾驶期间与他人聊天、接打手机、收发微信，或服用禁用药物。

第二，接待人员陪同来宾一同乘坐交通工具时，应提前婉言相告于对方，不要随身携带一切易燃、易爆、剧毒、放射等危险物品，以及枪支、弹药、刀具等武器，不要违章携带一切禁止随身携带的其他违禁物品。在有些交通工具上的某些人员，例如，飞机上的乘客和轿车上的司机，通常还被禁止使用移动通信工具、便携式电脑、电子玩具等有碍交通安全的物品。

第三，在搭乘交通工具期间，务必严守一切有利于交通安全的成规戒律。例如，在乘坐轿车或飞机时，必须按规定系上安全带。在交通工具行驶期间，乘客要尽量避免有碍驾驶员工作的活动，不要前往驾驶室参观，不要与其攀谈。对于标有禁止触动、触摸标志的物品，如制动阀、紧急出口等，千万不要随便乱动。按规定禁止前往的区域或是禁止的活动，亦不得明知故犯。

（四）排定座次

在各式各样的交通工具之中，座次的尊卑优劣往往显而易见。接待方在为来宾安排、准备、选择交通工具时，对于座次的安排这一礼仪性甚强的问题，是绝对不允许不加重视的。

具体而论，在公务接待活动之中为来宾安排或选择其乘坐的交通工具的座次，大体上会遇到以下两类情况：

第一，交通工具的座次不可选择。这种情况，主要出现在选乘公共交通工具时。不同座次的票价往往有所不同，掏多少钱买什么座次的票通常都是既定的，因而可供自行选择的余地往往不大。例如，飞机上的头等舱、公务舱、超值经济舱、经济舱，火车上的商务座、特等座、一等座、二等座、包厢、软卧、硬卧、下铺、中铺、上铺、软座、硬座，在价位上都相去甚远。

第二，交通工具的座次可以选择。这种情况多见于使用本单位的交通工具之时。在选乘有些可供选择座次的公共交通工具时，这种情况也会出现。

为来宾安排或选择对方所乘坐的交通工具的具体座次时，总的指导性原则有三：

其一，符合常规。即要按照通行的礼待宾客的惯例去做。

其二，量力而行。即要兼顾当时的具体的客观条件去做，不必勉为其难。

其三，主随客便。即要尊重来宾自己的选择，或者尽可能地满足对方在此方面所提出的要求。在力所能及的前提下，对方愿意坐在什么地方，最好就安排他们在那里就座。

在上述三项指导性原则之中，当数“符合常规”这一项原则最为重要。在为来宾选择交通工具的具体座次时，假如不符合常规，往往会失敬于对方。以下分别介绍一下有关轿车、公共汽车、火车、客轮以及飞机的座次常规。

（1）轿车的座次

乘坐轿车的规则

在专职司机所驾驶的轿车之上，我国的座次常规一般是：右座高于左座，后座高于前座。以一辆目前在国内公务接待中最为常用的双排五人座轿车为例，车上座次的尊卑自高而低依次应为：后排右座，后排左座，后排中座，前排副驾驶座。在公务活动中，尤其是在公务接待之中，轿车上的前排副驾驶座通常被称为“随员座”。按惯例，此座应由陪同、秘书、译员、警卫或助理就座，而不宜请客人在此就座。唯独在主人亲自驾驶轿车时，客人坐在副驾驶座上与主人“平起平坐”，才是合乎礼仪的。在一般情况下，双排五人座轿车上的后排中座左右被挤，坐在那里不很舒坦，故不宜请客人就座于此。

（2）公共汽车的座次

在公共汽车上，座次尊卑的一般规则是：前座高于后座，右座高于左座；距离前门越近，其座次往往便越高。在有的公共汽车上，座位被安排在通道两侧。遇到这种特殊情况时，一般应以面对车门的一侧为上座，而以背对车门的另一侧为下座。

（3）火车的座次

在火车上，座次的常规通常为：距离火车头越近的车厢，其位次便越高。在一节车厢之内，距离车厢中部越近的包厢、铺位或座位，其位次便越高。具体而言，在火车上，卧铺与座席的座次又有一些不同。在卧铺车上，不论软卧还是硬卧，皆以面对火车行进方向的一侧为上位，而以背对火车行进方向的另一侧为下位。至于每一侧的卧铺有上、中、下之别时，则以下铺高于中铺，中铺高于上铺。在座席车上，不分软座还是硬座，不分商务座、特等座、一等座还是二等座，俱以面对火车行进方向的一侧为上座，而以背对火车行进方向的另一侧为下座。在同一排座位之中，以临窗者为上座，以临通道者为下座。在同一行的座位之中，则以右侧之座高于左侧之座。

（4）客轮的座次

在客轮上，座次的常规大都体现为：以垂直于水面而论，越往上去的舱位便越舒适，因此其位次便越高。在同一平面的舱位之中，单人间一般优于多人间，多人间则又优于通铺。在同一档次的舱房中，距通道出口处越近，位次便越高。而在同一间多人住宿的客舱内，则以距舱门近者为下位，距舱门远者为上位。

（5）飞机的座次

在飞机上，座次的尊卑则会由于飞机的类型与乘客的需求的不同而有所变化。在喷气式飞机上，前舱优于后舱。而在螺旋桨式飞机上，后舱却又优于前舱。就具体座位而言，临窗者便于观赏机外的景致，靠近通道者则行动起来比较方便。相对而言，夹在其他乘客中间的座位上的人，行动上的自由度要少一些。此外，靠近紧急出口处的座位往往在空间上显得宽敞一些，适合体胖好动者选择。

（五）照顾帮助

在来宾乘坐交通工具时，尤其是在来宾乘坐接待方为之安排、准备的交通工具时，接待人员需主动给予对方以热情的帮助和周到的照顾。具体而言，在下列四个方面，接待方应当对来宾提供照顾与帮助：

（1）**协助订座**

尽管有关交通工具的选择与使用交往双方大都有言在先，但接待方仍须尽力给来宾以全力的协助。由来宾自行负责交通工具时，如有必要，接待方仍应当帮助对方进行联络。在选乘公共交通工具时，预订或确认客票，进行中转签字，购票、换票、退票或改签客票，等等，均可由接待方主动承担。

（2）**交运行李**

外出旅行之际，个人的行李物品令人至为惦念。在公务接待活动中，接待方照顾、帮助来宾必不可少的例行公事之一，便是协助对方交运或领取其行李物品。当来宾抵、离之时，接待方宜由专人负责此事，并应当在代为领行李时确保一件不少、一件不错。在代为交运行李时勿忘包扎牢固、万无一失。此外，对来宾随身携带的行李物品，亦须在迎送对方时代为拎拿。

（3）**加以护送**

假如允许，接待人员在接、送来宾时，可提前进入交通工具抵、离的现场，如站台、码头或停机坪，相机给予来宾适当的协助。遮顶、搀扶，引领或集合来宾，安置或拿取对方随身携带的行李，都是此刻接待人员的责无旁贷之事。有可能的话，接待人员还应争取机会，登上交通工具，热情迎接来宾，或者为对方送别。在来宾上下交通工具时适当地照顾对方，往往会对对方有一定的帮助。

（4）**提供饮食**

倘若来宾返程之时需较长时间地乘坐某种交通工具，则接待人员在为其送行时，应为之准备适量的饮料与食物，以供对方在必要时享用。如果来宾之中有人身体欠佳，或是为了防止来宾在途中晕车、晕船、晕机，则接待方还有义务为对方预备必要的应急性药品。

四、膳宿礼仪

在公务接待中，有些时候需要由接待方出面，为来宾安排其饮食起居。膳宿礼仪，在此指的就是有关公务接待中安排来宾的饮食起居的礼仪规范。就一般状况而论，在接待来访者时，在力所能及和符合规定的前提下，想方设法让被接待者吃得香、住得好，是确保接待工作在整体上取得圆满成功的重要一环。膳宿礼仪就是围绕着这一点进行具体规范的。它的实质，就是要对来宾关照有加、无微不至。

在实际操作中，应用膳宿礼仪于公务接待时，必须特别注意以下五点：

（1）**严守规章**

目前，国家对于日常公务往来中的经费开支，例如，餐饮费、住宿费、差旅费等，都有明确而具体的规定。在公务接待中，对于现行的各项规章制度，都必须严格遵守，不得有意违反或者变相违反。

（2）**从简节约**

为来宾安排膳宿时，既要讲究必要的礼仪，更要反对形式主义和铺张浪费。切不可在此方面讲排场、比阔气，不宜“打肿脸充胖子”，不得劳民伤财。

（3）**约定俗成**

在公务接待中，接待方应善于及时总结经验，吸取教训，逐渐地在接待规格、接待程序、接待方式等方面形成自己的一套行之有效的具体做法，并且使其相对保持稳定。这样一来，不仅自己有规可循，而且来宾也可以事先对此心知肚明。这方面的具体做法一旦形成模式，就轻易不要将其变来变去，或是随随便便地“破格”。

（4）**主随客便**

为来宾安排膳宿时，东道主既要尽地主之谊，尽可能地与人以方便，更要优先照顾来宾独特的生活习惯。对来宾尤其是贵宾的宗教禁忌、民族禁忌、职业禁忌、健康禁忌、作息禁忌、饮食禁忌，以及其他方面的个人禁忌，接待人员一定要事先通过各种途径进行充分了解，并且要在为来宾安排膳宿时主动予以回避。

（5）**预先协商**

进行重要的公务接待之前，接待方应与被接待方事先就对方来访时的膳宿问题进行具体协商。对于对方来访时有关膳宿方面的规格档次、费用支出以及特殊要求等，双方都应提前讲清楚、搞明白。不需要接待方负责此事时，接待方就不必包办代替或大包大揽；需要接待方负责此事时，则接待方就应当全力以赴。双方就具体问题进行协商时，一要坚持顾全双方，二要讲究礼遇对等。

具体而言，在公务接待中为接待对象安排膳宿之事，还有不少细节需要逐一加以认真地对待。以下将分门别类地从接待礼仪的角度上，对来宾的饮食与来宾的住宿问题进行一番具体探讨。

（一）来宾的饮食

在公务接待之中，接待方往往负有为来宾准备饮食的义务。当接待方为来宾准备必要的饮食时，通常需要面对三种不同的情形，并分别就此进行相应的安排。

非正式客人

有时，被接待者是非正式来访的客人。这种客人多为不邀而至，临时来访，并且停留的时间较短。对于这种客人，按惯例一般不必为其设宴备饭。为其准备一些饮料，必要时再提供一些点心小吃，即不为失礼。对此类来宾的饮食所做的具体安排，被称为一般性安排。

在一般情况下，为非正式来访的客人提供的主要是饮料。而在公务接待中为非正式来访的客人提供的饮料，则又以茶水为主。有时，亦可为其提供矿泉水、纯净水或者汽水。

为来宾提供饮料时，一定要讲究卫生和饮用方便。例如，为来宾上茶时，最好是使用一次性的纸杯冲泡“袋泡茶”，或者向对方提供罐装、瓶装饮料。这样一来，主人就不必再为茶具的雅观与否而担心，客人也不会再为茶具的消毒与否而心怀疑虑了。

有些时候，可为非正式来访的客人提供一些水果。假如对方停留时间较长，还可酌情为其提供一些小点心。不过，在一般情况下，不必向其提供其他食品，尤其是不宜为其提供香烟或任何含有酒精的饮料。

正式客人

有时，被接待者属于正式来访的客人。这种客人大都有约在先、如约而来，并且往往会停留一段时间。在接待这一类来宾时，除了像接待非正式来访的客人一样，为其提供饮料和一些点心小吃之外，按照惯例，接待方还须为其预备便饭。为正式来访的客人的饮食所进行的具体安排，被称为工作性安排。

为正式来访的客人供应饮料时，在力所能及的条件下，应尽量照顾对方的特殊需要。与此同时，还可尽力为对方多提供几种饮料，以备选用。

为正式来访的客人所预备的便饭，有时亦称工作餐。目前，按照有关方面的规定，国家行政机关在为来访者供应工作餐时，必须严禁大吃大喝、暴饮暴食。以下五点，尤须引起接待方的高度重视：

其一，餐费必须严守规定，绝对不允许超标违规。

其二，用以接待来宾的便餐通常只能是“四菜一汤”，让对方吃饱不饿即可，大可不必大上特上美味佳肴，或是变相超标准。

其三，工作餐通常不上含有酒精的饮料，特别是不准上既价格不菲又容易醉人误事的烈性白酒或进口洋酒。

其四，在来访者用工作餐时，接待方一般不必安排专人为其陪餐。

其五，在一般性的公务往来中，不宜动辄设宴款待来访者。

与正式来访的客人进行时间较长的会见、会谈，或是在夜晚一同因公加班时，可为对方临时安排一顿加餐，或者为其准备一些小食品，如饼干、蛋糕、包子、盒饭、方便面、三明治、汉堡包之类，以供充饥之用。

贵宾

许多时候，被接待者是远道而来的贵宾。对于这一类重要的客人，通常在饮食的具体安排上，既要遵守我方的惯例，又要给予对方适当的照顾。在条件允许的前提下，要尽可能地满足对方的合情合理的某些特殊性要求。为远道而来的贵宾，尤其是为外宾的饮食所做的具体安排，被称为特殊性安排。

具体而言，为贵宾安排饮食时，特别是为重要的外国客人、少数民族或宗教界人士安排饮食时，要预先通过各种渠道了解对方在此方面的偏好与禁忌。孟子曰：“人有不为也，而后可以有为。”对于对方，尤其是主宾在饮食方面的某些特殊的忌讳，千万不要不闻不问、有所冒犯，此点通常第一重要。

如有可能，在贵宾抵达之前，接待方即应预先拿出在饮食方面款待对方的具体方案，并且向对方进行通报，或为此征求对方的意见，进而由此了解对方的特殊要求。

与工作性安排略同，特殊性安排在费用支出方面也有一定之规。在接待贵宾之时，为其提供的饮食其实并无多少特别之处。唯一的例外是，为贵宾所提供的饮食在尊重对方的生活习惯、照顾对方的特殊口味方面更为讲究。

接待贵宾之时，按惯例接待方应举行一次宴会，以示对对方的欢迎之忱。我国目前为贵宾所设的宴会，通常只安排一次，并且大都是为对方接风洗尘的欢迎宴会。在一般情况下，此后将不再为贵宾举行其他任何类型的正式宴会。在接待贵宾时，没有必要每日一宴，天天请对方大吃大喝。对方在许多时候，对于这种形式主义、劳民伤财的做法，其实并不领情。

（二）来宾的住宿

在接待异地来访的客人时，接待方对对方的住宿是不能不予考虑的。来宾的住宿问题，直接关系到对方的休息与健康，并且涉及接待方对对方关心、重视的程度。因此，任何来宾对此都十分在意。

通常，在公务接待之中，来宾的住宿安排大致有下述两种办法：

其一，由来宾自行解决。接待方所需要做的，只是在必要之时给予对方以一定的协助。例如，提供咨询、代为预订、代其确认等。

其二，由主人负责解决。即不论住宿地点还是所需费用，一切都由接待方全面负责、全权办理。

应当特别强调的是：不论采取上述两种办法之中的哪一种，均应由宾主双方事先商定，并须遵守相关规定与约定俗成的做法。在具体商定此事时，接待方须优先考虑来宾的要求和意见。需要接待方为来宾提供必要的帮助或方便时，接待方必须尽心竭力、义不容辞。在商定来宾住宿之事时，还须兼顾接待方的客观条件和往来对等的惯例。来宾住宿之事一经商定，一般不宜由某一方单方面再做变动。万一因特殊原因需要临时变动来宾的住宿地点，应尽快相告于对方，免得耽误正事，或是令对方产生误会。

当宾主双方预先确定来宾的住宿问题交由接待方负责解决之后，接待方应当竭尽全力做好如下四个方面的事务性工作。在这一过程之中，还须就某些临时出现的具体细节问题，与来宾进行必要的协商，或向其进行通报，以便求得对方的配合或谅解。

选择地点

负责公务接待时，需要挑选好来宾住宿的具体地点。在公务接待之中，为来宾安排的临时下榻之处，循例有星级宾馆、快捷酒店、内部招待所等几种常规的选择。住宿星级宾馆，具有环境幽雅、生活舒适等优点。住快捷酒店的好处，则是因其档次较低，故可节省开支，而且较少拘束。至于内部招待所，则多为接待方本单位所有，故可随到随住，更加方便接待。

在上述几种可供选择的住宿地点之中，究竟应当如何取舍，需要接待方通盘考虑，认真对待。一般来讲，接待方在为来宾挑选住宿的具体地点时，尚需同时兼顾如下八个具有重要影响的因素：一是住宿地点的接待能力；二是住宿地点的交通条件；三是住宿地点的环境状态；四是住宿地点的安全系数；五是住宿地点的声誉口碑；六是来宾的个人习惯与要求；七是安排来宾住宿的费用预算；八是接待方的有关成规和惯例。

在多方交往之中，接待方如需要同时为不止一方的来宾安排住宿，那么在具体地点的选择上，则特别要坚持公平相待、一视同仁。

斟酌位置

负责公务接待时，需要选择好来宾住宿的具体位置。在为来宾挑选供其住宿的具体地点的同时，还须为其选择好下榻的具体位置。对此如果忽略，即便住宿地点挑选得再好，往往也会让接待方前功尽弃。

在来宾的住宿地点为其选择具体的位置，实际上又涉及来宾住宿的楼层与来宾住宿的房间两个方面的问题。

（1）**楼层的选择**

为来宾选择供其住宿的具体楼层时，主要应考虑下列五点：第一，行动方便。显而易见，让年老体弱者住到没有电梯的高层楼上去，是极为不妥的。第二，生活方便。有时，让来宾住在餐厅附近的楼层，或与健身房为邻，或距工作地点较近，是非常善解人意的。第三，观景方便。安排来宾在某些著名景点附近住宿时，务必为其选择观景较佳（如可以观赏海景、山景或园景）的楼层。第四，休息方便。若来宾的下榻之处位于闹市区，则最好不要安排对方住在底层、电梯间、锅炉房、中央空调附近，以及临街之处。若对方喜欢安静，则还须使其住宿的楼层远离娱乐场所。第五，回避避讳。有些来宾因宗教信仰或民族习俗等原因，在选择楼层时往往有一些特殊的讲究。例如，基督教徒对于住在13层或“13号”“666号”房间是极为厌恶的。对此必须予以体谅。此外，若来宾不止一人，则最好安排对方在同一楼层比邻而居。那样做，可便于对方相互照顾、统一行动。

（2）**房间的选择**

为来宾选择供其住宿的具体房间时，除了要满足来宾的特殊要求、回避对方的特殊禁忌、利于对方的生活与休息之外，最重要的是注意如下三点：第一，区分类型。星级宾馆、快捷酒店、内部招待所的客房，通常有单人间、双人间、三人间、多人间以及套间之分，在同一类型的客房内，又有客床的单床与多床之别。为来宾安排房间时，既要量力而行，又要尽量照顾对方的特殊习惯。第二，关注朝向。在选择房间时，有人喜欢朝阳，有人喜欢朝阴；有人喜欢临街，有人喜欢背街。对此可予以兼顾。第三，安全至上。有些来宾为了休息时免受打扰，喜欢选择远离电梯、楼道、歌舞厅、锅炉房、中央空调的房间，甚至要离群索居。在满足对方此类要求之时，勿忘安全至上，尽量别让来宾远离他人，别让对方独居于过于僻静之处的房间。

提前预约

负责公务接待时，需要提前为来宾的住处进行预约。安排来宾在本单位的内部招待所住宿，通常比较方便。只要事先搞好环境卫生，布置好房间，来宾即可随到随住了。安排来宾在中低档的快捷酒店住宿，由于近年来这一行业发展较快，问题也比较容易解决。若是安排来宾在星级宾馆下榻，则因其客流量往往变化莫测，有着明显的旺季与淡季之分，非业内人士难以掌握其规律性，故应提前进行预约、预订，才能有备无患。

提前为来宾的住处进行预约、预订，主要是为了防止“临阵磨枪”，一时难以找到可供来宾住宿的称心之处。若是在来宾抵达之后，才拉着对方东跑西颠地去寻觅住处，甚至使对方一时难觅立足之处，不仅是接待人员工作上的严重失职，而且还难免会使来宾产生被冷落的印象。

就目前而言，为来宾的住宿之处提前进行预约、预订，主要有如下三种可行的方法：

（1）**临时性预订**

临时性预订，是一种最简单的预订，指的是在来宾抵达前，或是抵达本地的当天所进行的不预付定金的预订。有时也叫预约。

（2）**确认性预订**

确认性预订，指的是预订过房间之后，这些房间将被保留到某一事先商定的具体时间。超过这一规定时间之后，这些房间将不再被预留。确认的具体方式，一般有口头确认与书面确认两种。在日常生活中，它是预订客房的最为常用的一种方法。

（3）**保证性预订**

保证性预订，则指的是以使用信用卡、预付定金、订立合同的方式，提前所进行的客房预订。相比之下，它对有关各方而言都更为可靠。

在以上三种预订客房的方法中，后两种方法，尤其是最后一种方法最为稳妥、可靠。因此，在预约来宾的住处时，可对其优先予以采用。

为来宾订妥住处后，有时候还有必要在来宾抵达现场后逐一为其进行具体的分配。为来宾进行客房的具体分配，可交由对方自行处理，亦可为其代劳。

由接待方为来宾进行客房的具体分配时，务必对来宾的性别、身份与相互关系进行充分的了解。千万不要妄自猜测、张冠李戴，甚至乱点鸳鸯。

接待方为来宾进行客房的具体分配完毕之后，最好首先列出分配方案，在正式分配前再征求一下来宾一方负责人的意见，以确保万无一失。在来宾住宿的房间正门上临时标出住宿者的姓名，或是在来宾抵达后派专人引导来宾进入各自的客房，通常也是接待方的应尽之责。

提供便利

负责公务接待时，需要充分地为来宾的住宿提供便利。欲使来宾在其临时下榻之处真正产生宾至如归之感，除了要注意上述几个方面的问题之外，接待方还须多做一些方便对方工作与生活的实事。

对于初来乍到的客人，有必要向其送上一份本地地图，作为对方在本地的“行动指南”。必要的话，还须口头上向初到本地的客人介绍一下本地的交通状况、地理位置、气候特征等。

对于初次前来某一星级宾馆、快捷酒店或内部招待所住宿的客人，应向其详尽地介绍一下此处的内部环境、配套设施与地理方位。如果对方有兴趣，还可以陪同对方在住处的内部及其周围走一走，以便对方尽早对其加以熟悉。

为了便于来宾的休息娱乐，可在双方都方便的前提下，为其安排一些观光游览、娱乐休闲、采买购物之类的活动，使其有张有弛、劳逸结合。

假如条件允许，应为来宾的出行安排必要的交通工具，尤其是对方经常需要乘坐的车辆，并确保其“招之即来”。

在照顾来宾的同时，千万不要过度地大包大揽，而不给对方一点行动的自由。对对方热情得过了头，搞不好就会令其产生防范之心，认为接待方居心不良、心术不正或别有所图。

五、送别礼仪

所谓送别，在此是指在来宾离去之际，出于礼貌而陪着对方一同行走一段路程，或者特意前往来宾启程返还之处与之告别，并且目送对方离去。在接待工作中，迎来与送往，往往是同一过程中的两个不同的侧面。假如说迎宾是接待工作的“开始曲”“开场白”的话，那么完全可以将送别比喻为接待工作的“结束曲”或“压轴戏”。要想真正做好接待工作，使之有始有终、善始善终，对待送别就必须像对待迎宾一样，给予其高度的重视。

对各级国家机关而言，在日常的接待工作中，送别既不可不做，又不可滥做。重要的是，既不可小题大做、兴师动众、铺张浪费，也不可敷衍了事、一推了之、失敬于人。

一般而言，送别又有几种不同的具体形式。不同的送别形式，通常有着不同的礼仪规范。最为常见的送别形式，有道别、话别、饯别、送行，等等。

（一）道别

道别，此处指的是与交往对象分手。在通常的情况下，与他人道别之际，往往需要打个招呼，或者讲上一两句话。在来宾离去的时候，宾主双方都要相互道别。对东道主一方的人员而言，不与来宾道别，可谓失礼之至。由此可见，道别是送别的基本形式之一。

在接待工作中，公务员所遇到的最多的道别，往往是与登门拜访之人的道别。因为“来的都是客”，所以道别的时候务必讲究方法，并注意分寸。

从礼仪规范方面来讲，道别的主要问题有三：

（1）**道别的提出**

道别的提出，此处所指的是在日常接待中，宾主双方由何人首先提出道别的问题。按照常规，道别应当由来宾率先提出来。假如主人首先与来宾道别，难免会给人以厌客、逐客的感觉，所以一般是不允许的。

（2）**道别的用语**

宾主道别时，双方大都会在此时此刻采用一些专门的礼貌用语来与对方作别，或是借以表达对于对方的惜别之意。在道别时，来宾往往会说

"就此告辞""后会有期"。而此刻主人则一般会讲"一路平安""旅途平安"。有时，宾主双方还会向对方互道"再见"，叮嘱对方"多多保重"，或者委托对方代问其同事、家人安好。

(3) **道别的表现**

在道别时，接待人员务必留意自己的具体表现，使之处处合乎礼貌。具体来说，特别应当注意下列四个环节。第一，加以挽留。若来宾提出告辞，主人大都应当对对方加以挽留。此时顺水推舟，不做任何表示，是不合乎礼仪的。第二，起身在后。在来宾告辞时，主人应在对方站起来之后起身，而不宜抢先起身。第三，伸手在后。在宾主双方握手作别时，一般的顺序，应为来宾首先伸手，主人随后伸手。第四，相送一程。但凡有可能，在来宾离去时，主人都要相送一程。如果对方常来常往，通常应将其送至门口、电梯或楼梯旁、大楼底下、大院门外。如果对方系初次来访的贵宾，则还可陪伴对方走得更远一些。主人若当时难以抽身，则可委托他人代为相送。

(二) 话别

话别，亦称临行话别。它所指的，一般是在远道而来的客人离去之前，主人专程前去探望对方，并且与对方聚谈一番。在正式的接待工作中，尤其是在规格较高的接待工作中，话别通常都是不可忽视的一项重要内容。

接待方与来访者话别时，需要注意下列四个具体的问题：

(1) **话别的时间**

与来宾话别的时间，一要讲究主随客便，二要注意预先相告。在这两个细节中，哪一个细节都不能被忽略。在正常情况下，来宾临行的前一天、来宾离开下榻之处前夕，都是可供选择的话别时间。在确定话别时间时，不要因此而打乱对方的安排、影响对方的休息，或者有碍对方的行程。

(2) **话别的地点**

与来宾话别，应选择适当的地点。最佳的话别地点，是来宾的临时下榻之处。除此之外，在接待方的会客室、贵宾室里，或是在为来宾饯行而专门举行的宴会上，亦可与来宾话别。

(3) **话别的人员**

参加话别的主要人员，应为宾主双方身份、职位大致相似者，如对口部门的工作人员、接待人员，等等。按惯例，在贵宾离去之前，东道主一方的主要负责人或者其代表，应专程前去与对方话别。

(4) **话别的内容**

在一般情况下，话别的主要内容有四：一是表达惜别之意；二是听取来宾的意见或建议；三是了解来宾有无需要帮忙代劳之事；四是向来宾赠送纪念性礼品。

（三）饯别

饯别，又称饯行。它所指的是，在来宾离别之前，东道主一方专门为对方举行一次宴会，以便郑重其事地为对方送别。为饯别而举行的专门宴会，通常称作饯别宴会。

在日常性的迎来送往活动中，饯行是送别的一种惯用形式。在来宾离别之前，专门为对方举行一次饯别宴会，不仅在形式上显得热烈而隆重，而且往往还会使对方产生备受重视之感，进而加深宾主之间的相互了解。

不过，对于各级国家机关来说，自己的接待工作是有一定的特殊性的。其重点在于：既要提高办事效率，更要注重勤俭节约。因此，在这一前提之下，各级国家机关在正式的接待工作中，大都不为来宾安排专门的饯别宴会。即使在极为特殊的情况下，有必要为来宾安排饯别宴会之时，也要限定规模、节省开支，并且反对大吃大喝、铺张浪费。

总而言之，在各级国家机关的接待工作中，通常不宜在送别之际为来宾安排专门的饯别宴会。万一有必要加以安排的话，也务必在人、财、物等方面加以控制。

（四）送行

送行，在此特指东道主在异地来访的重要客人离开本地之时，特地委派专人前往来宾的启程返还之处，与对方亲切告别，并目送对方渐渐离去。在常见的送别的各种具体形式中，送行的规格、档次最高，而且也显得最为热烈、隆重。有些时候，在为较为重要的来宾送行时，东道主一方还会专门安排一定的仪式。这种仪式，通常称为送行仪式。

公务员在接待工作之中倘若有可能涉及送行活动，一般有必要对送行的需要、送行的时间、送行的地点、送行的人员、送行的安排、送行的要求、送行的仪式七个方面的具体问题予以认真的考虑。

（1）**送行的需要**

在一般情况之下，接待人员并非要为所有的来访者一一送行。大致而言，在接待工作中需要为之安排送行的对象主要有：正式来访的外国贵宾、远道而来的重要客人、关系密切的协作单位的负责人、重要合作单位的相关人员、年老体弱的来访之人、携带行李较多的人士，等等。当来宾要求主人为之送行时，一般可以满足对方的请求。接待方决定为来宾送行之后，应及时地向对方通报。若对方真心地予以拒绝，可不必勉强。对于上级机关的来访之人，通常不必为之送行。这是目前国家行政机关简化接待礼仪的一项重要措施。

（2）**送行的时间**

考虑为来宾送行的具体时间问题时，重要的是要同时兼顾下列两点：一是切勿耽误来宾的行程；二是切勿干扰来宾的计划。在一般情况下，送行的时间应具体问题具体对待，并且要事先向送行对象进行通报。在来宾返程之处为其送行的话，通常送行者应当在对方乘坐的交通工具停止检票或者开行之前的半个小时抵达。如果为来宾安排了送行仪式，则送行者抵达的时间还须酌情提前。有时，送行者还须前往来宾之处，陪同对方一同乘车抵达对方的返程之处。在这种情况下，应尽量确保宾主双方在来宾乘坐的交通工具停止检票或者开行前的半小时抵达来宾的返程之处。依照惯例，在来宾返程之处为之送行者，应在来宾到达前先期到达，以恭候自己的送行对象。至少，要有一刻钟左右的“提前量”。在送行之时，送行者如果迟于来宾抵达，甚至迟迟不到，令送行对象久候多时，则必然会使送行的收效大打折扣。

（3）**送行的地点**

为来宾正式送行的常规地点，通常应当是来宾返还时的启程之处。例如，机场、码头、火车站、高铁车站、轻轨车站、长途汽车站，以及高速公路入口等。倘若来宾返程时将直接乘坐专门的交通工具从自己的临时下榻之处启程，则亦可以来宾的临时下榻之处作为送行的地点，例如，星级宾馆、快捷酒店、内部招待所，等等。倘若需要专门举行送行仪式的话，送行的地点还往往要选择宜于举行仪式的广场、大厅等。在时间允许的前提下，宾主双方在送行的地点往往还可以借贵宾厅、休息厅等处稍事休息，并再叙片刻。

（4）**送行的人员**

安排送行人员时，第一，要重视其身份。应使之在具体身份上与送行对象大体相似，或合乎惯例。第二，要控制其数量。要选择精兵强将，切勿滥竽充数，或是大搞毫无实际意义的人海战术。具体来说，为一般的来宾送行时，东道主一方的首长不必亲自到场，而由数量适当的接待人员、礼宾人员、秘书人员、办公室工作人员或者与来宾专业、部门对口的人员出面即可。只有在为重要来宾送行时，才有必要由东道主一方的主要负责人出面。假如没有安排送行仪式的话，一般不宜专门组织群众前去为来宾送行。有可能的话，参与迎宾与送行的人员、人数应变化无多。这样做，不但可以使宾主双方日渐熟悉，而且还可以显示接待方的工作有始有终。

（5）**送行的安排**

欲使送行活动万无一失，接待方有必要对送行活动的各个具体环节进行周密的安排。除了必做的例行工作之外，在安排送行活动时特别要关注三件事情：第一，安排好交通工具。如果来宾拟乘坐飞机、客轮、火车、高铁、轻轨或长途汽车返还，接待方须主动为之订购机票、船票或车票。此外，还应为来宾安排好自其临时下榻之处前往返程之处时所乘坐的车辆。第二，安排好行李交运。在方便来宾和尊重其隐私的先决条件下，接待方须事先安排专人，在来宾离去之际，为对方搬运行李，并负责将其交付托运。第三，安排好意见征答。为了表示对来宾的尊重，送行人员应在对方正式启程返还之前，郑重其事地向其征求一下对己方接待工作的意见或建议。倘若此前来宾已就东道主的接待工作提出过意见或建议，则务必在对方临行前给予其适当的答复，并就此对对方的善意表示感谢。此外，还可了解一下来宾有无在本地尚未处理完的事情需要自己帮忙，并且还应诚心诚意地向来宾表示："若有照顾不周之处，务请多多见谅。"

（6）送行的要求

为来宾送行之际，对于送行人员在礼节上有着一系列的具体要求。假如不照此而行，则难免会失礼于来宾。对于送行人员而言，送行时主要的礼节方面的要求包括下述四点：第一，与来宾亲切交谈。在来宾临行前，如果时间允许，送行人员应与来宾进行亲切而友好的交谈。其主要内容应为：畅叙双方的友谊，展望合作的前景，请对方代为问候其同事或家人安好，预祝对方一帆风顺，等等。第二，与来宾握手作别。在来宾正式登上其返程时乘坐的交通工具之前，送行人员应当同来宾一一握手作别。在较为正规的情况下，宾主在送行时握手作别，不仅要面面俱到，一人不可或缺，而且还要依照合乎惯例的先后顺序，由尊而卑依次而行。第三，向来宾挥手致意。在来宾登上交通工具之时，以及对方所乘坐的交通工具驶离之时，送行人员应当面向对方挥手致意。挥手致意的正确做法是：身体端立，面带微笑，目视对方，伸出右臂，右手掌心向外，手指指尖向上，然后将其向左右两侧轻轻地反复晃动。在挥手致意的同时，送行者还可以再一次预祝对方"一路平安"，或是与对方互道再见。第四，自己的退场彬彬有礼。出于礼貌，通常要在来宾走后，送行人员才能离去。在送行时，送行人员务必在来宾本人或对方所乘坐的交通工具离开自己的视线之后，方可离去。这样的话，一旦来宾所乘坐的交通工具因故晚点，或是对方突然发现丢失了行李，便可以及时得到送行人员的照料。此外，这样做亦可显示送行者的诚意。

（7）送行的仪式

为较为重要的来宾送行时所安排的送行仪式，大体上包括如下几项具体内容：第一，送行人员提前列队恭候于送行地点。第二，宾主双方相见。来宾抵达后，宾主双方人员应正式相见。具体而言，首先应当是主人与主宾相见。随后，在主人的陪同下，主宾与主方送行的其他人员一一见面。紧接着，在主宾的陪同下，主人与来宾一方的其他人员一一见面。第三，主人陪同来宾与送行的群众见面。第四，由少年儿童或女青年向来宾敬献鲜花。第五，宾主双方正式道别。在主方人员的陪同下，来宾正式登上自己乘坐的交通工具，随后宾主双方再次握手作别。

为普通来宾送行时，一般不安排送行仪式。

思考题

1. 礼宾的实质是什么?
2. 接待礼仪的基本原则是什么?
3. 目前为什么必须简化接待礼仪?
4. 接待人员理应掌握来宾的哪些基本状况?
5. 在具体操作迎宾工作时，应注意哪些微观方面的问题?
6. 布置招待来宾的现场应注意哪些要点?
7. 为来宾安排交通工具时，应严守哪些方面的规定?
8. 为来宾准备交通工具时，必须注意哪些具体问题?
9. 用以接送来宾的交通工具在座次方面有何讲究?
10. 为来宾准备工作餐时，应注意哪些问题?
11. 国家机关宴请来宾有哪些具体规定?
12. 为来宾安排住宿时应做好哪些方面的事务性工作?
13. 话别的基本礼仪有哪些?

主要参考书目

1. 中共中央党史和文献研究院．习近平关于社会主义精神文明建设论述摘编．北京：中央文献出版社，2022.

2. 郑玄．礼记注．北京：中华书局，2021.

3. 郭学贤．现代礼仪：第2版．北京：北京大学出版社，2022.

4. 李荣建．礼仪训练：第4版．武汉：华中科技大学出版社，2022.

5. 海英．礼仪中国．北京：北京师范大学出版社，2021.

6. 傅莹．大使衣橱：外交礼仪之路．北京：中信出版社，2021.

7. 吕艳芝，徐克茹，冯楠．职场礼仪培训全书．北京：中国纺织出版社，2021.

8. 杨金波．政务礼仪．北京：中华工商联合出版社，2021.

9. 李战子．外交外事礼仪：英文版．上海：上海外语教育出版社，2020.

10. 史兴松．国际商务礼仪：英文版．北京：对外经贸大学出版社，2020.

11. 张建国．中国礼宾接待手册．北京：中国人民大学出版社，2018.

12. 常峻，等．中国礼仪．上海：上海大学出版社，2017.

13. 余少杰，李元杰，倪丽琛．商务礼仪．北京：清华大学出版社，2017.

14. 周加李．涉外礼仪．北京：机械工业出版社，2017.

15. 平原春．西方礼仪文化．昆明：云南人民出版社，2016.

16. 萧芳芳．洋相：英美社交礼仪．武汉：湖北科学技术出版社，2015.

17. 徐醒民．常礼举要讲记．北京：团结出版社，2013.

18. 纪亚飞．服务礼仪标准培训．北京：中国纺织出版社，2012.

19. 李嘉珊，刘俊伟．国际礼仪范式．北京：高等教育出版社，2012.

20. 林莹，毛永年．西餐礼仪．北京：中央编译出版社，2010.

21. 刘青，邓代玉．世界礼仪文化．北京：时事出版社，2010.

22. 魏向东，严安平．中国的礼制．北京：中国国际广播出版社，2010.

23. 许祥林．礼行天下：国际礼仪礼宾和旅行．北京：世界知识出版社，2010.

24. 张国斌．外交官说礼仪．北京：华文出版社，2009.

25. 张晓梅．晓梅说礼仪．北京：中国青年出版社，2008.

26. 周敏．现代公务礼仪．杭州：浙江大学出版社，2007.

27. 周裕新．现代办公礼仪．上海：同济大学出版社，2006.

28. 庄铭国．国际礼仪：公务员必修手册．北京：中共中央党校出版社，2006.

29. 王伟伟．礼仪形象学．北京：人民出版社，2005.

30. 朱新海．中国公务接待．北京：中国大百科全书出版社，2005.

31. 李柠．礼仪修养．北京：高等教育出版社，1996.

32. 丛杭青．公关礼仪．北京：东方出版社，1995.

33. 钟敬文．中国礼仪全书．合肥：安徽科学技术出版社，1995.

34. 柯诺．法式礼仪．韩书妍，译．武汉：华中科技大学出版社，2020.

35. 莫里森，唐纳维，伯顿．国际商务礼仪指导手册．魏春宇，赵雷，译．北京：电子工业出版社，2020.

36. 鲍德瑞奇．礼仪书．修文乔，韩卉，译．北京：中国人民大学出版社，2012.

37. 霍德夫斯．礼貌的力量．王贤平，译．北京：中信出版社，2010.

38. 迪索．礼仪：交际的工具．高叶，编译．北京：外语教学与研究出版社，2005.

39. 米切尔，考尔．礼仪．杨俊峰，胡晓慧，潘智丹，译．沈阳：辽宁教育出版社，1999.

第1版后记

1990年春天，为了适应社会的迫切需求，我在中国人民大学，同时也是在国内的高等院校之中，率先为本科生正式开设了交际礼仪课程。在此之后，我又应邀参与了多种不同类型的礼仪教学与礼仪培训工作，以便更好地了解社会的实际需求，使自己有关礼仪教学和研究的成果服务于社会，服务于祖国的现代化事业。

在我所从事的礼仪教学与培训的实践中，我了解到目前社会上各行各业的从业人员，都迫切地需要以礼仪知识来充实自我，完善形象，改进自己的人际关系。但是，由于各行各业工作上的不同性质，其从业人员所需要掌握的礼仪知识自然便有所不同。要使礼仪真正地发挥其作用，无疑必须在教学与培训之中注意使之“对象化”，换而言之，也就是必须使礼仪的教学与培训工作具有鲜明的针对性。

自1991年开始，我便着手撰写“实用礼仪系列教材”。迄今为止，经过六年多的认真努力，由《社交礼仪教程》《政务礼仪教程》《商务礼仪教程》《服务礼仪教程》《涉外礼仪教程》所组成的“实用礼仪系列教材”终于宣告完成了。

在编写“实用礼仪系列教材”的过程之中，我始终注意下述两点：其一，突出它的应用性。这套“实用礼仪系列教材”绝非不谈理论，轻视理论，但却力戒纸上谈兵。它所讲授的，基本上都是人们在现代生活里不可或缺的实用礼仪知识。与此同时，它还注意具体问题具体分析，既讲究规范性和系统性，又重视可操作性。

其二，努力使它“对象化”。仅从这套“实用礼仪系列教材”各个分册的具体名称上来看，就会发现它们各自都有自己的适用对象。按照我的预想，它们不仅在整体上要密切关联，合为一体，而且还要具体地服务于不同的对象，适用于不同的行业。具体而言：

《社交礼仪教程》，主要讲授交际应酬方面的礼仪知识，以各界人士，尤其是广大青年、学生为对象。

《商务礼仪教程》，主要讲授公司、企业的从业人员在经济交往中所应具备的礼仪知识，以商务人员为主要对象。

《政务礼仪教程》，主要讲授公务员在政务往来中所应遵守的礼仪知识，以公务员为主要对象。

《服务礼仪教程》，主要讲授各种服务行业的从业人员在工作岗位上所须应用的礼仪知识，以服务人员为主要对象。

《涉外礼仪教程》，则主要讲授从事涉外工作的中国人在同外国人打交道时必须掌握的礼仪知识，以涉外人员为主要对象。

1995年年底，我即完成了这套“实用礼仪系列教材”的初稿。为了使之精益求精，减少纰漏，我并没有急于将它交付出版，而是首先在各种类型的礼仪教学、培训中进行了长时间的试用。其中的绝大部分内容，仅在中国人民大学试讲就达三年之久。在此期间，它的部分内容还在许多报刊上进行过连载，在中央人民广播电台也进行了长达一年左右的连续广播。此外，我还先后多次在全国高等院校礼仪教师培训班和许多行业的专业培训班上，试讲或介绍过这套“实用礼仪系列教材”。在有关方面支持下，我还主持过六次专为完善这套“实用礼仪系列教材”而举办的研讨会，广泛听取了来自学生、教师、教学与培训主管部门以及社会各界的意见和建议。在这一基础上，才有了它的正式出版。此外，为了更好地利用现代化教学手段，为加强形象化教学，还与中国人民大学出版社音像部联合摄制了五集《实用礼仪系列片》教学录像带。应该说，没有有关领导、社会各界和广大师生的支持，尤其是离开了同行们的支持，我是难以支撑下来完成这一重任的。在此，我要郑重其事地向大家表示我的感谢。

作为国内第一套较为系统的礼仪教学和培训教材，这套“实用礼仪系列教材”虽则数易其稿，几经研讨，但依然肯定会有许多疏漏和不足，深切地希望大家对此抛砖引玉之作多多见谅，并且恳请及时予以指正。

本人才疏学浅，为了编写这套“实用礼仪系列教材”，在选题策划时虽然尽心而为，几乎竭尽了全力，但的确可谓勉为其难。在写作过程里，曾参考过国内外许多专家、学者的有关著述，在此谨一并致谢。在每种“礼仪教程”之后，特附以主要参考书目，专供教师和学生在教学过程之中借鉴。

中国人民大学出版社的领导，特别是担任这套“实用礼仪系列教材”策划编辑的李宏先生，为了它的正式出版做了大量具体的工作。在这套“实用礼仪系列教材”之中，大到框架、结构，小到文字、插图，处处都留下了他们的精辟见解。对于他们的敬业精神，我深怀敬意，并对他们对我的帮助表示感谢。

将来，在适当之时，我将根据反馈回来的信息，对这套礼仪教程再做修订。

最后，再次谢谢大家！

金正昆

于中国人民大学

第2版后记

1998年至1999年之间，我所撰写的“实用礼仪系列教材”（含《社交礼仪教程》《政务礼仪教程》《商务礼仪教程》《服务礼仪教程》《涉外礼仪教程》等五册）由中国人民大学出版社陆续出版。此后，这一系列礼仪教材由中国人民大学出版社多次重印，成为畅销书，并且被国内近百所大学选作教材或教学参考书。

与此同时，我本人也多次应邀在中央电视台、中央教育电视台、中央人民广播电台等多家媒体主持过礼仪栏目，以上述教材作为蓝本，系统讲述礼仪知识，并受到欢迎。

衣食足而知礼仪。礼仪知识在今日备受我国广大人民群众与整个社会的重视，实际上从一个侧面真实地反映了我们的伟大祖国正在走向繁荣富强，我国广大人民群众的精神生活与文化品位正在不断地得到提升。能够以自己的微薄之力为我国的社会主义精神文明建设做出贡献，能够以自己肤浅的知识为祖国与人民服务，令我深感荣幸之至。

迄今为止，这套丛书已出版近6年。在此期间，我听到了不少读者与专家、学者、同行的意见或建议，自己也发现了它所存在的某些缺陷与不足。从2002年下半年起，在中国人民大学出版社贺耀敏社长、周蔚华总编辑与本书策划编辑李宏、司马兰的反复督促下，我即着手对其进行全面的修订，并改称“21世纪实用礼仪系列教材”。现此项工作已告完成，正式予以再版。

此次修订，我重点注意如下三个方面：

第一，坚持与时俱进，努力为其注入新观点、新知识。

第二，突出其规范性、系统性与可操作性。

第三，认真改正某些错误之处，删除某些过时之点。

这次再版修订，一共花去了我近两年时间。平心而论，我对此次修订是非常认真的、非常用心的。真心地希望本丛书通过此次修订，可以更好地适应社会发展的需要，更好地满足广大读者的要求。

再次感谢中国人民大学出版社各位领导以及本书责任编辑徐谋卿、姜颖昳对我的帮助，并对广大读者与专家、学者、同行们对我的支持与厚爱表示深深的谢意。

金正昆

2004年8月16日

于北京世纪城寓所

第3版后记

我所撰写的“21世纪实用礼仪系列教材”丛书（第二版）于2005年1月由中国人民大学出版社出版，迄今已逾四年。在其正式出版后，曾经多次加印。许多专家、学者对它给予了充分的肯定，广大读者也给予了它大力的支持。一年多以来，我应广大读者与中国人民大学出版社的要求，对其又一次进行了较为全面而系统的修订。

在此，我有必要对广大读者进行认真说明的是，此次本系列教材修订的具体重点有三：

其一，本着“与时俱进”的精神，再次对某些章节进行了增删或调整。我之所以这样做，既是进一步充实与完善本系列教材具体内容的需要，又是为了进一步满足广大读者的实际需要。

其二，本着“精益求精”的基本要求，对本系列教材的具体内容与文字上的某些明显的错误、失误，进行了认真的改正；对一些叙述上有失严谨或准确的地方，则进行了尽可能的充实与更改。

其三，为了方便广大读者的学习与复习，在本系列教材各分册的每一章里，大都增加了“学习目的”“本章要点”等新的内容。同时，在教材具体内容的编排上亦做了一些调整，以期增强其可读性。

我所做的一切，都是我应该做的，而且也是我必须努力去做的。今后，我还会一如既往地、继续地、认真地、努力地坚持这样去做。

最后，再次感谢近年来广大专家、学者与广大读者对本系列教材的热情肯定与具体指教！

与此同时，我还要诚心诚意地感谢中国人民大学出版社领导贺耀敏、周蔚华对我的支持，感谢我在中国人民大学出版社的老朋友李宏、司马兰对我的督促与帮助，感谢本系列教材的编辑王爱玲、李学伟、姜颖昳为本系列教材此次的修订、出版所做的大量辛勤工作！

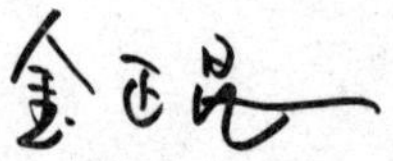

2009 年 3 月 16 日

于北京

第4版后记

经过一年的努力，我所撰写的“21世纪实用礼仪系列教材”第四版出版在即。此时此刻，我怀着一颗感恩与虔诚的心，向关心、支持、帮助过自己的学者、专家、同行以及广大读者真诚地致谢！

与此同时，我还要衷心感谢中国人民大学出版社各位领导的信任，感谢本版策划与编辑翟江虹、骆骁的督促与辛勤劳动！

对于“21世纪实用礼仪系列教材”的此次修订，我需要着重说明下述两点：

其一，本次修订重在删繁就简。有道是：“大德必宽，大礼必简”。目前，礼仪简化已是大势之所趋。在本次修订的过程中，除必要的调整、增加与删除之外，对于某些过时的内容、被实践证明未必正确或未必有效的具体操作技巧，进行了一定数量的删减，以确保本系列教材精益求精、与时俱进。

其二，本次修订突出了可操作性。众所周知，礼仪是一门实践性极强的应用型学科。经过对礼仪研究与教学的实践、认识、再实践、再认识这一过程，我深感普及、推广必须着重突出其可操作性。在本系列教材的修订过程中，不论或删或增，在对某些具体内容进行斟酌时，我均优先考虑它是否具有可操作性。倘若它曲高和寡、难以操作，则一般不予以保留或增加。

在本次修订中，尽管我再三推敲，反复征求多方面的建议与意见，但本书依然还存在诸多不足之处。正因为如此，诚请学者、专家、同行与广大读者多多对我进行指教！

再次感谢大家！

金正昆

2013年2月23日于北京香山

第5版后记

中国传统典籍《礼记》尝言："苟日新，日日新，又日新。"随着我国社会全方位的发展，社交礼仪的规范、学习与教育亦须与时俱进，以便与国家、社会和国人的实际需求相适应。

2014年5月4日，习近平同志在北京大学师生座谈会上就明确地指出：国有四维，礼义廉耻，"四维不张，国乃灭亡"。2014年10月13日，他又在中央政治局集体学习中强调了"礼法合治，德主刑辅""为政以德，正己修身"的重要性。现在呈现在读者面前的《政务礼仪教程（第五版）》，就是我为礼仪的学习与普及做出努力的新成果。

在2014年年初，中国人民大学出版社领导尤其是本丛书策划编辑翟江虹等老师，就多次叮嘱我关注时代的变化与广大读者学习礼仪的新需求，及时对本书进行必要的修订。时任中国人民大学校长的陈雨露教授还曾专门要求我优先考虑当代大学生的校园礼仪学习、普及问题。在他们的鞭策与帮助之下，经过近一年的努力，我终于完成了本书第五版的修订。

本次修订的工作量甚大，它的重点有三：

其一，在听取专家、学者与广大读者意见和建议的基础上，对业已发现的错误与不足之处进行了必要的改写、补充与完善。

其二，在强调现代礼仪的规范性、简约性、实用性、时效性与国际性的同时，对本书进行了必要的改写、增补与删减，并且以删减为主、以突出其可操作性为主。

其三，今日之世界，正呈现出政治民主化、经济全球化、文化多元化、科技信息化等诸多特征。为了适应多媒体时代广大读者对现代礼仪学习的新需要，本书的修订在多媒体技术的应用方面进行了一些积极的尝试。具体而言，就是在许多章节里，读者通过扫描相关的二维码，即可收看与文字相关的、由我亲自进行示范与讲授的视频。

我真心地希望：经过认真修订的《政务礼仪教程（第五版）》就其内容与形式而言均有一定的变化，并且在一定程度上可以满足广大读者对社交礼仪学习与应用的实际需求。

感谢广大热心读者对我的关心、支持与指教！

感谢从事礼仪研究的广大同行与专家、学者多年以来对我的督促与鼓励！

感谢中国人民大学出版社各位领导、本书策划编辑翟江虹老师及其他各位老师对我的信任、肯定与鼎力相助！

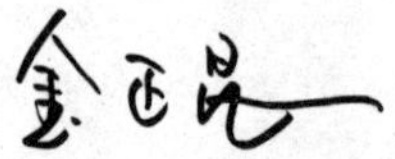

2016 年 2 月 26 日于中国人民大学明德国际楼

第6版后记

2019年，适逢我们伟大的祖国——中华人民共和国成立70周年，我本人从事礼仪研究、教学与推广工作30周年，同时也是我在人生旅途中的60周岁。自本年开始之日起，应中国人民大学出版社与本丛书策划编辑翟江虹女士的要求，我对本人所写的“21世纪实用礼仪系列教材”进行了又一次新的、全面的修订。

关于此次修订，有下述三点有必要予以说明：

其一，本次修订，重在删繁就简。在具体的修订过程中，本着“大礼必简”的原则，我所做的主要是对其基本内容有增有删，并且重在删繁就简。

具体而论，在修订过程中，对个别过时的提法，删；对某些时效性较差的案例，删；对有的已被实践证明并不实用的内容，删。本次修订所谓删繁就简，并不仅仅是在内容上减少篇幅，而是力求对其进行优化。

其二，本次修订，讲究字斟句酌。《道德经》有言：“天下难事，必作于易；天下大事，必作于细。”本着这一精神，我对本书逐字、逐行、逐段、逐篇反复地进行斟酌与校对。对错字、别字，改；对表述不恰当、不严谨者，改；对案例、引证易生歧义之处，同样是一改再改。

在对本书字斟句酌的修订过程中，我深深地体会到：我与伟大祖国一起成长，我与我国的礼仪教育、普及、推广工作一起成长，我与广大同行、同事、读者朋友们一起成长。一路走来，祖国育我，工作历练我，同行、同事、读者朋友们帮助我，这一切都令我感到无比荣幸并无比感恩。在此，我真心实意地感恩祖国，感恩我国的礼仪教育、普及、推广工作，感恩广大同行、同事、读者朋友们！

其三，本次修订，凸显实用第一。在《论语》里，曾记载了孔子高足有若的名言：“礼之用，和为贵。”有人认为：有若此言强调了应用礼仪的目的是与他人和睦共处。但也有专家认为，它的含义是：礼仪的具体运用，讲究适当、适合、适宜。换言之，此句中的“和”，并非和平、和谐，而是适合、恰当、恰到好处。

在中华书局出版的名作《论语译注》一书中，作者杨伯峻先生采用的便是后一种释义。

本丛书冠名为“21 世纪实用礼仪系列教材”。既然如此，本次修订以实用、有用、能用、可用为第一，便是名正言顺的。因此，在涉及具体内容的增删时，我所优先考虑的、所采取的基本标准是：它是否符合广大读者的实际需求？能否让广大读者学以致用？是否有助于广大读者内强其个人素质、外塑其团队形象？

据《中庸》记载，孔子尝言：“好学近乎知，力行近乎仁，知耻近乎勇。”在此，我与广大同行、同事、读者朋友们共勉：虚心学习，学以致用，闻过即改，“见贤思齐焉，见不贤而内自省”，以自己的绵薄之力，奉献于祖国，奉献于社会，奉献于党的教育事业。

再次感谢大家的鼓励、鞭策、批评、帮助与支持！

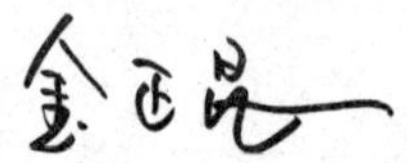

2019 年 5 月 26 日于北京八大处

第7版后记

荀子曾经明确地指出："礼者，所以正身也；师者，所以正礼也。无礼何以正身？无师，吾安知礼之为是也?"他的这一教诲，一直以来都督促着我在当代礼仪的学习、研究、传播之路上砥砺奋进。

有鉴于此，自 2020 年 3 月以来，我陆续对"21 世纪实用礼仪系列教材"开始了又一次的修订。到 2022 年 7 月末为止，我已相继完成了《社交礼仪教程》第 7 版、《政务礼仪教程》第 7 版、《商务礼仪教程》第 7 版的定稿。

在本次的修订中，我所关注之点主要包括下述四个方面：

第一，新内容的增加。近年以来，我国经济发展迅速，社会不断地进步，国人的交际范围进一步扩大，具体的交际方式与交际工具随之也多有发展、更新、换代，社交媒体、直播销售、视频通话、网络电话、共享单车等，均已成为当代人日常生活与工作不可或缺的要素。在本次修订之中，与此相关的一系列礼仪规范，均有所增加。

第二，新资讯的更新。《礼记》有言："礼，时为大。顺次之，体次之，宜次之，称次之。"因此，本次修订中对一些时效性较强的，有关国情、时事、法规、文化、民风等方面的信息，在力所能及的前提下，均进行了适时的更新或补充。

第三，"过气"处的删除。在此次修订中，我发现有的内容，特别是某些案例，由于时过境迁，现在来看已成明日黄花，甚至不合时宜。凡此种种，我都一一予以删除。

第四，谬误点的改正。老子说过："知不知，上。不知知，病。"子曰："过而不改，是谓过矣。"人不怕犯错误，怕就怕知过不改、将错就错。本着这一理念，凡本次修订中所能够发现的有关文字、数据、表述等方面的谬误，我都逐一加以改正，以免误人子弟。

孟子尝言：“不以规矩，不能成方圆。”我一向认为，学礼仪，就是要学规矩；讲礼仪，必然要讲规矩；守礼仪，肯定要守规矩。关于礼仪，“重要的事情一定要说上三遍”，那便是：规矩，规矩，规矩。为体现此点，我在本次修订中再三凸显了中国人优良传统的规矩、当代中国人做人的规矩、国际上与人合作的规矩。

人所共知，在我进行此番修订的这几年中，我们大家都多有不易。因此，我特别地感谢中国人民大学出版社的各位领导与本丛书策划编辑翟江虹老师、本书责任编辑徐德霞、焦娇老师在此期间对我一如既往的指导、鼓励与支持！

与此同时，我也非常感激广大读者、各位前辈、诸位同人对我不离不弃的鞭策与指教。特别、特别、特别地感激大家！

承蒙大家厚爱，我得以再接再厉地服务于我国的礼仪教育事业。我愿与大家一道为礼仪在今日中华大地上的进一步传播与普及而继续努力。

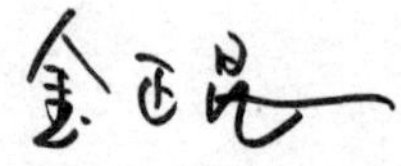

2022 年 7 月 23 日

图书在版编目（CIP）数据

政务礼仪教程：微课版/金正昆著．--7版．--北京：中国人民大学出版社，2023.1

21世纪实用礼仪系列教材

ISBN 978-7-300-31329-0

Ⅰ.①政… Ⅱ.①金… Ⅲ.①国家机关工作人员-礼仪-中国-高等学校-教材 Ⅳ.①D630.3

中国版本图书馆CIP数据核字（2022）第253965号

21世纪实用礼仪系列教材

政务礼仪教程

第7版・微课版

金正昆　著

Zhengwu Liyi Jiaocheng

出版发行	中国人民大学出版社		
社　　址	北京中关村大街31号	**邮政编码**	100080
电　　话	010－62511242（总编室）		010－62511770（质管部）
	010－82501766（邮购部）		010－62514148（门市部）
	010－62515195（发行公司）		010－62515275（盗版举报）
网　　址	http://www.crup.com.cn		
经　　销	新华书店		
印　　刷	北京宏伟双华印刷有限公司	**版　　次**	1999年6月第1版
规　　格	185mm×260mm　16开本		2023年1月第7版
印　　张	12.75 插页1	**印　　次**	2023年1月第1次印刷
字　　数	252 000	**定　　价**	49.80元